EL GRAN LIBRO
SOBRE EL MATRIMONIO

EL GRAN LIBRO
SOBRE EL MATRIMONIO

DR. GARY Y BARBARA ROSBERG

Tyndale House Publishers, Inc., Carol Stream, Illinois

Visite la apasionante página de Tyndale en Internet: www.tyndale.com

TYNDALE y la pluma del logotipo de Tyndale son marcas registradas de Tyndale House Publishers, Inc.

El Gran Libro Sobre el Matrimonio

Diseño: Dean Renninger

Traducción al español: Adriana Powell, Omar Cabral

Edición: Mafi E. Novella.

Producido con la asistencia de The Livingstone Corporation (www.LivingstoneCorp.com).

Publicado en sociedad con la agencia literaria de Alive Communications, Inc., 7680 Goddard Street, Suite 200, Colorado Springs, CO 80920.

Algunos nombres y detalles de los ejemplos usados en este libro, han sido cambiados para proteger la privacidad de las personas que compartieron sus historias con nosotros.

Este libro es una adaptación de diversos libros de Rosberg publicados por Tyndale House Publishers, Inc.: *The Five Love Needs of Men and Women [Las Cinco Necesidades de Amor de Hombres y Mujeres]* (2000); *40 Unforgettable Dates with Your Mate [40 Citas Inolvidables con tu Pareja]* (2002); *Divorce-Proof Your Marriage [Matrimonio a Prueba de Divorcio]* (2002); *Renewing Your Love [Renovando tu Amor]* (2003); *Connecting with Your Wife [Conéctese con su Esposa]* (2003); *Guard Your Heart [Cuida tu Corazón]* (2003); *Serving Love [El Amor que Sirve]* (2003); *Discover the Love of Your Life All Over Again [Descubre de Nuevo el Amor de tu Vida]* (2003); *Guarding Love [Amor que Protege]* (2003); y *Healing the Hurt in Your Marriage [Sanando las Heridas en tu Matrimonio]* (2004). (Algunos de estos títulos talvez no estén publicados aún en español.)

Publicado anteriormente en inglés en el 2006 como *The Great Marriage Q & A Book* por Tyndale House Publishers, Inc. ISBN-10: 1-4143-0182-0; ISBN-13: 978-1-4143-0182-2.

Library of Congress Cataloging-in-Publication Data

Rosberg, Gary, date.
  [Great marriage Q & A book. Spanish]
  El gran libro sobre el matrimonio / Gary y Barbara Rosberg ; [traducción al español, Patricia Cabral].
    p. cm.
  Includes bibliographical references and indexes.
  ISBN-13: 978-1-4143-1287-3 (sc)
  ISBN-10: 1-4143-1287-3 (sc)
  1. Marriage—Religious aspects—Christianity. I. Rosberg, Barbara. II. Title.
  BV835.R6718 2006
  248.8'44—dc22   2006035036

Impreso en los Estados Unidos de América

Printed in the United States of America

12 11 10 09 08 07
6   5   4   3   2   1

A todos aquellos que están comprometidos a
formar matrimonios a prueba de divorcio . . .
por el bien de la próxima generación:

Gracias por permitirnos acompañarlos en
esta campaña mediante la lectura de nuestros
libros, escuchando
nuestro programa de radio y asistiendo a nuestras
conferencias "Descubre de Nuevo el Amor de tu Vida".

A NUESTROS HIJOS:

Sarah y Scott, Missy y Cooper: nos honran con el amor
que se brindan unos a otros, a sus preciosos hijos y a
nosotros. Gracias por la fidelidad en sus propios
matrimonios. Cuiden su corazón.

A NUESTROS NIETOS:

Mason, Kaden y Lilly Anne: ustedes son la
próxima generación. Prometemos honrarnos uno
al otro, a sus padres y a ustedes, mientras finalizamos
la carrera, dando gloria a Jesucristo en nuestro hogar,
entre ustedes y en nuestro llamado. Ustedes son la
generación que alienta nuestro corazón a luchar por
matrimonios espléndidos en nuestro país. Lleven la
antorcha a sus matrimonios y cuiden sus corazones.
Los amamos.

CONTENIDO

AGRADECIMIENTOS

En el año 2000, Dios puso en nuestro corazón la visión de recuperar matrimonios para la causa de Cristo trabajando con parejas, pequeños grupos y con la iglesia. No nos estamos refiriendo al tipo tradicional de matrimonios. Estamos hablando de construir matrimonios verdaderamente grandiosos, que glorifiquen y honren a Jesucristo. Queremos animar a las parejas a que aprendan a vivir bien, a que terminen la carrera fortalecidas y a que contagien esperanza a las parejas desanimadas y a quienes aún no se han casado.

Actualmente, la institución matrimonial establecida por Dios se encuentra en crisis. La buena noticia es que los divorcios están disminuyendo. La mala noticia es que los casamientos también están disminuyendo y que la convivencia sigue en aumento. ¿Por qué? Nosotros creemos que la razón se debe a que, como iglesia y pueblo de Dios, se ha perdido la pasión por la excelencia en el vínculo matrimonial. En consecuencia, estamos dedicando nuestras vidas no sólo a edificar matrimonios a prueba de divorcio, sino también a provocar que el corazón de las personas solteras se entusiasme con el proyecto que Dios tiene para el vínculo matrimonial.

Cada día, en nuestro programa radial *Preparadores de la Familia Norteamericana, ¡EN VIVO!* que incluye llamadas telefónicas del público, establecemos contacto con hombres y mujeres de todo el país. A veces las personas llaman para preguntar qué dice la Biblia sobre el matrimonio; otras veces, debido a que están pasando por una crisis matrimonial. Nos llaman tanto personas con matrimonios grandiosos, como personas que han perdido la esperanza y están a punto de rendirse. Hemos recibido consultas sobre perdón, sexo, parientes, paternidad, comunicación, relaciones íntimas, secretos, adulterio, asuntos emocionales y muchos otros temas. También escuchamos a todos aquellos que participan de nuestro programa de conferencias para prevenir divorcios, "Descubre de Nuevo el Amor de tu Vida", ofrecido tanto en iglesias como en distintas comunidades. Las preguntas que escuchamos en estos seminarios nos han estimulado a escribir este libro.

El Gran Libro Sobre el Matrimonio es una recopilación de algunas de las preguntas más frecuentes de nuestro programa de radio, conferencias y de las 25.000 horas durante las cuales Gary ha aconsejado a parejas. Hemos extraído las preguntas más frecuentes y destacadas para este libro, con el fin de otorgarte una guía para las etapas y áreas de tu vida y de tu matrimonio. Deseamos que este libro sea un gran recurso que te sirva de aliento.

Y, como siempre, este libro ha sido un esfuerzo de equipo.

Nos gustaría agradecer a las siguientes personas:

Linda Taylor por tu don increíble de ayudarnos en la construcción y escritura de este libro. Sin ti, esto no habría sucedido. ¡Un trabajo bien hecho, Linda!

Jennifer Handsaker, nuestra anterior productora asociada de *Preparadores de la Familia Norteamericana, ¡EN VIVO!* Gracias por pasar incontables horas en el estudio de radio entrevistándonos sobre muchas de estas consultas.

Ken Petersen, Carol Traver, Lynn Vanderzalm y especialmente, *Ron Beers* de la Casa Editorial Tyndale. Gracias por una genial asociación editorial y por recorrer con nosotros el camino para publicar este mensaje para prevenir divorcios. Nos han honrado y, en consecuencia, humildemente apreciamos su pasión por la verdad bíblica y por su provisión de recursos para transformar la vida de matrimonios y familias.

MaryLynn Layman, quien, una vez más, ha aportado su toque mágico al pulir el manuscrito. Muy buen trabajo, MaryLynn.

Al personal y equipo de directores de Preparadores de la Familia Norteamericana, quienes nos entrenan a diario para cumplir con nuestro ministerio. En todo momento nos sirven alentándonos y proporcionándonos las herramientas y direcciones para cumplir nuestra misión.

A la Comunidad Bíblica de Adultos Recién Casados o a Punto de Casarse de Valley Church en West Des Moines. ¡Qué deleite pintar el cuadro de "El Matrimonio Grandioso" con un grupo de parejas jóvenes ávidas de aprender semanalmente!

A nuestra familia, quienes nos conceden el tiempo para escribir lo que Dios nos ha llamado a realizar en la vida. Gracias, Sarah y Scott, Missy y Cooper, por su sacrificio y su amor incondicional. Estamos agradecidos de que estén triunfando en sus matrimonios y criando a la próxima generación de nietos más adorables de la historia: Mason, Kaden y Lilly Anne.

Introducción

En los últimos años, hemos tenido la oportunidad de alentar a individuos, parejas y familias a través de nuestro ministerio Preparadores de la Familia Norteamericana (America's Family Coaches). Somos los conductores del programa radial Preparadores de la Familia Norteamericana . . . ¡EN VIVO! que se transmite en todo el país y en el cual recibimos llamadas y consultas radiales sobre temas de relaciones. Viajamos por todo el país presentando nuestra conferencia matrimonial: "Descubre de Nuevo el Amor de tu Vida", durante la cual presentamos los seis secretos para un matrimonio grandioso; secretos que creemos protegerán del divorcio a tu matrimonio y a aquellos matrimonios que te son importantes. Gary, además, ha dedicado más de 25.000 horas aconsejando a otras personas, muchas de las cuales son parejas.

A medida que conocemos personas a través de los programas de radio, las conferencias y las sesiones de orientación matrimonial, compartimos sus alegrías y tristezas. Hemos llegado a escuchar las preguntas que enfrentan cada día mientras intentan construir matrimonios grandiosos. Este libro es una recopilación de muchas de esas preguntas y a medida que leas el índice de temas, quizás te encuentres asintiendo con la cabeza, porque te identificas con algunos de ellos.

Nos interesa tu matrimonio. Y queremos ayudarte a encontrar algunas respuestas a tus preguntas, para que puedas tener el matrimonio con el que siempre soñaste. Respondemos a esas preguntas de la manera en que lo haríamos a quienes llaman al programa de radio. Brindamos consejos basados en las Escrituras y en principios saludables acerca de las relaciones y te animamos a lograr lo mejor para tu matrimonio.

Cómo aprovechar al máximo este libro

Muchos de ustedes no leerán este libro del principio al final. En lugar de eso, lo hojearán por aquí y por allá, en las partes que les parezcan más relevantes en este momento. Eso es bueno, pero no se detengan ahí. Profundicen en todas las preguntas y respuestas que los ayuden a construir un matrimonio grandioso. Utilicen este libro como una herramienta de referencia. Consúltenlo año tras año.

Comienza leyendo el índice e identificando las distintas preguntas que hablen de lo que le está ocurriendo a tu matrimonio en este momento. Empieza por leer las respuestas a esas preguntas. Pon en práctica los consejos. Habla acerca de lo que piensas con tu cónyuge.

Además de las preguntas y respuestas, encontrarás muchos otros consejos útiles:

Consejos de Entrenamiento: Cuando nosotros respondemos a los oyentes de la radio, los entrenamos sobre las maneras en que puedan manejar diferentes problemas. Tratamos de darles consejos prácticos. Los 'Consejos de Entrenamiento' en este libro intentan hacer lo mismo.

Testimonios del Frente de Batalla: Compartimos las historias de algunos de nuestros oyentes sobre las alegrías y las penas de sus matrimonios.

Versículos Bíblicos: Porque creemos que la Biblia ofrece los mejores consejos para el matrimonio, destacamos versículos bíblicos que forman la base de todo matrimonio grandioso. Memoriza estos versículos y deja que moldeen tu relación.

Listas de las Diez Principales: Estas listas resumen las ideas más importantes sobre un tema específico de una manera fácil de recordar. Podrías copiar una lista y pegarla en tu oficina, en el auto, o en tu cuarto. El índice de las 'Características Especiales' te dará los números de página al inicio de cada lista.

Debido a que el espacio es comprensiblemente limitado en un formato de preguntas y respuestas, y a que con frecuencia hemos abordado más extensamente algunos de los temas en otros libros sobre el matrimonio, publicados por la Casa Editorial Tyndale, te los indicaremos para que te puedan servir. Estos libros ofrecen un archivo de recursos dedicados a ayudarte a desarrollar un matrimonio grandioso, que no solamente agrade al Señor, sino que se convierta en un faro que ilumine al resto de tu familia y a los que estén a tu alrededor. Si tienes interés en una lista y descripción completa de los libros, cuadernillos de ejercicios y series de DVD, lee el Apéndice A.

Estamos agradecidos de que te tomes el tiempo de leer *El Gran Libro Sobre el Matrimonio*. No es un libro exhaustivo y quizás sientas a veces que es un poco reiterativo. Pero sabemos que será usado constantemente como una herramienta de referencia, seleccionando y escogiendo lo que sea importante, más que el leerlo de principio a fin. Tal vez no estés de acuerdo con cada respuesta que proporcionamos, pero esperamos que estas te den un punto de partida en la medida que uses este libro como una guía. Compártelo con tus amigos, de la misma manera que harías con un libro médico o de preguntas frecuentes. Y, como siempre, deseamos que te ayude a construir un matrimonio grandioso.

Dr. Gary y Barbara Rosberg

CAPÍTULO 1

Comenzando con el Pie Derecho

Preguntas de este capítulo:

Preguntas de este capítulo (cont):

1. Soy cristiano(a). ¿Por qué es tan importante que me case con una persona cristiana?

Los cristianos tienen que tener cuidado de no unirse en "yugo desigual" con no creyentes (2 Corintios 6:14 RVR). No importa cuánto amor sientas mientras estés saliendo con un(a) no-creyente, no te sostendrá a través de los años cuando tengas que ir a la iglesia solo(a), discutir puntos de vista sobre las finanzas, la educación de los hijos y el manejo de otros temas de la vida. Imagínate a ti mismo(a) solo(a), al no poder conectarte en el área más importante de tu vida: tu relación íntima y profunda con Jesucristo. Si te casas con un(a) no-creyente, finalmente experimentarás un vacío muy doloroso en tu matrimonio.

Este es un tema importante, porque cuando tengan que tomar decisiones, querrás analizarlas compartiendo la perspectiva de hacer la voluntad de Dios. Resolver conflictos y experimentar el perdón son consecuencias necesarias de una relación personal plena con Jesucristo. Cuando estés ocupándote de las finanzas y de la administración de los recursos que Dios les haya dado, tus decisiones tendrán que pasar por el filtro de la relación con Jesucristo. El aspecto físico de tu relación es más satisfactorio cuando proviene de tu propia intimidad profunda con Jesús.

> [Jesús dijo] "Yo soy la vid y ustedes son las ramas.
> El que permanece en mí, como yo en él, dará
> mucho fruto; separados de mí no pueden ustedes
> hacer nada."   **Juan 15:5**

2. Nosotros convivimos antes de casarnos. ¿Cómo podemos proteger nuestro matrimonio y evitar dificultades en nuestra nueva relación?

Las estadísticas revelan que casi la mitad de la población piensa que vivir juntos antes de casarse (cohabitar) es una buena manera de lograr algunos de los beneficios del matrimonio y disminuir el riesgo de divorcio.

Muchas parejas jóvenes se plantean: "Si nos vamos a casar para toda la vida, necesitamos tener un período de práctica primero." Suena lógico, ¿verdad? Cada vez más, las parejas de distintas edades deciden vivir juntas, a tal punto que en la actualidad la mayoría ya ha convivido antes de casarse.

El consejo bíblico en contra del sexo prematrimonial es un buen consejo para todos: para los que experimentan el dolor de desobedecer los planes de Dios y para los que resultan bendecidos por obedecerlos. Dios nos da reglas y pautas, no porque sea malo o quiera privarnos de algo bueno, sino porque nos ama. Su plan de que nos mantengamos puros antes del matrimonio es el mejor plan. Es una cobertura de protección.

Es importante tener la convicción de que el matrimonio en el cual

Consejos de Entrenamiento: Inconvenientes de Convivir antes de Casarse

- **Problemas sexuales.** Con frecuencia, puede haber insatisfacción sexual. Para poder vivir juntos, a menudo las parejas usan la excusa de que necesitan saber si son sexualmente compatibles. El problema es que están "probando" en el lugar equivocado, con la alternativa de salirse, buscar a otras personas, e inclusive sostener relaciones sexuales con otras personas durante el período de "vivir juntos".

- **Cuestiones de comparación.** La insatisfacción empieza a rondar tu lecho matrimonial cuando comparas a tu cónyuge con otros compañeros(as) anteriores. La promiscuidad sexual puede ayudar a explicar por qué los matrimonios que no han convivido antes de casarse tienen relaciones sexuales más satisfactorias que las parejas que sí lo hicieron.

- **Confianza desgastada.** Si ambos estuvieron dispuestos a hacer concesiones antes de casarse, ¿qué evitará que sigan haciendo aquellas que podrían dañar su matrimonio? Si ambos estuvieron dispuestos a tomar atajos antes de casarse, ¿qué impedirá que cualquiera de los dos lo haga una o dos veces una vez casados?

han ingresado es para siempre. Cultiven la amistad entre ustedes. Entonces, al resistir juntos las tormentas, tendrán más fuerza para perseverar.

Lean esta historia optimista sobre sexo matrimonial que un oyente compartió con nosotros:

Testimonios del Frente de Batalla

"Mi esposo y yo salimos durante dos semanas y luego nos fuimos a vivir juntos. Durante esas dos semanas habíamos decidido que queríamos estar el uno con el otro y que nos casaríamos. Pensamos que económicamente sería bueno porque podríamos liberarnos de algunas cuentas y ahorrar dinero para una casa. Decidimos que solamente nos mudaríamos a un mismo lugar pero dormiríamos en cuartos separados y no tendríamos relaciones sexuales. Pero la tentación fue muy grande y estábamos tan enamorados, que terminamos haciendo el amor. Más tarde, nos casamos. Puedo decirles por experiencia que hacer el amor estando casados es completamente diferente y es maravilloso. Tener sexo sin el vínculo del matrimonio se convierte realmente en un obstáculo para conocer, aprender, comunicar y ver de verdad el amplio espectro de los dones que tú aportas a la relación."

No se olviden de que como discípulos de Cristo dan un testimonio vivo a todos los que los conocen.

> Por eso, dispónganse para actuar con inteligencia; tengan dominio propio; pongan su esperanza completamente en la gracia que se les dará cuando se revele Jesucristo. Como hijos obedientes, no se amolden a los malos deseos que tenían antes, cuando vivían en la ignorancia. Más bien, sean ustedes santos en todo lo que hagan, como también es santo quien los llamó.   **1 Pedro 1:13-15**

Si quieren que Dios bendiga su matrimonio, es necesario que sigan las instrucciones que nos da su Palabra. Hagan de la lectura de la Biblia, la oración y la asistencia a la iglesia, elementos permanentes en su agenda. Nuestro libro *Renewing Your Love* [*Renovando tu Amor*] es un devocional que pueden usar para su crecimiento espiritual y para el desarrollo de su relación matrimonial. Si quieren construir una mayor protección para su matrimonio, consulten las sugerencias que damos en nuestros libros *Guard Your Heart* [*Cuida tu Corazón*] y *Divorce-Proof Your Marriage* [*Matrimonio a Prueba de Divorcio*].

3. Mi pareja no era virgen cuando nos casamos, pero yo sí. ¿Cómo puedo encarar las dificultades que seguramente tendremos?

Si estás casado(a) con una persona que fue sexualmente activa antes de casarse contigo, siendo soltero(a) y si él o ella ha confesado y buscado el perdón de Dios, entonces la gracia y el perdón se harán extensivos a tu matrimonio. No creemos que sea bíblicamente incorrecto casarse con esa persona. Sin embargo, tienes que estar al tanto de que existirán consecuencias como resultado de las elecciones que hizo esa persona. Es sabio que te asegures de que tu pareja está sana y libre de cualquier enfermedad de transmisión sexual. Además, quizás te compare con sus parejas sexuales anteriores. Tienes que hallar la manera de perdonar y olvidar hasta donde te sea posible. A menos que te ocupes del tema con la ayuda de Dios, este no desaparecerá.

Hay algunas cuestiones difíciles que necesitan ser resueltas. Tienes que ser realista en cuanto a lo que significarán para tu futuro. Es necesario que hables con alguien mayor y sabio (pastor, tutor, o consejero bíblico). Ten en cuenta que todos hemos pecado y nos hemos alejado de la gracia de Dios. Cualquier persona que se casa arrastra errores de su pasado, fracasos, tendencias humanas . . . Sí, pecado también; quizás no se trate de pecado sexual, pero aun así, es pecado ante un Dios santo. Ambos necesitarán siempre de la gracia y del perdón de Dios.

> Pues todos han pecado y están privados de la gloria de Dios, pero por su gracia son justificados gratuitamente mediante la redención que Cristo Jesús efectuó.
> **Romanos 3:23-24**

Temas Graves a Manejar para Recién Casados

1. Un espíritu crítico	Admitan sus frustraciones. Apóyense, escúchense y aliéntense. Estén dispuestos a aprender el uno del otro. Reconozcan que se han equivocado. Pídanse perdón. Perdónense mutuamente.
2. Falta de habilidad para resolver conflictos	Con frecuencia, las personas en conflicto se niegan a acercarse en actitud humilde. Elijan perdonarse, acepten la responsabilidad por sus errores y solicítense el perdón.
3. Cansancio y agotamiento	Definan qué es realmente lo más importante. Establezcan sus prioridades y vivan de acuerdo con ellas. Recuerden sus limitaciones. Aprendan a decir que no y a tener el valor de decirse que no el uno al otro.
4. Límites indefinidos con los parientes	Los hijos pueden necesitar el consejo de sus padres o de otros parientes, pero no el ser controlados por ellos. En el capítulo 11 de este libro encontrarán preguntas y respuestas específicas sobre la familia política.
5. Secretos	Para luchar contra los secretos, confiésense los temas y asuntos que piensan que podrían dañar su matrimonio. Practiquen la honestidad y reclámense honestidad.
6. Sin espacio para Dios	Hagan que Dios forme parte de su relación. Invítenlo a conducir y a orientar su matrimonio. Cuando edifiquen su matrimonio sobre las palabras y promesas de Dios, soportarán las tormentas más fuertes. Formen el hábito de orar el uno por el otro. Agradézcanle a Dios mutuamente el uno por el otro. Adoren y sirvan juntos.
7. Falta de apoyo	Después de la boda y de la luna de miel, viene . . . la vida. Ambos regresan a sus trabajos. Cuando empiecen a sentir las presiones económicas y las de otro tipo, manténganse emocionalmente unidos. Pongan su vida juntos como prioridad; cuiden su matrimonio. Es fundamental mantenerse en contacto durante el día mediante llamadas o correos electrónicos.
8. Excesos	Tengan en cuenta dos tipos de exceso: el primero es el impulso a tener más; el segundo se manifiesta en comportamientos destructivos o adicciones. Ocúpense inmediatamente de los excesos; muéstrense dispuestos a conseguir ayuda para las adicciones.
9. Egoísmo	Para luchar contra el egoísmo necesitan pedirle a Jesús que les enseñe a sacrificarse y a servir. Se convertirán en personas generosas aprendiendo a caminar como Jesús lo hizo. El aprender a servir en el presente los sostendrá en los tiempos de sequía del porvenir.
10. Expectativas poco realistas	Pregúntense: ¿Qué expectativas tenemos y cuáles son poco realistas? ¿De cuáles tendremos que deshacernos para aprender a trabajar en pareja y construir un matrimonio fuerte?

En su libro *Don't Date Naked [No Te Enamores a Ciegas]* Michael y Amy Smalley hablan con sinceridad sobre cómo manejaron este problema en su matrimonio.

4. Acabo de casarme. ¿Qué pasos tengo que dar al comienzo para fortalecer mi matrimonio? ¿Qué tengo que evitar?

> Ámense los unos a los otros con amor fraternal,
> respetándose y honrándose mutuamente.
>
> **Romanos 12:10**

La boda dura apenas unas horas; tu matrimonio es para toda la vida. Cuando el día de tu boda haya quedado atrás, ¿estarás dispuesto(a) a pasar el resto de tu vida con tu pareja? Para que tu vida matrimonial sea fortalecida y se convierta en un viaje placentero, lee la descripción de los seis amores en el matrimonio, que se encuentran en nuestro libro *Divorce-Proof Your Marriage [Matrimonio a Prueba de Divorcio]*. Nuestro devocional *Renewing Your Love [Renovando tu Amor]* les brindará a ti y a tu cónyuge treinta devocionales diarios para compartir juntos. Apóyense, ámense y sírvanse mutuamente en medio de las decepciones y obstáculos de la vida cotidiana. Eviten los inconvenientes descritos en "Temas Graves a Manejar para Recién Casados", página 7.

5. ¿Qué podemos hacer para edificar un matrimonio firme desde el comienzo?

Para desarrollar un matrimonio firme, deben combinarse dos elementos vitales:

Primero está la parte de ustedes. Dibujen una línea en la arena. Proclamen a Dios y entre ustedes: "Estamos consagrados a construir un matrimonio y una familia cristiana. El divorcio no es una alternativa para nosotros. No edificaremos nuestro matrimonio como lo hace todo el mundo. Nos comprometemos a mantener nuestro amor fresco, renovado y en constante crecimiento, por el bien de nuestro matrimonio, por el bien de nuestros hijos y por Jesucristo. 'Por mi parte, mi familia y yo serviremos al Señor' (Josué 24:15)." Por la forma en que se

La Lista del Amor: Hábitos Saludables para Parejas Cariñosas[1]

Una vez al día

- Contacto físico. Diariamente cultiven la valiosa práctica de la ternura mutua.
- Abrácense por lo menos durante cinco segundos.
- Recuerden los dos minutos más importantes del día para su matrimonio: el momento en que se reencuentran al final del día.
- Rían. Cuanto más se rían juntos, más amor sentirán y se demostrarán. El humor sirve para ayudarnos a enfrentar los problemas.

Una vez a la semana

- Hagan algo dinámico que les eleve el espíritu. Esta es una garantía contra el aburrimiento.
- Amplíen su esfera de intereses. Hagan una lista de actividades y marquen aquellas que les parezcan placenteras. Tómense tiempo para llevarlas a cabo y disfrutarlas.
- Provean espacio para que el cónyuge pueda disfrutar a solas de ciertas actividades.
- Incentiven mutuamente su autoestima. Cuando tu pareja te ayuda a alcanzar tu potencial y refuerza tu autoconfianza, las posibilidades parecen no tener límites. Busquen esos "diamantes", escarben bajo la superficie áspera para encontrar lo bueno de su pareja.
- Haláguense el uno al otro.

Una vez al mes

- Deshágense de residuos peligrosos. Examinen los asuntos inconclusos (pagar cuentas, decidir cuánto tiempo se quedarán los parientes en Navidad, disciplinar a los chicos). Hablen de los temas recientes y esfuércense por tomar decisiones.
- Hablen sobre el dinero. Confiésense los engaños y establezcan mecanismos para mantener la honestidad.
- Hablen de sus necesidades emocionales y del enojo. Perdónense cuando se sientan heridos.
- Cuídense de estar sobrecargados de tareas. Decidan juntos hasta dónde pueden aceptar compromisos como familia.
- Manténganse al día sobre lo que saben el uno del otro. Anímense a descubrir ¿qué les gustaría que el otro supiera?
- Aviven la pasión en el dormitorio. Programen una salida romántica por lo menos una vez al mes. Protejan celosamente ese tiempo.

Una vez al año

- Revisen los diez aspectos más destacados del año. Definan juntos qué constituye un aspecto destacado. Hagan de esta revisión una tradición memorable.
- Tracen el mapa para el año siguiente. Sean proactivos para conseguir lo que les gustaría alcanzar como pareja en los próximos doce meses. Pídanle a Dios que los guíe. Tómense tiempo para considerar qué es lo que más les importa a ambos en su relación.
- Escriban una declaración de propósito y revísenla anualmente. Comiencen con "Nuestro propósito es…" Usen esta frase para mantener encaminado su matrimonio. Examinen lo que les gustaría cambiar.
- Piensen en seis cosas que les gustaría que fueran diferentes y establezcan maneras de mejorarlas durante el próximo año. Definan metas concretas. Comprendan el poder de tomar decisiones conjuntamente. Despierten su actitud positiva. Confíen en Dios para su próximo año juntos.

comunican hoy y cada día, ratifican la elección de su cónyuge a cada momento. Se dicen el uno al otro, con palabras y hechos: "Tú eres la única persona para mí."

Segundo, Dios les tomó la palabra cuando pronunciaron sus votos matrimoniales y está trabajando en ustedes para que cumplan con ese compromiso. Tu matrimonio crecerá y se fortalecerá porque Dios los capacitará para consolidarlo. Ustedes dos no están solos en esta batalla de evitar la visión distorsionada del mundo sobre el matrimonio, porque el de ustedes es un matrimonio de tres: marido, mujer y Jesús. Los alentamos a no conformarse con nada menos que lo mejor que Dios tiene para su relación.

¿Cómo pueden lograrlo? Una de las cosas que sugerimos en nuestra consejería es lo que llamamos *La Lista del Amor*. Esta lista enumera cosas que pueden hacer cada día, cada semana y cada mes. También brinda importantes ejercicios para llevar a cabo anualmente.

6. Mis padres tuvieron un matrimonio terrible y se divorciaron. ¿Quiere decir eso que mi matrimonio tiene más posibilidades de terminar en divorcio?

Tu matrimonio no tiene por qué ser de esa manera. Algunas de las personas más dispuestas a aprender que conocemos, fueron afectadas por el divorcio de sus padres. Sin embargo, Dios usó esas experiencias y, a través de su gracia, les dio una mayor determinación para fortalecer su matrimonio. Tendrás que mantenerte dispuesto a aprender, esa es la clave. Necesitarás desaprender algunas actitudes o suposiciones que quizás hayas traído a tu matrimonio, porque lo que aprendiste mientras crecías evidentemente no funcionó. Te alentamos a ser muy sabio, a buscar cuidadosamente la voluntad de Dios y a estar preparado a permanecer firme en el pacto matrimonial. Talvez te sientas tentado a considerar el divorcio como una opción porque lo viviste de cerca. Jamás lo consideres de esa manera. Sugerimos borrar la palabra 'divorcio' de tu vocabulario. Rompe con el modelo de divorcio; bríndales a tus hijos lo que tú nunca tuviste y escoge edificar una familia fuerte y unida que trabaja a través de las luchas inevitables que cualquier matrimonio enfrenta.

Dale una mirada al certificado titulado "Nuestro Pacto Hogareño", en la Internet o al final de nuestro cuadernillo de ejercicios *Descubre de Nuevo el Amor de tu Vida*. El firmar ese certificado puede recordarles a ti y a tu esposa el compromiso matrimonial.

Lee nuestro libro *Divorce-Proof Your Marriage* [*Matrimonio a Prueba de Divorcio*], que te dará algunas ideas de cómo evitar un matrimonio desdichado y el divorcio. Poniendo en práctica junto con tu cónyuge los seis amores que se describen en el libro (el amor que sirve, que protege, que perdona, que persevera, que renueva, que celebra), obtendrás energía para tu matrimonio. Nuestro devocional *Renewing Your Love* [*Renovando tu Amor*] los ayudará en su desarrollo espiritual. Los devocionales diarios se basan en los amores matrimoniales presentados en el libro *Divorce-Proof Your Marriage* [*Matrimonio a Prueba de Divorcio*].

7. Veo que muchos matrimonios fracasan. ¿Por qué fallan las parejas?

Los matrimonios fracasan porque no saben enfrentar las continuas presiones provocadas por los inconvenientes, las tragedias y las circunstancias inesperadas de la vida. A veces, diversas presiones se presentan al mismo tiempo. Otras, la tragedia nos golpea con la fuerza de una bola de demolición, pero luego desaparece. Otras veces, la misma presión persiste y se cierne como una nube oscura durante meses y aun durante años. No se trata de *si* el matrimonio enfrentará presiones, sino *cuándo*.

Si quieres proteger tu matrimonio de las tormentas y luchas de la vida, si deseas un vínculo más profundo y una amistad más gratificante, necesitas lo que llamamos 'amor perseverante'. Esta es la clase de amor que triunfa sobre las pruebas y crece aún más fuerte cuando te sientes más vulnerable. El amor perseverante no sólo resiste en medio de la calamidad aferrándose con uñas y dientes; este es el amor que permanece, se solidifica y crece. Es la clase de amor que Pablo describe en 1 Corintios 13:7: "Todo lo disculpa, todo lo cree, todo lo espera, todo lo soporta." El amor perseverante une a los matrimonios como un super-pegamento e impide que fracasen.

Lee lo que nos compartió un amigo de nuestro programa radial:

Testimonios del Frente de Batalla

"Una de las cosas que hago para proteger a mi matrimonio del divorcio es no actuar como si yo fuera el Espíritu Santo para mi esposo. He tomado el compromiso de dejar que el Señor trabaje a su manera y en su tiempo. Si hay alguna circunstancia en la que él está luchando con decisiones que tiene que tomar o postergando algunas, y yo, como al pasar menciono eso en una conversación, él se resiste a escucharme. En lugar de regañarlo, acudo al Señor en mis plegarias y comienzo a pedirle que revele estas cosas a la mente y al corazón de mi esposo, de la manera que solamente Él puede."

Nuestra hija estaba por viajar y le preguntó a Gary: "Papá, ya hice casi cuatro mil ochocientos kilómetros en auto. ¿Puedo esperar para hacerle el cambio de aceite?" Él contestó: "Probablemente no lo dañes, pero no hagas seis mil o nueve mil kilómetros sin cambiarle el aceite. Para que ande bien, necesita mantenimiento preventivo." Nuestra pregunta es: ¿Has hecho quince mil, veinte mil, veinticinco mil kilómetros en tu matrimonio sin revisarle el aceite, por decirlo de alguna manera? ¿Sabes qué? Tu matrimonio también necesita mantenimiento preventivo. ¿Qué estás haciendo para cuidar tu corazón? Debes estar alerta. Controla el aceite de tu corazón y realiza los recambios cuando sea necesario. A menudo, los matrimonios que fracasan son los que no controlaron el aceite ni lo cambiaron cuando era necesario. No chocarías tu auto contra una pared; tampoco lo hagas con tu matrimonio. ¿Qué puedes hacer a diario para llenar tu corazón de un enfoque y una perspectiva renovados? ¿Estás leyendo la Palabra? ¿Cómo está tu vida de oración? ¿Estás permitiendo que Dios fluya dentro de tu vida de manera tal que puedas tú fluir en la vida de tu pareja? No te descuides; tómate el tiempo para renovar tu vida interior con el Espíritu Santo.

8. Conozco demasiadas personas divorciadas. ¿Es posible que el matrimonio pueda permanecer unido?

Si alguien presentara un programa televisivo llamado *La Pareja Norteamericana Perfecta*, ninguno de nosotros esperaría calificar para el primer premio.

De buena gana admitimos que nuestro matrimonio no es perfecto. Pero eso no es excusa para conformarnos con lo que tenemos. Un matrimonio que apenas sea "lo suficientemente bueno", no resultará a largo plazo. Si crees que podrás avanzar indefinidamente en una relación de ese tipo, estás engañándote. La verdad es que, si tu matrimonio no crece en profundidad, quizás estés encaminándote hacia la desconexión, la discordia y el divorcio emocional.

Recuerda: estás batallando contra el archienemigo de Dios por la vitalidad y el éxito de tu matrimonio. Las fuerzas desplegadas en tu contra son formidables. Debes estar en guardia porque Satanás está buscando una oportunidad para derribar tu matrimonio. No sólo debes estar atento, sino que además debes tomar la ofensiva en este conflicto. Tienes que ser proactivo en el cuidado de tu relación matrimonial. La mayoría de los matrimonios arruinados no terminan en divorcio de la noche a la mañana. Más bien, se marchitan al cabo de los años debido a la pereza y a la falta de esfuerzo.

> Practiquen el dominio propio y manténganse alerta. Su enemigo el diablo ronda como león rugiente, buscando a quién devorar. Resístanlo, manteniéndose firmes en la fe, sabiendo que sus hermanos en todo el mundo están soportando la misma clase de sufrimientos.   **1 Pedro 5:8-9**

Si no es constantemente revitalizado, un matrimonio que hoy se ve sano puede deslizarse hacia el precipicio del divorcio en cinco o diez años.

Los matrimonios pueden llegar lejos y hasta prosperar, cuando el esposo y su mujer se sirven mutuamente poniendo al otro en primer lugar, luego de su lealtad a Cristo. Esta es la actitud que has de adoptar hacia tu pareja. El contraste no es tan dramático, desde luego, puesto que no eres perfecto y tampoco lo es tu cónyuge. En algunas áreas tú puedes ser más fuerte o más sabio, mientras que, en otras, lo será tu pareja. No importa lo alto que haya llegado tu cónyuge en la escala de la sociedad o no; si sigues el modelo de Cristo, considerarás a tu pareja más importante que tú. Si lo haces, no tendrás ningún inconveniente de poner a tu cónyuge en el primer lugar; después de Cristo, por supuesto.

Le servirás amorosamente haciendo por el otro aquello que desearías que otros hicieran por ti si estuvieras en determinada circunstancia.

> El amor debe ser sincero. Aborrezcan el mal;
> aférrense al bien. Ámense los unos a los otros
> con amor fraternal, respetándose y honrándose
> mutuamente.　　　　　　　　　　**Romanos 12:9-10**

Consejos de Entrenamiento: Pautas para Construir un Matrimonio Próspero

- Aligera la carga de tu cónyuge: toma su lista de "obligaciones/cosas por hacer" y realiza algunas de ellas tú mismo, tales como tender las camas, sacar la basura, limpiar, o terminar el cuidado del jardín.

- ¡Haz que el mundo sepa que estás orgulloso de tu cónyuge! Comunica cuán importante es, cuando hables de él o de ella, en lugar de atraer la atención para ti solamente. Habla siempre positiva y constructivamente de tu cónyuge delante de tus hijos. Cuando estés con otros adultos, hazte el propósito de mencionar detalles que halaguen a tu pareja. Comparte generosamente tus comentarios en privado, cuando estés a solas con tu pareja, así como en público.

- Renuncia a la amargura y al enojo. Jamás reprendas, degrades o humilles a tu pareja en público o en privado.

- Procura realzar lo mejor de tu cónyuge. Trata de superar a tu cónyuge en cortesía y amabilidad.

- Piensa nuevas maneras de decirle sí a tu pareja. Haz del tiempo a solas una prioridad. Nada demuestra mejor que alguien es lo primero en tu vida como el tiempo que le dedicas. Y nada representa mejor una condición de segunda clase que anteponer tu agenda y actividades a pasar tiempo con tu pareja. Debes ser muy sabio y separar importantes porciones de tu agenda semanal para dedicarte a charlar a solas con él o ella.

- Piensa, 'soy la tercera persona del matrimonio: Jesús es la primera, mi cónyuge la segunda y yo la tercera'. Si quieres que tu matrimonio prospere a largo plazo, puedes empezar por darle a tu pareja el primer lugar después de Jesús.

9. ¿Cómo podemos evitar que nuestro matrimonio termine en divorcio?

La supervivencia de tu matrimonio depende de cuánto respeten el pacto matrimonial que hicieron el día que se casaron. Deben decir con absoluta convicción: "El divorcio no es una opción. Nos casamos para toda la vida." Sin esta firme promesa, tu matrimonio estará expuesto a fallar en cualquier momento. Pero si mantienen sus votos, el matrimonio puede sobrevivir a todo. Descarten la idea del divorcio. Tu matrimonio estará protegido del divorcio solamente cuando se comprometan a no usar jamás esa palabra. Antes de que puedan conocer la profunda seguridad y confianza que Dios pretende que disfruten como pareja, necesitan estar seguros de que la relación está arraigada en un amor que nunca se rendirá.

¿Por qué es eso tan importante? En el Antiguo Testamento, el profeta Malaquías nos comunica lo que Dios dice: "Yo aborrezco el divorcio" (Malaquías 2:16). Si Dios aborrece algo, ¿no sería sabio que ustedes también lo agregaran a su lista de cosas aborrecibles? Dios se toma muy en serio el compromiso que hicieron ante Él en el día de su boda. Él es claro en ese tema: el matrimonio es un compromiso para la toda la vida. El divorcio no debería ser considerado como una opción.

Dios no dice: "Aborrezco a los divorciados." Al contrario, Él ama a todo el mundo, incluyendo a los divorciados. Precisamente por eso es tan vehemente sobre el divorcio; conoce el dolor que provoca en las personas que ama. Es como si nos suplicara: "El divorcio lastima profundamente a todos los involucrados. No quiero que sufran. Háganse un favor: eviten el dolor, honrando el compromiso que hicieron para toda la vida."

A continuación de su denuncia de divorcio en Malaquías 2:16, Dios provee dos antídotos contra el divorcio. Si se apropian estos mandamientos para su relación, darán pasos más importantes para proteger a su matrimonio del divorcio.

En primer lugar, dice que cuidemos nuestro corazón: "Cuídense en su espíritu."

> "Yo aborrezco el divorcio – dice el Señor, Dios de Israel – ". . . Así que cuídense en su espíritu, y no sean traicioneros."
> **Malaquías 2:16**

Este mandamiento sugiere que hay algo que está amenazando al matrimonio y que es necesario mantenerse en guardia. Nuestra cultura abiertamente tolera y facilita el divorcio. Una persona puede divorciarse prácticamente por cualquier motivo. Es una salida fácil para los que no quieren lidiar ni siquiera con los conflictos y adaptaciones normales de la vida de casado. Nuestra cultura parece decir: "Si tu matrimonio no está funcionando de la manera que te gusta, divórciate de tu cónyuge y búscate a alguien que te guste más." La "sabiduría" del mundo, difundida a través de dudosos canales, así como de revistas sensacionalistas y programas de debates, dice: "El divorcio es la solución para tus problemas matrimoniales." Pero Dios dice: "Aborrezco el divorcio", y nos previene de adoptar esa actitud descuidada respecto de los solem-

Consejos de Entrenamiento: Seis Clases de Amor que Protegerán tu Matrimonio del Divorcio

Puedes poner tu relación a prueba de divorcio ejercitando con regularidad seis facetas del amor:

1. **Amor que perdona.** Ofrézcanse mutuamente empezar de nuevo luego de una ofensa, ya sea grande o pequeña, confesándose consecuentemente los errores y perdonándose. El amor que perdona ayuda a que cada uno se sienta aceptado y conectado con el cónyuge.

2. **Amor que sirve.** Dedíquense a descubrir y satisfacer las necesidades más profundas del cónyuge. El amor que sirve los ayudará a sentirse comprendidos y honrados por su cónyuge.

3. **Amor que persevera.** Apóyense, aliéntense y consuélense en medio de las pruebas de la vida.

4. **Amor que protege.** Protege tu corazón y el de tu compañero(a) de las muchas amenazas contra el matrimonio. El amor que protege construye un sentimiento de seguridad y estabilidad dentro de la relación.

5. **Amor que celebra.** Busquen continuamente formas de disfrutar con el cónyuge emocional, física y espiritualmente. El amor que celebra les permite sentirse apreciados y cautivados por la otra persona.

6. **Amor que renueva.** Nunca te conformes con las cosas como están. Esmérate por mantener la frescura y el crecimiento en tu matrimonio. Renovar el amor ayuda a fortalecer el compromiso mutuo y mantener un matrimonio vibrante.

nes votos que pronunciamos ante Él. Dios es más grande que nuestros problemas actuales. ¿Por qué no darle la oportunidad de demostrar su grandeza?

El segundo antídoto contra el divorcio en Malaquías 2:16 es: "No sean traicioneros." Prometieron amarse, honrarse y apreciarse mutuamente. Ambos deben mantener su palabra. No rompan la confianza revocando sus votos. Inviertan sus energías en el amor incondicional y la fidelidad al matrimonio, en lugar de inventar excusas y buscar evadirse. Pregúntense continuamente: "¿Cómo podemos hacer para que nuestra relación sea más rica, más profunda y más plena a pesar de nuestros conflictos y luchas?"

Nuestro libro *Divorce-Proof Your Marriage* [*Matrimonio a Prueba de Divorcio*] trata de qué manera las seis clases de amor descritas en el cuadro anterior pueden ayudar a las parejas a protegerse de la desilusión, el desaliento, el alejamiento, la desconexión, la discordia y el divorcio emocional.

10. ¿Cómo puedo saber si estoy casado(a) con la persona correcta?

Si tu pareja no es cristiana, quizás recuerdes alguna ocasión en que pensaste: *No es esta la persona con la que yo debería estar.* Talvez te diste cuenta que intentabas encontrar tu propio valor y seguridad en un compañero humano en lugar de hacerlo con Dios y te sentiste culpable por eso. Es una verdad difícil de tragar: darte cuenta que no deberías haber elegido a la persona equivocada.

Muchos jóvenes nos llaman para decirnos que conocieron a alguien y se han enamorado, pero que su potencial cónyuge no es cristiano. Algunos oyentes creen que son cristianos tan firmes que podrán cambiar a la otra persona. Esto es lo que nos dijo Marina:

Testimonios del Frente de Batalla

"Estaba tan enamorada de este muchacho. Creía que si fuera cristiano, sería perfecto (todo lo que yo tenía que hacer era cambiarlo), que Dios debía haberme puesto en su vida por esa razón. Estaba equivocada. La decisión de casarme con ese hombre me llevó a un período de cinco años de sufrimiento

que culminaron en divorcio. Caí en una profunda depresión.
Quiero advertirles que si están consagrados(as) a Jesús y
lo abandonan, lo próximo que les ocurrirá será una serie de
problemas, tanto internos como externos. Eso es lo que siempre
pasa. Pero Dios es siempre fiel; Él ha restaurado mi corazón.
Ahora estoy casada con un hombre maravilloso. Dios ha
hecho un trabajo estupendo en mi corazón, pero podría
haberme evitado todo ese dolor, si hubiera hecho caso a las
recomendaciones de las personas que se preocupaban por mí
y hubiera escuchado el consejo de Dios de no unirme en yugo
desigual. Si conoces un hombre o una chica que te gusta y no
es creyente, apártate y ora por esa persona. Si es la persona
con quien Dios quiere que estés, Dios la traerá a ti. Pero es
muy importante ser del mismo yugo y compartir la misma fe."

No te preguntes si estás casado(a) con la persona correcta. En lugar de eso, ora por tu pareja. Mientras oras por tu crecimiento espiritual, hazlo también por el de tu pareja. Sólo Dios puede cambiar los corazones, las quejas no lo harán. Maridos, oren cada día por las tareas complicadas de sus mujeres. Esposas, oren por sus maridos cuando estén en su trabajo.

La Escritura nos tranquiliza diciendo que si mantenemos nuestra fe en Cristo y vivimos vidas piadosas, quizás ganemos a nuestro cónyuge para el Señor, aun sin predicarle. Ama a tu cónyuge. Ora por ti, por tu cónyuge y por tu matrimonio.

> Si algunos de ellos no creen en la palabra, puedan
> ser ganados más por el comportamiento de ustedes
> que por sus palabras, al observar su conducta íntegra
> y respetuosa.   **1 Pedro 3:1-2**

Recuérdate a ti mismo(a) por qué te casaste con tu cónyuge. ¿Qué cosas te atraían? Piensa en la amistad entre ustedes. Nuestro libro de ejercicios *Descubre de Nuevo el Amor de tu Vida* es para parejas y para grupos. Te ayudará a reavivar el compromiso con tus votos matrimoniales. Talvez además quieras ver con tu grupo la serie en DVD que lleva el mismo título. Visita nuestro sitio en Internet www.divorceproof.com si deseas más información sobre esta serie.

11. Nos esforzamos por tener un matrimonio 50/50, asegurándonos que todo sea equitativo. Eso es lo justo, ¿verdad?

Uno de los problemas más grandes entre las parejas con las que hablamos ocurre cuando los maridos y las esposas llevan cuentas de lo que hacen el uno por el otro. Lamentablemente, muchas parejas operan de acuerdo al popular "Plan del 50/50", la filosofía del "Yo atenderé tus necesidades si tú atiendes las mías". En este plan, el matrimonio se convierte en un contrato de intercambio y compromisos, cuyas partes llevan la cuenta de manera tal que ninguno dé o reciba más que el otro. Su objetivo es atender al otro en un 50 por ciento.

Es cierto que algunas parejas que viven de acuerdo a esta norma son generosas entre sí y hasta moderadamente felices. Pero repartir el amor por lo general no da como resultado que los cónyuges se sientan honrados y comprendidos. El problema a menudo surge cuando no pueden ponerse de acuerdo sobre cuál es la mitad del camino para cada uno.

Lean la siguiente historia de nuestro programa de radio:

Testimonios del Frente de Batalla

"Mientras crecían, Tomás y Susana fueron testigos de cómo sus madres eran pisoteadas por sus autoritarios padres. Cuando se casaron, juraron que dividirían en partes iguales todas las tareas y responsabilidades. Las tareas domésticas serían repartidas entre ambos cónyuges equitativamente. Estaban convencidos de que su relación 50 y 50 sería ciento por ciento justa. Sonaba lógico y viable, y permitiría que cada uno mantuviera el control sin ser pisoteado. Sin embargo, en lugar de crear un entorno adecuado, el plan del 50 y 50 parecía un contrato leonino. Discutían por quién había sido el último en lavar los platos, en lavar la ropa o en cocinar. Los fines de semana en los que Susana salía con sus compañeras de la universidad, coincidían exactamente con las salidas de Tomás y sus amigos para cazar.

> *Cumplían con la obligación de cuidar a sus hijos como si tuvieran un cronómetro en la cabeza. Cuando Tomás llegaba a casa de su trabajo, Susana le decía que las obligaciones de ella habían terminado. También controlaban cuánto ganaba cada uno y los gastos estaban claramente diferenciados en cuentas bancarias separadas."*

¿Pueden imaginar la tensión entre Tomás y Susana? El control y las comparaciones los dividieron. Un amigo llama a esta clase de parejas "personajes de contaduría". No pierden nada de vista, comparan y pesan sus listas y luego proceden a herir al otro cuando el libro contable no da un buen balance.

¿Les gustaría vivir como Tomás y Susana? ¿Quieren esperar a que el otro se rinda y sirva primero? ¿Quieren comparar lo que cada uno hizo por su cónyuge? ¿Quieren ser "personajes de contaduría"?

Hay un método mejor. Es el matrimonio del 100/100, que es el propósito de Dios para el marido y para la esposa. El apóstol Pablo dice: "Esposos, amen a sus esposas, así como Cristo amó a la iglesia y se entregó por ella para hacerla santa. Él la purificó, lavándola con agua mediante la palabra" (Efesios 5:25). Cuando un marido ama de esa manera, elige servir a su mujer porque su deseo es el de ser obediente al propósito de Dios para él. Lo estimula no sólo el complacerla a ella, sino también a Dios. Lo mismo vale para la esposa. Cuando se sirvan uno al otro, entregando el ciento por ciento para amar y servir al cónyuge, hallarán gozo y realización más allá de lo que puedan imaginar.

12. Mi pareja y yo somos de dos contextos sociales y culturales completamente diferentes. ¿Cómo podemos hacer que nuestro matrimonio funcione?

Lo más importante que tienes que entender es que cuando te casas, estás casándote con los padres de esa persona y con su entorno. Si ambos vienen de culturas sumamente diferentes, instrúyete sobre cómo esas diferencias puedan entrar en conflicto con lo que son tus costumbres. ¿Piensas que tu cultura está "bien" y la suya "mal"? ¿Puedes respetar y adaptarte a las diferencias? ¿Eres permeable? ¿Lo es tu pareja? Esas diferencias pueden ser considerables y aumentar todavía más con el tiempo. Cuantas más diferencias tengas, más frágil podría ser tu relación matrimonial.

No obstante, las diferencias culturales no tienen por qué ser causantes de rupturas de parejas. En la consejería hemos descubierto que cuando un hombre y una mujer están dispuestos a aprender y ponen a Cristo en primer lugar mientras combinan sus contextos y experiencias diferentes, ¡pueden tener un matrimonio rico y maravilloso! Ustedes pueden ocuparse de esos temas si tienen el común denominador de estar unidos en Cristo Jesús y en su fe. ¿Están ambos abiertos y dispuestos a conocer sus caminos? Si no es así, les estará faltando el pegamento que mantendrá unido a su matrimonio.

Nuestro libro *Divorce-Proof Your Marriage* [*Matrimonio a Prueba de Divorcio*] presenta seis tipos de amor que puedes practicar para fortalecer tu matrimonio.

13. Mi pareja y yo somos de dos denominaciones cristianas diferentes. ¿Es eso un problema?

Empieza por considerar si tus tradiciones tienen diferencias teológicas básicas que podrían causarte un conflicto. Si bien hemos considerado en detalle el tema de cristianos casados con no cristianos, a veces surge la misma pregunta respecto a cristianos que son de denominaciones cristianas que difieren en su liturgia, los sacramentos, la membresía a la iglesia, los estilos de adoración, la interpretación bíblica y la doctrina.

> Con humildad consideren a los demás como superiores a ustedes mismos.   **Filipenses 2:3**

Si estás en esta situación, te recomendaríamos que decidas cuán importantes son cada uno de estos aspectos para ti. Ora por cada uno y discútelos con tu pareja. Sé abierto(a) a su opinión. Sé flexible siempre que puedas, sin perder tus valores. Los cambios resultantes y las nuevas experiencias pueden ser espiritualmente refrescantes y fortalecer tu matrimonio. Decidan juntos a qué iglesia asistirán y las tradiciones que seguirán.

Sométanse unos a otros, por reverencia a Cristo.

Efesios 5:21

14. Soy mucho más joven que mi pareja. ¿Qué dificultades podemos llegar a tener?

Cuando las personas casadas difieren en edades en una década o dos, tendrán experiencias e historias de vida muy distintas para combinar: desde sus trasfondos familiares hasta lo que vivieron durante esas décadas de crecimiento, la música, la cultura, las experiencias de la vida. Uno de los principales problemas que encontramos entre tales parejas es la falta de capacidad de entrar "en sintonía", simplemente a causa de esas diferencias.

¿Eso quiere decir que una pareja que tenga una diferencia de edad de diez, quince o veinte años no puede encontrar sentido a su matrimonio? Puede, pero les será mucho más fácil si son mayores. Por ejemplo: a un sexagenario casado con una mujer de cincuenta les resultará mucho más fácil armonizar sus historias que a un hombre de treinta años con una muchacha de veinte.

Tómense el tiempo para conocerse el uno al otro y ver si realmente pueden ponerse "en sintonía". Sean honestos con ustedes mismos. Es verdaderamente importante, especialmente si uno de ustedes es bastante más joven. Observa a tu cónyuge para descubrir las cosas que más le gustan. Lean y discutan nuestro libro *The Five Love Needs of Men and Women [Las Cinco Necesidades de Amor de Hombres y Mujeres]* para descubrir más de tu cónyuge. ¿Te ha dicho tu pareja cuáles serían sus prioridades de amor? Nuestro libro *40 Unforgettable Dates with Your Mate [40 Citas Inolvidables con tu Pareja]* brinda ideas para organizar salidas con tu pareja, incluyendo temas para analizar en esas salidas. Para tener más intimidad espiritual entre ustedes, lean y estudien nuestro devocional, *Renewing Your Love [Renovando tu Amor]*.

15. Los hombres y las mujeres son muy diferentes. ¿Cómo podemos entendernos? ¿Cuáles son algunas de estas diferencias?

Seguro que los hombres y las mujeres son diferentes. No es necesario que la ciencia nos lo diga. Todo lo que necesitamos hacer es mirar cómo interactúa cualquier grupo de muchachos o chicas, para ver algunas diferencias. Obviamente estas son generalizaciones, pero aquí mencionamos algunas de las diferencias entre hombres y mujeres:

- Cuando los hombres necesitan ánimo, casi siempre buscan la palmada en la espalda de sus compañeros de equipo. Cuando las mujeres necesitan ánimo, precisan de los abrazos de sus amigas que las comprenden.
- Los hombres buscan que sus amigos sean una buena compañía. Las mujeres quieren conexión emocional en la amistad. Para las mujeres no ha sido un buen momento si no se han reído o llorado como esperaban.
- Los hombres se sienten satisfechos si tienen alguien que escuche sus ideas; las mujeres se reponen cuando alguien escucha su corazón.
- Los hombres están más dispuestos a compartir sólo los hechos, mientras que las mujeres adoran compartir sus sentimientos y todos los detalles (conversaciones, arreglos, cómo estaban vestidas las personas).
- Los hombres compiten, las mujeres se conectan.
- Los hombres piensan en intimidad en términos físicos (S-E-X-O); las mujeres piensan en intimidad en términos emocionales (C-H-A-R-L-A).

Si deseas más información que te ayude a comprender a tu cónyuge, por favor examina nuestro libro *The Five Love Needs of Men and Women [Las Cinco Necesidades de Amor de Hombres y Mujeres]*.

Capítulo 2

La Luna de Miel Ha Terminado

Preguntas de este capítulo:

Preguntas de este capítulo (cont):

16. La luna de miel ha terminado y he descubierto que mi pareja no es perfecta. ¿Y ahora?

Tu boda pudo haber sido como un cuento de hadas. Te imaginaste que el matrimonio te permitiría cumplir el sueño de pasar el resto de tus días con el amor de tu vida. ¿Y cuánto duró el sentimiento de que la vida era perfecta? Quizás duró lo que la luna de miel y, para algunas parejas, unos pocos meses más. Entonces, un día te despertaste en el mundo real. Te diste cuenta de que ya no estaban más las estrellas rutilantes del cuento de hadas. Tuvieron que adaptarse a los horarios y acomodarse a las preferencias del otro. Tu mundo real se completó con las exigencias laborales, los quehaceres domésticos, las expectativas insatisfechas y las discusiones. Claro, todavía estaban profundamente enamorados y comprometidos el uno con el otro, pero el matrimonio no ha sido tan fácil o tan mágico como lo esperabas, ¿verdad?

Digámoslo claramente, porque todos sabemos que es cierto: nadie es perfecto. Cuando la luna de miel terminó y se apagó el fuego del primer año, comenzaste a ver a tu pareja de una manera más realista. Cada tanto algo les cae mal del otro, no porque tú quieras que así sea (al menos, no la mayoría de las veces), sino porque sus diferencias y defectos están comenzando a verse con mayor claridad. Esas fallas relacionales son secundarias; la mayoría son enojos momentáneos, pero el resultado final es la decepción.

El antídoto para la decepción es el amor perseverante, un amor que persevere, aun cuando tu cónyuge no satisfaga tus ideales. Aquí no estamos hablando de perfección matrimonial. Eso no quiere decir que no se lastimarán mutuamente o que los problemas no ocurrirán. Tampoco significa que la intimidad y la comunicación sucedan automáticamente. Puedes deleitarte con el sueño mientras trabajas diligentemente para mejorar tu matrimonio. De hecho, ¡ese es el estado normal en una relación matrimonial sana! La disposición a aceptar esto como un hecho y a trabajar en constante oración para resolver los conflictos, puede transformar tu deseo de un matrimonio soñado en una realidad de todos los días. Y con cada paso de crecimiento y el nuevo nivel de intimidad, tendrás más cosas para celebrar.

Lee más acerca del amor que persevera en nuestro libro *Divorce-Proof Your Marriage* [*Matrimonio a Prueba de Divorcio*]. Para aprender más sobre cómo recobrarse de las desilusiones y heridas causadas por tu pareja, lee nuestro libro *Healing the Hurt in Your Marriage* [*Sanando las Heridas en tu Matrimonio*].

17. Sé que amo a mi pareja, pero a veces realmente no me gusta tanto. ¿Tenemos un problema o esto es normal?

Es perfectamente normal. Dos personas no pueden vivir juntas mucho tiempo sin disgustarse el uno con el otro de vez en cuando. Entonces, ¿cómo lo resuelves? Cuando estás decepcionado o herido, no *sientes* cariño. En lugar de eso, tienes que *decidir* amar y los sentimientos vendrán. Necesitarás demostrar *amor incondicional* hacia tu cónyuge.

Consejos de Entrenamiento: Cómo Mantener Vivos tus Sueños

- Discutan los asuntos. Comuníquense libremente entre ustedes, sin guardar secretos inapropiados.

- Ámense profundamente y sin reservas. Perdona a tu cónyuge cuando te ofenda y pídele perdón cuando lo(a) hayas ofendido.

- Comiencen cada día preguntando: "¿Qué puedo hacer por ti?" Busquen fervientemente descubrir y satisfacer las necesidades del cónyuge.

- Sosténganse fuertemente. Oren sin cesar. En vez de ceder a las circunstancias adversas, enfréntenlas y supérenlas.

- Concéntrense en Cristo y ámense. Cuídense conscientemente de las amenazas y tentaciones que puedan separarlos.

- Oren juntos a diario. Permanezcan unidos. Trabajen para mantener la intimidad emocional, física y espiritual.

- Mantén viva la química con tu cónyuge. Conságrate a guardar la frescura de tu relación.

> Sobre todo, ámense los unos a los otros
> profundamente, porque el amor cubre
> multitud de pecados.   **1 Pedro 4:8**

El amor incondicional es imprescindible para construir un matrimonio fuerte. ¿Has aceptado las debilidades o fallas de tu compañero(a)? ¿Lo(a) sostienes, o consideras sus debilidades como asuntos que debes *modificar*? ¿Tienes miedo de ser sincero(a) porque tu pareja quizás no te acepte? Hay una diferencia enorme entre amor incondicional y amor condicional. El amor condicional culpa a la otra persona, espera cosas a cambio y pide más. El amor incondicional acepta a la persona, no espera nada a cambio y se sacrifica.

El amor condicional dice:

"Te amaré solamente si . . ."

"No sé si podré resistir en los momentos difíciles. Si las cosas se
    ponen demasiado complicadas, yo me voy."

"Talvez no pueda perdonarte si me dices . . ."

El amor incondicional dice:

"Te amaré aun si . . ."

"Estaré contigo, no importa lo que suceda. Siempre te amaré, hasta
    en los momentos difíciles."

"Sé que te amaré aunque me dijeras . . ."

Tu cónyuge no es perfecto(a). Recuerda: "El amor cubre multitud de pecados" (1 Pedro 4:8).

Tú eres la única persona que ve todas sus fallas o temores. ¿Qué haces con respecto a lo que sabes de tu pareja? ¿Te burlas de él o de ella usando palabras hirientes? Peor aún: ¿te burlas usando palabras hirientes delante de otros? ¿Menosprecias a tu pareja? ¿Amenazas con negarle tu amor hasta que corrija ciertas fallas? Si has contestado que sí a la mayoría de estas preguntas, estás amando condicionalmente y creando una enorme grieta de culpabilidad en tu relación, una brecha que en cualquier momento puede abrirse y convertirse en un gran abismo entre ustedes.

Tu respuesta y conexión con tu cónyuge son cruciales para la salud de tu matrimonio y de tu familia. Tus expresiones de amor incondicional y aceptación son la fuerza que los mantendrá juntos en medio de los tiempos de pruebas del matrimonio. La fidelidad al otro en los momentos dolorosos tanto como en los buenos es uno de los elementos fundamentales de un matrimonio grandioso.

> El amor todo lo disculpa, todo lo cree, todo lo
> espera, todo lo soporta.   **1 Corintios 13:7**

Esto se vuelve especialmente importante para aquellos que están atravesando situaciones en las que la necesidad de demostrar amor incondicional es una preocupación o una lucha diaria. Tu cónyuge talvez tenga el corazón endurecido (¡o sea cabeza dura!). Quizás tus sueños y anhelos estén postergados mientras trabajas para ayudar a tu pareja a realizar los suyos. Talvez tu cónyuge te haya herido o engañado. O quizás estés casado con una persona espiritualmente pasiva. Ya sea que estés en medio de una crisis, viviendo una condición permanente, o simplemente respondiendo a la rutina normal de la vida matrimonial, el dar a tu pareja la seguridad de un amor incondicional requiere gracia, paciencia, reconocimiento de sus virtudes, estímulo, respeto y tiempo. Aunque no sientas ganas de mostrar amor, hazlo. Lo necesitas; tu cónyuge lo necesita; tu matrimonio lo necesita.

El amor incondicional es el primero que necesitan tanto hombres como mujeres. Para aprender más acerca de las necesidades de amor de tu cónyuge, lee nuestro libro *The Five Love Needs of Men and Women* [*Las Cinco Necesidades de Amor de Hombres y Mujeres*].

18. Uno de nosotros es muy ordenado, pero el otro es un desastre. ¿Cómo podemos evitar volvernos locos?

A menudo los opuestos se atraen. Ese tipo con el que te casaste por ser tan visionario, con frecuencia está pensando tanto en el futuro que no puede poner su ropa sucia en el canasto, en el tiempo presente. O la mujer con la que te casaste por lo divertida que era y por su creatividad, está tan ocupada creando que la casa siempre es un lío.

Pronto encontrarán en su matrimonio "puntos calientes" que los harán explotar. El desorden que parecía gracioso cuando estaban de novios, de repente es un problema enorme ahora que invade el espacio propio.

Nos gustaría, en principio, disuadirlos de que intenten cambiar al otro. Luego, los animamos a mostrar honra y respeto por el otro mientras analizan este asunto. Puede producirse algún cambio si cada uno está dispuesto a hacer la parte que le toca. Un esposo *puede* practicar poner la ropa sucia en el canasto y si ama a su mujer, tratará de hacerlo. Una esposa *puede* intentar un poco de orden o, por lo menos, mantener el desorden controlado en una habitación con la puerta cerrada, para no fastidiar a su esposo. El punto es: los dos necesitan ceder un poco y llegar a un acuerdo que les sirva a ambos. Ninguno debería decir: "Soy desordenado por naturaleza y ser ordenado no es una de mis cualidades." Eso no es más que evadir la responsabilidad. Queremos desafiarlos a dar un paso más allá de lo que les sale naturalmente y trabajar en sus puntos débiles para honrar a su cónyuge.

La primera "discusión" que tuvimos en nuestra vida de casados fue luego de volver de nuestra luna de miel, porque yo (Bárbara) no hacía la cama a diario. ¿Cuál era el problema? ¿A quién le importaba? Bueno, a Gary le importaba. Así que tuvimos una pequeña "discusión", en la cual escuché y aprendí que en el hogar en el que Gary había crecido, hacer la cama era un tema importante. Estuve de acuerdo en ese punto y me di cuenta de que había una manera en que podía honrar a mi esposo. Aprendí que yo también lo disfrutaba. Al poco tiempo cada uno de nosotros intentaba superar al otro en hacer la cama primero porque eso demostraba una conducta afectuosa. Pero tengo que decirte, ¡todavía no puedo lograr que Gary ponga las almohadas de adorno! ¿Sabes qué es lo maravilloso? La otra cara de cada conflicto, es que nos da la oportunidad de crecer más profundamente en nuestra relación y conectarnos con el otro. Sin sacrificio, no hay ganancia. Utilicen sus conflictos para animarse a ir a un nivel más profundo de comunicación, mientras honras a tu cónyuge y glorificas al Señor.

19. Mi esposo bebe/fuma/come demasiado y yo detesto eso. ¿Hay algo que yo pueda hacer?

De acuerdo. Sólo queremos preguntar: "¿Sabías esto antes de casarte?" Para el momento de casarte, conviene que hayas hecho gran parte de la tarea de conocer a tu futuro cónyuge. Y una conducta como beber o fumar normalmente no permanece oculta durante mucho tiempo. Desde luego, en algunos casos estos hábitos pueden comenzar después de casados.

Adquirir o romper con cualquier hábito requiere de autodisciplina. Si se trata de la disciplina de caminar como ejercicio, de poner en orden las finanzas, de disciplinarte a ti mismo para dedicarle tiempo a la Palabra de Dios o a orar con tu pareja, se necesita del deseo sincero y de una disposición para trabajar duro. Fumar, beber y comer en exceso también involucran aspectos psicológicos que pueden originar un deseo o adicción, lo cual hace que romper con esos hábitos sea muy difícil. Por eso necesitas comprender cuán duro será para tu pareja romper la adicción, así como darte cuenta de que no se producirá ningún cambio hasta que exista, de su parte, un deseo decidido y sincero. Es necesario que tú expreses tu preocupación y que tu cónyuge reconozca la situación. Expresa tu preocupación por la salud de tu pareja, tu inquietud por lo que él o ella le está enseñando a tus hijos y toda otra inquietud válida en cuanto a los hábitos de tu cónyuge. Luego, ora para que Dios trabaje en su corazón y en su mente. También ora para que Dios te inunde de amor incondicional hacia tu pareja, eclipsando el odio que sientes por sus malos hábitos.

20. Mi esposo nunca me ayuda con las cosas de la casa. ¿Cómo puedo lograr que haga un poco más sin tener que regañarlo?

¿Sabes cuál es la definición graciosa de regañar? Ser mordisqueado a muerte por un pato. El regaño es un modelo de comportamiento consecuente y mordaz que hiere al receptor y erosiona muchos matrimonios. El tema de regañar es realmente importante. Mujeres, entiendan que su esposo quiere (incluso necesita) sentirse respetado, saber que es amado y que está haciendo las cosas bien. Él no quiere escuchar la "voz de su mamá" en ti. Señores, comprendan que sus esposas necesitan escuchar lo mismo de ustedes: que están haciendo las cosas bien, que satisfacen sus necesidades, que los complacen.

El hogar es un reflejo de lo que eres. Las mujeres lo expresan con más frecuencia que los hombres. Ahora que están combinando dos formas de crianza, dos estilos de vida, dos maneras de hacer las cosas (hacer la cama al estilo militar o de manera más informal), experimentarán algunos roces. Entonces, ¿cómo puedes comunicar cuán importante es un asunto para ti sin convertirte en una regañona?

Es importante entender que el regaño se recibe como crítica y necesitarán ser más creativos que críticos. Piensen en maneras de lograr juntos que se haga el trabajo. Aprovechen ese momento como un tiempo de comunicación. Conviertan los puntos explosivos en un momento positivo. Hablen el uno con el otro. Sé sincero sobre por qué es tan importante para ti que el garaje esté limpio y reserven un día para hacerlo juntos con una recompensa para el final, como una cena y una película. Busquen aligerarse las cargas y luego continúen de buen ánimo, porque se aman entrañablemente. Lorena tiene el siguiente consejo provechoso para dar:

Testimonios del Frente de Batalla

"Antes me enojaba a menudo con mi esposo. Él acostumbraba comenzar algún proyecto para la casa, pero nunca lo terminaba. Si cortaba el césped, no lo recogía. Si sacaba la basura, no volvía a poner una bolsa nueva en el tacho. Ahora en cambio, veo en los proyectos sin terminar oportunidades para trabajar juntos, para tener compañerismo en lugar de enojarme por las cosas que no hace. Por medio de las quejas de mis amigas sobre las diferentes cosas que hacen sus maridos, he aprendido a apreciar que al menos, él hace la parte más dura del trabajo y que yo tengo la oportunidad de ayudarlo."

21. **A mi pareja le gusta que pasemos las vacaciones con su familia, pero yo preferiría que fuéramos nosotros dos solos. ¿Qué podemos hacer?**

¿Qué pareja no ha pasado por esto? Recomendamos a todos los matrimonios que comprendan la importancia de "dejar" y "cortar", esto es, de aprender a caminar juntos como pareja matrimonial.

> Por eso el hombre deja a su padre y a su madre, y se une a su mujer, y los dos se funden en un solo ser.
>
> **Génesis 2:24**

Las vacaciones son una excelente oportunidad de comenzar sus propias tradiciones como pareja casada. La situación ideal es compartir y brindar atención a *ambas* partes de la familia. Talvez tú y tu pareja puedan elaborar un programa para pasar el primer año de vacaciones en casa, solos; el año siguiente con la familia de uno y el tercer año con la familia del otro. Algunas parejas acuerdan pasar Navidad con los padres de uno y Año Nuevo con los del otro. Pueden pasar el año siguiente ustedes solos. Desde luego, las distancias largas y los gastos también afectan la planificación de las vacaciones. La salud de los padres puede ser otro factor a tener en cuenta. Estas conversaciones con tu cónyuge son excelentes oportunidades para que aprendan a resolver conflictos, a transigir y a mostrar amor el uno por el otro. La clave es la comunicación. Lee el siguiente capítulo de este libro para preguntas y respuestas sobre comunicación.

Si tus padres son sensatos, comprenderán cuán importante es para ustedes establecer su propia familia, sus propias tradiciones. Los padres deberían hacer todo lo posible por bendecirlos como hijos adultos en la toma de esas decisiones, haciéndoles saber que así como a ellos les encantaría estar con ustedes también quieren que ustedes tengan sus propias tradiciones, y alentándolos con firmeza en la relación con los padres de tu cónyuge.

Sin embargo, no todos los padres serán comprensivos. Necesitas ser cauto sobre los temas de control que puedan surgir con tus padres o con los de ambos. Es necesario ser compasivos y amables cuando enfrenten esta situación año tras año. Y si se agregan los niños, el tema se vuelve más complicado. No obstante, talvez funcione si se ponen de acuerdo entre ustedes, hacen las concesiones necesarias y establecen pautas claras con las cuales ambos estén de acuerdo, comunicándose en amor con sus suegros. Un capítulo posterior de este libro trata sobre las relaciones con los suegros. Consulta ese capítulo para obtener otros consejos.

22. Soy una persona extrovertida y me gusta invitar gente; mi pareja es introvertida y prefiere una noche tranquila en casa, leyendo un libro. ¿Cómo podemos ponernos de acuerdo?

A menudo, en la consejería encontramos que si bien los polos opuestos se atraen, mientras más similitudes haya entre los cónyuges más fuerte será el matrimonio. Cuando se trata de un matrimonio como el tuyo, formado por un extrovertido y un introvertido, uno podrá llenar los espacios del otro y hacer que el matrimonio sea más emocionante, siempre que se entiendan mutuamente. Puede ser bueno para el introvertido salir más; puede ser bueno para el extrovertido tener algún tiempo más tranquilo. Pero también es bueno entender que bajo presión (algo que todos los matrimonios enfrentan), un extrovertido podría volverse sarcástico y un introvertido podría aislarse.

Es necesario que las parejas honren sus diferencias. No intentes cambiar a tu cónyuge, porque él o ella son creaciones singulares de Dios. Acéptense el uno al otro, hónrense y aliéntense mutuamente a crecer. Si haces esto, puedes contrarrestar algunas debilidades de tu cónyuge con tus fortalezas y viceversa. ¡Permite que esos puntos calientes potenciales sean la receta para la diversión mientras aprendes cosas nuevas!

> Tú creaste mis entrañas; me formaste en el vientre de mi madre. ¡Te alabo porque soy una creación admirable!   **Salmos 139:13-14**

23. Uno de nosotros es un fanático del control y del perfeccionismo. Ambos sabemos que eso es malo para nuestro matrimonio. ¿Qué sugieren que hagamos?

Una persona controladora frecuentemente les hace la vida miserable a los demás cuando no está en el asiento del conductor. En una relación familiar el control puede tomar muchas formas diferentes. Talvez se ejerza a través de la persuasión, la manipulación, la proyección de la culpa, la manifestación de vergüenza, o el retraimiento. Algunas personas crecieron en hogares donde el control era la manera habitual de manejar las cosas. Talvez hayan tenido un padre que los controlaba mediante su desaprobación, una madre que los controlaba mediante la culpa, un hermano mayor que los hostigaba hasta que se rendían, o una hermana que los controlaba con su lengua afilada. Un abuelo pudo haber logrado lo que quería mediante la crítica. Talvez una tía los avergonzaba o un tío les mostraba menosprecio.

En las relaciones familiares, el control aplasta el espíritu humano y sofoca los lazos de cariño. Es probable que conozcan ese dolor en forma directa. ¿Pero son ustedes también, de alguna manera, controladores? ¿Hay algún miembro de la familia que esté sufriendo porque ustedes no tienen la menor consideración con ellos? Si es así, es momento de descubrir de dónde proviene esta necesidad de control y tratar de superarla. Lean lo que nos dijo Santiago:

Testimonios del Frente de Batalla

"Una de las diferencias que mi esposa y yo teníamos cuando nos casamos, era que nos enredábamos en la discusión más grande por las cosas más simples, tales como enrollar el tubo de la pasta dental. Yo crecí en una familia donde enrollábamos el tubo dentífrico para que saliera todo, hasta el final. Ella creció en una familia donde lo apretaban. Yo me enojaba cada vez que veía el tubo aplastado; ella, cuando lo veía enrollado. Pero aprendimos que el resultado final era más importante. Descubrimos que el tubo siempre estaba vacío antes de tirarse, así que decidimos que no era necesario discutir sobre cómo vaciarlo, solamente asegurarnos de que estuviera vacío. Aprendimos a amarnos el uno al otro y a estar seguros de que el tubo del dentífrico se hubiera acabado."

Si son personas controladoras, ¿qué pueden hacer? Esfuércense por lograr la excelencia pero no la perfección. Excelencia significa hacer las cosas lo mejor posible, con el poder de Dios y con el tiempo y los recursos disponibles. La perfección no deja espacio para el error; la perfección dice: "Hazlo bien siempre, o fracasarás." El perfeccionismo no es bueno, porque hace que pierdan la tolerancia ante los errores e imperfecciones de los demás. Plantea al cónyuge, a los hijos, al pastor, a los vecinos, a los compañeros de trabajo y a los miembros de la iglesia expectativas imposibles de satisfacer.

El matrimonio necesita la perspectiva del apóstol Pablo quien, antes de conocer a Cristo, era un perfeccionista exitoso. Después de recitar su noble *pedigree* religioso a los filipenses, concluyó:

> Sin embargo, todo aquello que para mí era ganancia, ahora lo considero pérdida por causa de Cristo. Es más, todo lo considero pérdida por razón del incomparable valor de conocer a Cristo Jesús, mi Señor. Por él lo he perdido todo, y lo tengo por estiércol, a fin de ganar a Cristo y encontrarme unido a él. No quiero mi propia justicia que procede de la ley, sino la que se obtiene mediante la fe en Cristo, la justicia que procede de Dios, basada en la fe.
>
> **Filipenses 3:7-9**

24. Nuestro matrimonio es . . . aburrido. ¿Cómo podemos recuperar la diversión?

El día de la boda, ustedes estaban desbordados de alegría y con todo gusto proclamaban su compromiso eterno ante sus familiares y amigos. Fue un momento en el cual toda la emoción del poema de amor del rey Salomón cobró vida plena: "Yo soy de mi amado, y mi amado es mío" (Cantares 6:3).

Pero una vez que la relación ha recorrido algunos kilómetros y sufrido ciertas abolladuras y golpes, no es automático mantener la actitud de "me regocijo por ti". Es peor aún si acarrean desilusiones sin resolver. ¿Qué pasa si tu esposa se parece más a su tía que a la mujer con la que te casaste? ¿Y si tu esposo usa la misma talla de pantalones que en la secundaria, con veinte kilos más que cuelgan por fuera de su cinturón? ¿Y si la persona extrovertida y brillante con la que te casaste se ha

Consejos de Entrenamiento: Cuatro Razones por las que Ejerces Control en las Relaciones

1. **Temor. Talvez creciste en un hogar donde fuiste controlado a través de la intimidación y el miedo.** El temor profundamente arraigado y sin resolver a menudo se manifiesta en conductas controladoras. Estas se manifiestan de diversas maneras, desde los períodos de silencio hasta los sermones asfixiantes.

   Enfrenta el temor con la poderosa palabra de Dios. Él nos enseña a reemplazar el temor con otro motivador poderoso: el amor. "El amor perfecto echa fuera el temor" (1 Juan 4:18). Invita a Dios a que colme tu vida de su amor y se lleve tu temor.

2. **Inseguridad.** Talvez busques controlar a otros porque sientes que es la única forma de manejar tu propia inseguridad. Para ti es una amenaza permitir que otros crezcan, vivan la vida, tomen decisiones y expandan sus propios límites, por lo tanto tiendes a dominarlos con la intención de aplastar esa amenaza.

   Si eres muy inseguro, es como si tu corazón tuviera una filtración. No importa cuánto amor, atención y aprobación recibas, rápidamente te agotas y necesitas más. La única forma de detener el ciclo es que permitas que Dios te someta a su "cirugía de corazón" divina. Pídele que cure tus heridas y que llene tu profunda necesidad de seguridad.

3. **Falta de dominio propio.** Quizá controles a tu familia porque no puedes controlarte a ti mismo, especialmente tu enojo; por tanto lo expresas mediante la agresión activa y/o pasiva. Talvez seas de la clase de persona explosiva, o talvez manifiestes tus reclamos a través del malhumor, la incomunicación, la evasión, o la fría indiferencia.

   En realidad, tus arrebatos son la respuesta a tus propias heridas, que lastiman a los demás y te hacen vulnerable a recibir más dolor. Proverbios 25:28 dice: "Como ciudad sin defensa y sin murallas es quien no sabe dominarse". Necesitas invitar al Espíritu Santo para que intervenga en tu vida y sea Él quien maneje las riendas de tu agresividad: "El fruto del Espíritu es . . . dominio propio" (Gálatas 5:22-23).

4. **Baja autoestima.** La combinación de temor con profunda inseguridad y agresividad a menudo da como resultado una baja autoestima: de cómo te ves a ti mismo y cómo crees que te ven los demás, incluso Dios. Quizás anheles ser comprendido, amado y aceptado en tu hogar. Pero si te percibes como indigno de esas cualidades, tu baja autoestima talvez te provoque a actuar de una manera controladora.

   La verdadera autoestima se establece cuando participas en relaciones afectivas que perduran. El origen fundamental de una autoestima sana está en Dios, quien te ama incondicionalmente. Llena tu corazón y tu mente con la verdad de quién eres en Cristo y tu autoestima aumentará. "... que conozcan ese amor que sobrepasa nuestro conocimiento, para que sean llenos de la plenitud de Dios" (Efesios 3:19).

convertido en adicta a la televisión? ¿A dónde fue a parar la magia? Uno de nuestros oyentes nos contó lo siguiente:

Testimonios del Frente de Batalla

"Nos casamos hace cuatro años y medio (es mi segundo matrimonio y en su caso, el primero). Él insiste que ya no tenemos nada en común, que no pensaba que el matrimonio sería así, que demandaría trabajo. Pensaba que la relación florecería naturalmente si nos amábamos el uno al otro; si tenía que ser, todo crecería por sí mismo. ¿Qué puedo hacer para ser de ayuda?"

¿Hay alguna manera de recuperar la química?

1. Pónganse el uno al otro en el primer lugar de la lista

Pon a tu pareja en el primer lugar de tu lista, después de tu amor por Jesús. Debes lograr que estar juntos sea una prioridad, tal como lo hiciste cuando empezaron a salir. Nos sorprende cuánta gente compra la idea de que la "calidad del tiempo" dedicado a su cónyuge e hijos es suficiente. Calidad de tiempo es un mito. Se necesitan cientos de horas en *cantidad* de tiempo para poder disfrutar de una *calidad* real de tiempo.

Permitan que el lenguaje corporal demuestre que su pareja es la prioridad. Hagan contacto visual. Bríndense atención. Cuando caminen juntos, vayan de la mano. Si buscan más ideas, lean nuestro cuaderno de ejercicios *Serving Love [El Amor que Sirve]*.

En lugar de medir el éxito diario por la cantidad de tareas que lograron cumplir, pregúntese si fueron las correctas: esas que equilibran adecuadamente el tiempo de Dios, el personal y el familiar. El tiempo que dediquen a la Biblia, a la oración y al compañerismo con Dios les dará acceso a la única fuente de poder que satisface y les permitirá honrar a la familia como es debido.

2. Confiésense el uno al otro

Las ofensas sin resolver bloquean toda forma de intimidad (emocional, física y espiritual). Lo sabemos por nuestra propia experiencia y por hablar con innumerable cantidad de parejas cuyo amor se ha enfriado. Si intentan acercarse el uno al otro mientras esas heridas están allí, será como tratar de saltar una pared de treinta metros. Es imposible.

Cuando sienten que hay una pared entre ustedes, significa que algo anda muy mal. Maridos, ¿por qué no toman la delantera, abordan el problema y restauran la intimidad? Háganse responsables del tono de la relación y encaucen nuevamente al matrimonio, en especial si ustedes son en alguna medida culpables de contribuir al dolor. Lean nuestro libro *Healing the Hurt in Your Marriage [Sanando las Heridas en tu Matrimonio]*, donde encontrarán ideas para trabajar con la confesión y el perdón en la pareja.

> Si es posible, y en cuanto dependa de ustedes, vivan en paz con todos.   **Romanos 12:18**

3. Conózcanse bien nuevamente

La mayoría de los hombres nos dicen que se conectaban mejor con sus esposas antes de casarse o antes de tener hijos. Y muchas mujeres nos expresan que a medida que aumentaronn las responsabilidades familiares y los desafíos, perdieron de vista las necesidades más genuinas de sus esposos. Recuperar la alegría en la relación requiere conocer bien a la pareja.

Intenten hacer sus cosas preferidas. ¿Qué cosas hacían cuando recién se conocieron y se casaron? Saben a qué nos referimos: pasatiempos, deportes, compras, salidas económicas, hasta estacionar junto a un lago. Los intereses de mi cónyuge no tienen por qué ser mis pasatiempos favoritos, pero es posible turnarse en participar cada uno de lo que atrae al otro. Tengan una "cita" como cuando eran novios. Háganle honor a los gustos de la pareja sacrificando por ella parte de la propia agenda.

Consulten nuestro cuadernillo de ejercicios *Discover the Love of Your Life All Over Again [Redescubre el Amor de tu Vida]*. Nuestro libro *40 Unforgettable Dates with Your Mate [40 Citas Inolvidables con tu Pareja]* está lleno de ideas para salidas de variado costo e incluye consejos para organizarlas. Además contiene preguntas que pueden usar durante la cita para estimular la conversación y crear recuerdos.

4. Replantéense su manera de pensar

Probablemente conozcan a alguien que es siempre negativo y que siempre le ve el lado oscuro a todo. Ya sea que se trate del trabajo, la iglesia, o la pareja, esa persona siempre se fija en las fallas y los fracasos.

¿Qué películas sobre tu pareja repites mentalmente una y otra vez? ¿Puedes cambiar tu manera de pensar sobre él o ella? Por supuesto que sí.

Creemos que es posible aprender a enamorarse nuevamente; sólo tienen que hacer dos cosas:

1. Estar dispuestos a enamorarse nuevamente del cónyuge.
2. Controlar los pensamientos. Cambien el enfoque de los pensamientos hacia las cualidades que hicieron que se enamoraran de esa persona la primera vez.

Pídele a Dios que renueve tu amor por tu cónyuge. Aunque en este momento te quejes de tu pareja cientos de veces al día; aun si genuinamente sientes que tu matrimonio ha empeorado; y si muchos días ya no sientes que estés enamorado, puedes cambiar. Dios puede ayudarlos a desarrollar un amor que celebra y agasaja. Lean juntos nuestro libro de devocionales para parejas, *Renewing Your Love* [*Renovando tu Amor*]. Las meditaciones están basadas en los seis tipos de amor necesarios para proteger al matrimonio del divorcio. Miren el cuadro de los amores en el capítulo 1 de este libro. Consulten nuestro libro *Divorce-Proof Your Marriage* [*Matrimonio a Prueba de Divorcio*] donde encontrarán la explicación completa de los tipos de amor, acompañada de historias interesantes.

> Destruimos argumentos y toda altivez que se levanta
> contra el conocimiento de Dios, y llevamos cautivo
> todo pensamiento para que se someta a Cristo.
>
> **2 Corintios 10:5**

5. Reaviven el romance y la intimidad física

El sexo es parte de esto, pero es más importante estar seguro de que el cónyuge se sienta apreciado. ¿Todavía disfrutan? Es muy importante tener "momentos de diversión". Decidan juntos qué les parece divertido. Luego háganse un plan. Siéntense con el almanaque y tómense en serio la planificación del tiempo para "no ser serios". Pacten que durante ese tiempo de diversión, se relajarán y serán optimistas entre ustedes. No es un tiempo para ocuparse de los problemas. Todos necesitamos reírnos y disfrutar con nuestra pareja. Permitan que el otro los re-descubra y los relacione con lo placentero. Dejen para después el resolver los conflictos. Lean las sugerencias que ofrecemos más adelante y también nuestro libro 40 *Unforgettable Dates with Your Mate* [*40 Citas Inolvidables con tu Pareja*].

25. ¿Cómo podemos mantener nuestra amistad como pareja?

Es importante recordar que los hombres y las mujeres son distintos en cuanto a la amistad. Por lo tanto, la amistad que tengan entre ustedes será diferente a la que tienen con las personas de su mismo sexo. ¿Por dónde empezar?

- Hagan un inventario de algunos de los pasatiempos e intereses de su cónyuge y pregunten si pueden participar en alguno de ellos.
- Infórmense de algunas de las cosas que le interesan al otro y comiencen a comentarse lo que están aprendiendo.
- Háganse preguntas acerca de lo que cada uno está haciendo en su trabajo, en sus deportes y durante su tiempo de ocio. No hagan esa clase de preguntas que suenan inquisitorias, sino mostrando un interés verdadero.

Consejos de Entrenamiento: ¡Recordando Cómo Divertirse!

1. Siéntense a pensar sobre las cosas más divertidas, interesantes y agradables que han hecho juntos, o las que les gustaría hacer. Escríbelas, aunque parezcan tontas o pienses que a tu cónyuge no le gustará alguna de ellas.

2. Intercambia tres ideas con tu pareja. Luego permite que él o ella elija una de esas sugerencias. De esa manera, los dos se interesarán en la misma actividad.

3. Hagan algo que les cause gracia o los haga reír a carcajadas, alquilen una película cómica o jueguen el juego de mesa que más les guste. Toma una clase de masajes y practica con tu pareja. Junten caracoles en la playa. Preparen juntos una comida distinta. Alquilen una película clásica para ver en casa, abrazados y comiendo palomitas de maíz. Compartan una bebida. Alquilen dos motocicletas y salgan a dar una vuelta. ¡El cielo es el límite!

- Compartan algunas de sus propias experiencias como medio de acercarse mutuamente.

Nuestro libro *The Five Love Needs of Men and Women* [*Las Cinco Necesidades de Amor de Hombres y Mujeres*] se ocupa de las necesidades de amistad que tienen los varones y las mujeres. El libro describe lo que el marido necesita de su mujer con relación a la amistad (la necesidad número 3 de amor del hombre). Las mujeres encuestadas enumeran que la amistad requiere de la necesidad de amor número 5. Las historias personales dan ejemplos prácticos sobre cómo mejorar la amistad con tu pareja.

Hagan "salidas" como las que hacían cuando eran novios. Lean nuestro libro 40 *Unforgettable Dates with Your Mate* [*40 Citas Inolvidables con tu Pareja*], en el que encontrarán sugerencias de salidas. Las preguntas incluidas para cada salida te ayudarán a hacer crecer tu amistad nuevamente.

26. Cuando se trata de disciplinar a nuestros hijos, yo termino siendo el malo. ¿Cómo puedo lograr que mi pareja se involucre más en la tarea de disciplinar a los niños?

Esta puede ser otra área donde los opuestos se complementan. En nuestra familia, Bárbara se sentía como la "mamá que dice que no" y Gary como el "papá que dice que sí" cuando se trataba de nuestras hijas. Ahora nos reímos de eso, pero en ese momento fue duro. Sin embargo, cuando miramos hacia atrás, vemos que Bárbara fue más firme en poner límites y estructura, mientras Gary tenía mayor capacidad de darle "alas" a nuestras niñas, lograr que se soltaran, ayudarlas a que tomaran sus propias decisiones. Esa combinación de estilos en la crianza de las niñas fue beneficiosa para ellas.

La mejor sugerencia que damos es que, aun cuando no estén de acuerdo acerca de cómo disciplinar a los niños, nunca deben expresarlo delante de ellos. Si el esposo muestra mano dura (no estamos hablando de abuso, sino de disciplina estricta) y la esposa está en desacuerdo, ella deberá mantener la boca cerrada hasta que puedan hablarlo en privado. Entonces, si ha habido algún malentendido o se necesita algún cambio, puede hacerse después. Es muy importante que los padres *siempre* muestren un frente unido ante sus hijos; de lo contrario, los niños se darán cuenta, se burlarán de ustedes, los manipularán y los enfrentarán uno contra el otro. Lo llamamos "Papá versus mamá". Eso sólo conduce al caos.

> La respuesta amable calma el enojo, pero la agresiva
> echa leña al fuego.   **Proverbios 15:1**

También tienes que entender que cada uno de tus hijos es diferente de los otros (¡como si no lo supieras!). Diferentes sexos y etapas de la vida demandan diferentes estrategias de crianza. Tratar de la misma manera a todos tus hijos no da resultado; como tampoco lo da tratar a un varón de la misma manera que a una niña, ni de la misma manera a cualquiera de ellos en sus diferentes etapas de crecimiento. Pónganse de acuerdo en cuanto les sea posible, sobre cuál sería la mejor disciplina para ese hijo en particular y para esa falta en particular. Criar a los hijos es una tarea ardua, y los ayudará mucho estar de acuerdo. Aprendan juntos a ser reflexivos y a orar. Disciplinen con amor y coherencia. Ese es uno de los mejores regalos que pueden darles a sus hijos.

> Y ustedes, padres, no hagan enojar a sus hijos, sino
> críenlos según la disciplina e instrucción del Señor.
>   **Efesios 6.4**

CAPÍTULO 3

La Comunicación

Preguntas de este capítulo:

Preguntas de este capítulo (cont):

27. Mi pareja y yo tenemos dificultades para comunicarnos entre nosotros. ¿Qué herramientas de comunicación podemos utilizar en nuestro matrimonio?

La comunicación es el proceso de compartir de forma verbal y no verbal de manera que tu cónyuge comprenda y acepte lo que estás compartiendo, aunque no necesariamente esté de acuerdo. Los estudios demuestran que las parejas que se comunican frecuentemente tienen una relación más satisfactoria. Y las parejas que alcanzan niveles profundos de comunicación, disfrutan de mayor satisfacción.

Prueba estas herramientas de comunicación:

1. *Trata un tema a la vez.* Un día repleto de noticias, experiencias y problemas puede ser abrumador. Es dudable que comunicar todo junto le dé a tu pareja suficiente información sobre algo en particular. Tendemos a rozar la superficie de los temas en lugar de llegar al centro de cada uno. Puedes ayudar a tu pareja a no salirse del tema con algunas frases útiles: "Cuéntame más sobre…" o "¿Qué dices de…?" o "Me parece que se trata de otro asunto. Hablemos primero de eso y luego volvamos a este tema."

2. *Hablen uno a la vez.* Cuando estés comunicándote con tu cónyuge, deja que ocupe el centro. Cuando esté hablando, dale espacio para que se exprese plenamente, sin interrupciones, sin reaccionar. Si ambos luchan por ser escuchados a la misma vez, la comunicación seguramente se interrumpirá.

3. *Sé específico y ve directo al grano.* Quizás uno de ustedes comience por el tema principal y avance a partir de allí. El otro talvez da vueltas alrededor de un tema hasta llegar al punto. Necesitan tomarse el tiempo necesario para escucharse bien.

4. *Escucha.* La cosa más sencilla que puedes hacer para mejorar la comunicación en tu matrimonio es mejorar tu manera de escuchar. Santiago 1:19 dice: "Mis queridos hermanos, tengan presente esto: Todos deben estar listos para escuchar, y ser lentos para hablar y para enojarse." Si quieres que tu pareja

comparta libremente sus sentimientos contigo, debes transmitir con absoluta seguridad que él o ella disponen de toda tu atención. Escuchar atentamente no es fácil. Talvez te ponga nervioso mantener el contacto visual, y sea difícil resistir la tentación de precipitarte con una solución. De cualquier manera, escuchar es la clave para comprender las necesidades de tu cónyuge.

5. *Reacciona apropiadamente.* Después de escuchar, desde luego, debes responder. El punto no es que introduzcas tu punto de vista, sino que clarifiques y comprendas en detalle lo que tu cónyuge está expresando. Puedes meterte en un lío si, en este punto, no tienes en cuenta el interés de tu pareja.

28. Siempre que discutimos, mi pareja se retrae cuando quiero que hablemos al respecto. ¿Cómo podemos aprender a "pelear limpio"?

Cuando tengan un conflicto, deben comunicarse de manera abierta y sincera. No compartir sus sentimientos ni analizar sus diferencias

Las Diez	Las 10 cosas principales que no hay que decir durante una discusión
	1. "Es igual que aquella vez cuando tú . . ."
	2. "¿Te acuerdas hace tres años cuando . . . ?"
	3. "Quizá tendríamos que divorciarnos."
	4. "Te odio."
	5. "Tú siempre . . . "
	6. "Tú nunca . . . "
	7. "Jamás te perdonaré."
	8. "Eres un imbécil."
	9. "Eres igual que tu madre (o padre)."
	10. "Casarme contigo fue el error más grande de mi vida."

sofocará todos los esfuerzos por purificar el ambiente y restaurar la intimidad. Las siguientes son algunas de las cosas útiles que pueden hacer para manejar sus inevitables conflictos y aprender a pelear limpio:

Elige un momento y entorno adecuado. ¿Realmente necesitan resolver un tema minutos antes de que lleguen los invitados? Elijan un momento y un lugar que minimice las distracciones, garantice la privacidad sin la presencia de los niños y no los ponga tensos precisamente antes de un acontecimiento.

Pide permiso para abordar el conflicto. Antes de que lo mencionen, asegúrense de que el cónyuge está preparado para enfrentar el tema. Por ejemplo: "¿Estás dispuesto a que hablemos de nuestras diferencias sobre cómo disciplinar a los niños?" o "Estoy en condiciones de hablar de nuestros problemas de dinero. ¿Y tú?"

Evita el trato silencioso. Quizás a veces (especialmente cuando están enojados) cierren la boca y se queden en silencio, pensando que ese silencio comunicará su punto de vista. No confundan silencio con comunicación. El silencio puede ser un signo de que los problemas en el matrimonio son serios. Al principio el marido puede sentirse aliviado de que la esposa ha dejado de quejarse, pero el silencio de ella en realidad podría ser una señal de que está emocionalmente retraída. Tanto los maridos como las esposas pueden sentirse rechazados y confundidos por el silencio de su cónyuge. Es muy importante reestablecer la comunicación. Ante todo, aunque no te sientas muy cariñoso, muéstrale a tu pareja que la amas. El objetivo es abrir la comunicación, no jugar un papel.

Establezcan un plan para manejar los conflictos. En un momento tranquilo, hablen sobre cómo manejarán los conflictos cuando estos surjan. ¿Es importante evitar reñir a los gritos con tu pareja? ¿Pueden acordar juntos hacer lo mejor posible para evitar tener fuertes discusiones? ¿Qué les parece ponerse de acuerdo en un plazo para resolver los conflictos, por ejemplo, que resolverán cualquier problema que se presente en el término de una semana? ¿Están abiertos a buscar la ayuda de un consejero, un pastor, o un amigo piadoso en el que confíen para resolver los conflictos más difíciles? Hablen de esto antes de que los problemas se presenten.

Cuando el conflicto tiene lugar, talvez puedan sentarse en dos sillas plegables en un entorno neutral donde discutir el problema. Luego de que las diferencias hayan sido resueltas y que hayan conocido los sentimientos y las perspectivas de cada uno, vuelvan a plegar las sillas y a guardarlas en el armario. Muchas parejas informan que esto ayuda a darles una noción de límites en cuanto a esas discusiones difíciles.

Oren. La oración produce un impacto positivo en la resolución de conflictos. Al orar, dos personas con perspectivas opuestas sobre un tema darán la bienvenida al debate a una tercera persona: Jesús. Incorporar a Jesús en el debate significa estar de acuerdo en jugar según sus reglas. La oración también suaviza tu corazón para que seas sensible al dolor de tu cónyuge.

Debido a que resolver los conflictos de manera sana es tan importante para un matrimonio grandioso, hemos dedicado un libro entero a este tema. *Healing the Hurt in Your Marriage* los ayudará a cerrar el circuito abierto de conflictos no resueltos y evitar el dolor de la amargura.

Testimonios del Frente de Batalla

"Algunos de nuestros amigos llevan casados más de treinta años. Han tenido sus épocas de discusiones, y han compartido con nosotros que alguna vez chocaron contra una pared y no pudieron ponerse de acuerdo. La mujer se dirigió a su esposo y le dijo: 'Me voy a someter porque creo que Dios te ha puesto en esa posición. Y confío en ti. Pero te diré algo: le pediré a Dios que examine este asunto.'

El esposo la escuchó turbado y respondió: 'Espera un momento, ¿vas a recurrir a Dios?'

'Sí, porque sé que Él te ama y que, por medio del Espíritu Santo, puede tratar contigo.'"

Este testimonio revela el corazón de un matrimonio fuerte. El marido que escucha estas palabras de su esposa se da cuenta de que ella no está tratando de controlarlo; en lugar de eso, ella desea que él sea controlado por el Espíritu Santo. Ella acude a su autoridad final en oración porque desea que Dios sea el que resuelva la situación. Y su actitud estimula a que su esposo busque aplicar la voluntad de Dios.

Cuando lleguen al punto de no mirarse a los ojos, pongan la situación en las manos de Dios y déjenla ahí. Entonces el Señor tendrá la oportunidad de hacer un trabajo maravilloso en su matrimonio y en sus vidas. Toda la gloria y el crédito serán de Dios.

29. No tenemos grandes peleas, pero sí muchas pequeñas discusiones y heridas latentes. ¿Cómo podemos manejarlas?

En el momento en que alguno de ustedes haga algo que hiera a su cónyuge, se encontrará en una encrucijada. Ya sea que se dé cuenta o no, en ese momento elige una de dos direcciones. Talvez estén en ese cruce en este momento. Quizás una palabra o un hecho desconsiderado en las últimas horas hayan erigido una barrera en la relación. Talvez no hiciste algo tan grave y te preguntas si tu cónyuge se habrá dado cuenta. Pero tú sabes que algo ha sucedido. ¿Cómo responderás a esto? ¿Qué dirección elegirás?

Una elección es continuar con la vida como de costumbre, como si nada hubiera ocurrido. Pueden fingir que todo está bien entre ustedes, aunque saben que no es así. Puedes hacerte el tonto, esperando que el incidente pase al olvido. Pero esta clase de cosas, aun las más pequeñas, nunca se evaporan. Tienden a hervir a fuego lento debajo de la superficie y a entrar en erupción en los momentos más inconvenientes. Si lo prefieres, puedes no hacer nada, pero no lo recomendamos.

La otra elección, la segunda opción en el camino, es decidirse a trabajar para resolver el conflicto lo antes posible. Esta elección significa tomar la iniciativa para purificar el ambiente, para enderezar las cosas y restaurar la relación. Resolver la ofensa requiere valor, sin importar de qué lado de la ofensa te encuentres. La definición del conflicto también lleva tiempo, paciencia, confianza, y talvez, algunas lágrimas. Pero los beneficios de una relación restaurada pesan mucho más que el esfuerzo invertido.

Nuestro libro *Healing the Hurt in Your Marriage* da muchos detalles e historias personales acerca de cómo resolver conflictos.

30. Mi pareja y yo discutimos todo el tiempo. A veces ni siquiera sé por qué estamos peleando ¿Qué puedo hacer?

Lidiar con un conflicto requerirá de algunos pasos importantes:

Humíllate y Ora

Antes de que le digas una palabra a tu cónyuge, habla con Dios. Pídele que te ayude a resolver el asunto de una manera que lo honre. Pide sensibilidad para entender la perspectiva de tu cónyuge sobre el tema. Mientras oras, Dios ablandará tu corazón y te ayudará a ver sus prioridades para tu relación. A veces, lo único que necesitas es orar.

Aquí tenemos lo que uno de nuestros oyentes nos dijo:

Testimonios del Frente de Batalla

"No le dije más a mi ocupado esposo y pastor: 'Pasemos más tiempo juntos'. En lugar de eso, me dirigí a Dios y le dije: 'Dios, amo a mi esposo y quiero que esté más conmigo. Permítele que tenga más tiempo'. ¡Y Él lo hizo!"

Busca la Causa Subyacente del Conflicto

Mientras Dios indaga en tu corazón, debes estar alerta al origen real de la herida entre tu cónyuge y tú. Talvez el último incidente sólo sea el detonante y haya un problema profundo y antiguo que ha estado enterrado durante meses o años y debe ser arrancado y tratado. Talvez no sepas dónde buscarlo, pero Dios sí sabe. Escucha su voz, especialmente cuando te habla a través de tu cónyuge.

Haz de la Relación tu Prioridad Principal

No trivialices la necesidad de purificar el aire entre tú y tu pareja. No es el momento de permitir que un partido de golf o un paseo de compras interrumpan el proceso de identificar heridas, confesar equivocaciones y buscar el perdón. Incluso hasta podrían tomarse un día o una semana para evitar distracciones.

Busca a un Amigo(a) de Confianza a Quien Puedas Rendirle Cuentas

A veces es muy útil incluir a una tercera persona que los ayudará a ser responsables mientras encaran sus desacuerdos. Debe ser alguien en quien ambos confíen y respeten, alguien que trate a la relación y a sus conflictos con la mayor confidencialidad. Invita a esa persona que te pregunte periódicamente cómo les está yendo en la resolución del problema. Dios puede dirigirlos hacia esa persona si se lo piden.

Consejos de Entrenamiento: ¿Cómo Bloquear un Conflicto Antes de que se Inicie?

- **Di lo que realmente quieres decir**. No digas "Odio el fútbol" si lo que en realidad quieres decir es "Me gustaría que pudiéramos pasar más tiempo juntos los domingos a la tarde, pero el partido siempre está primero". Antes de hablar, piensa con cuidado qué es lo que verdaderamente te molesta.

- **Utiliza frases con "me"**. "A veces me siento ignorado y solo" cae mejor que "Nunca me prestas atención".

- **No generalices, ni uses palabras como "siempre" y "nunca"**. Evita frases tales como "Nunca sacas la basura" y "Siempre estás hablando por teléfono con tu madre". A menudo son generalizaciones y en realidad no ayudan. En tus frases, usa palabras como: "Me siento (excluida) cuando no podemos pasar tiempo juntos"; "A veces siento…"; "Siento que…" o "En algunos momentos me siento . . ."

- **Evita frases asignando culpa**. Las frases en primera persona fomentan el diálogo; las que comienzan con "Tú" lo impiden. Comienza tus frases con "Me siento . . ." o "Me parece que . . ." en lugar de "Tú eres" o "Tú deberías". Evita las frases que le echan la culpa a tu cónyuge.

- **Concéntrate en tus pensamientos y sentimientos más que en las fallas de tu pareja**. Las generalizaciones invariablemente harán que tu pareja se ponga a la defensiva porque sentirá la necesidad de corregir tu idea.

- **Ten la disposición de decir "Perdóname"**. Admitir que te equivocaste es muy importante, pero también tienes que mostrarte afligido por el dolor que haya causado tu comportamiento. "Me equivoqué y lamento mucho haberte lastimado." Al expresar tu aflicción, le demostrarás empatía a tu cónyuge herido.

Consejos de Entrenamiento: ¿Cómo Tener una Discusión Sana?

1. Oren antes de tratar de resolver los conflictos por sí mismos. Eso los enfocará a ambos en el Señor y les dará la capacidad de comunicarse de un modo digno. Entreguen su conflicto a Dios. Él también puede iluminar sus desacuerdos.

2. Aclaren cuál es el verdadero problema. Asegúrate de entender *por qué* estás enojado(a) antes de ir más lejos. Eso ahorra tiempo, frustraciones y dolor.

3. Limítate al conflicto actual. No saques cosas del pasado.

4. Mantén todo lo posible un contacto físico tierno y el contacto visual. Eso le muestra a tu pareja que tu amor es incondicional. Puede ser tan fácil como tomarle la mano o ponerle una mano en el hombro.

5. Evita el sarcasmo y los comentarios exagerados. Eso puede resultar hiriente y cortante y hará que tu cónyuge se desconecte rápidamente. Sé racional y sensato(a) cuando estén en desacuerdo; no pierdas de vista la verdadera dimensión de las cosas.

6. Evita las frases que digan "Tú". Pueden sonar acusadoras y poner a tu cónyuge a la defensiva. Trata de contarle cómo te hizo sentir ese hecho, lo que te hizo pensar o si te ha lastimado.

7. Jamás caigas en el insulto; eso causará un dolor más profundo. Si eso pasa, inmediatamente tienes que reconocer tu falta de respeto y buscar la reconciliación. Toma el compromiso de que no vuelva a suceder.

8. Evita las declaraciones de poder y las amenazas. No digas cosas como: "Si no te levantas del sillón, no te hablaré . . ." No amenaces con el divorcio, eso sólo logrará que la otra persona se sienta insegura y crea que el amor en tu relación es condicional.

9. No utilices el trato silencioso. El silencio puede ser terrible y no resolverá nada. Sólo produce un abismo mayor entre tú y tu cónyuge.

10. Que tus conflictos sean privados. La relación es entre ustedes dos. Si le cuentas a otros tus discusiones de pareja, no harás más que avergonzarlo(a) y menospreciarlo(a).

11. Repítele lo que crees haber escuchado. Eso es para evitar malos entendidos o suposiciones erróneas.

12. Aclara los sentimientos heridos antes de seguir resolviendo el conflicto. Las heridas sin resolver pueden resultar una pared de piedra que no te permite solucionar el conflicto. Por lo tanto, primero aborda ese aspecto. Pide perdón por las frases hirientes para poder avanzar hacia la resolución del verdadero problema.

13. Pónganse de acuerdo en que los dos ganarán. Sigan trabajando en la situación hasta que ambos se sientan cómodos con la solución.

14. Esfuérzate por mostrar honra y respeto a través de todas tus palabras y acciones. La honra es un valor supremo del matrimonio. Cuídala siempre, especialmente durante un conflicto.

31. Mi pareja lucha por controlar su ira. ¿Qué podemos hacer?

Sería bueno si todos los conflictos fueran tan insignificantes como el de a qué lado del baño debe ir el papel higiénico. Pero en el matrimonio, muchas ofensas distan de ser triviales. Pocas parejas escapan de los conflictos que surgen de diferencias en los entornos familiares, las personalidades o las perspectivas. No importa cuánto maduren nuestros matrimonios, pareciera que siempre encontramos maneras de herirnos el uno al otro, tanto con intención como sin premeditación. Y con cada ofensa, viene el dolor.

El dolor nos deja expuestos y trastorna nuestro equilibrio. Sentimos como si nuestro corazón estuviera vacío y nuestro espíritu hubiera sido tratado con brutalidad. A veces no reconocemos de inmediato el dolor interno; otras veces, sólo tratamos de esconderlo. No le decimos a nuestra pareja que nos ha herido para no parecer vulnerables; reprimimos el dolor y actuamos como si nada hubiera sucedido.

Así como puede ser difícil para nosotros reconocer el dolor, también puede serlo ver el enojo. Mientras se nieguen a sentir ira por sus desilusiones y heridas sin resolver, no podrán manejar el problema. Donde hubo una ofensa, hay dolor. Y donde hay dolor sin expresar y sin resolver, hay enojo.

La causa del enojo en una situación también puede ser confusa. Si bien la mayoría de las veces se dispara por incidentes presentes, también puede tratarse de ira desplazada: es la ira desencadenada por una persona o un hecho pero descargada en otra persona. Por ejemplo, tu cónyuge te llama para avisarte que nuevamente llegará tarde. Cuelgas el teléfono y durante la cena descargas el enojo con tus hijos.

El enojo también puede ser residual: brota del pasado, a veces de tan lejos que ya no se recuerda el motivo. Por ejemplo, tu cónyuge te lanza una cantidad de palabras de enojo sin razón aparente. Cuando se sientan a hablar de eso, descubres que estaba herido(a) por algo que hiciste hace un mes y que tú apenas recuerdas.

Uno de nuestros oyentes nos contó lo siguiente:

Testimonios del Frente de Batalla

"Mi esposo expresa su enojo, dice cosas crueles y luego lo lamenta. No siento ganas de perdonarlo cuando hace eso. Quiero que se arrepienta, pero también que deje de actuar de esa manera y no lo haga otra vez."

De donde sea que venga el enojo, Dios ha provisto una manera bíblica de abordarlo y apaciguar la ofensa, herida o patrón de enojo que de otra manera privaría a tu relación de intimidad y conexión.

Siempre que experimentes la espiral descendente de las ofensas sin resolver, de las heridas y del enojo, tienes tres opciones. Primero, puedes simplemente ignorar la ofensa y el dolor y permitir que el enojo se enquiste. Talvez continúes guardándote tus sentimientos sin resolver en lo profundo de tu ser, lo cual dará como resultado la amargura, el resentimiento y la depresión. Una segunda opción es explotar, dando rienda suelta al enojo contenido, sin tomar en cuenta de qué manera pueda lastimar y alejar a tu pareja. Ninguna de estas opciones rompe con el modelo negativo y ustedes continúan desgastándose. El resultado final talvez sea un terremoto en la relación que la sacuda hasta sus cimientos.

Pero tienes una tercera opción. Se llama el amor que perdona. Cuando enfrentas el dolor y el enojo, puedes decidir resolver el conflicto. Esa es la forma bíblica de manejar la ofensa, el dolor o el comportamiento de enojo. Como individuos y como parejas, apuntamos a un compromiso de abordar el dolor y el enojo, resolver el conflicto, perdonar al ofensor y renovar la relación. El objetivo es brindar a la relación la sanidad, la plenitud y la apertura que los ayudará a sentirse aceptados y conectados nuevamente.

El amor que perdona restaura las relaciones heridas. Cuando lo practicas de manera consecuente, proteges tu matrimonio y evitas que se deslice hacia el divorcio legal o emocional. Nuestro libro *Healing the Hurt in Your Marriage* [*Sanando las Heridas en tu Matrimonio*] describe cómo puedes practicar el amor que perdona en tu matrimonio.

Puedes leer más sobre el enojo en el capítulo 3 "La reacción en cadena de la ofensa y el enojo", en nuestro libro *Healing the Hurt in Your Marriage* [*Sanando las Heridas en tu Matrimonio*].

32. Constantemente reaccionamos de manera explosiva el uno con el otro. ¿Cómo podemos aprender a detener estas reacciones destructivas?

> No te dejes llevar por el enojo que sólo abriga el
> corazón del necio.   **Eclesiastés 7:9**

Necesitan un plan para manejar el enojo. A continuación les damos algunas sugerencias:

Sean conscientes del enojo. Uno de los muchos mitos sobre la ira es que una persona que tiene problemas con el enojo lo manifiesta a través de su semblante y sus acciones. Sin embargo, una persona con una actitud aparentemente calmada puede cargar enojo y explotar cuando menos se espera. Las personas necesitan identificar qué las hace susceptibles al enojo, cómo reaccionan sus cuerpos y qué manifestaciones físicas adoptan cuando se enfurecen.

Acepten la responsabilidad por el enojo. Es fácil culpar a los demás por nuestros problemas. Con frecuencia escuchamos a la gente decir: "Fulano me hizo enojar." *Echar la culpa* a otro por una reacción nuestra no es apropiado. Las personas no *pierden* los estribos; *eligen* perderlos.

Identifiquen el origen del enojo. El enojo es una emoción secundaria experimentada en respuesta a una emoción primaria tal como el dolor, la frustración y el miedo. El enojo comúnmente es un mecanismo de defensa contra el dolor. Buena parte del enojo se debe a la frustración y esta tiene lugar cuando las expectativas y metas personales no son satisfechas. Las cosas que pueden frustrar a una persona por lo general no son muy importantes. Identificar qué personas o situaciones nos frustran nos preparará para manejar momentos similares en el futuro.

Elijan cómo encauzar la energía del enojo. No siempre podemos controlar *cuándo* nos enojaremos, pero sí podemos escoger *cómo* expresarlo. Con la ayuda de Dios, puedes encontrar maneras creativas y constructivas de

Tres Tipos de Ira

1. **Ira provocada.** Algunas cosas específicas nos provocan reacciones de enojo; determinados hechos nos hacen perder la paciencia y producen irritación.
2. **Ira desplazada.** El enojo es descargado sobre otra persona o cosa. Cuando surgen conflictos, es frecuente el tratar de retraernos; pero entonces el enojo se manifiesta de otras maneras y en otros momentos.
3. **Ira crónica.** El enojo ha permanecido latente durante años, motivado por dolorosos recuerdos reprimidos. Es común el aislamiento de la persona. Las personas que tienen ira crónica son como cañones cargados, listos a dispararse contra quien encienda la mecha.

tratar el enojo. Manejar adecuadamente el enojo implica mantener una comunicación abierta, honesta y directa. Incluye hablar la verdad con amor, declarar la verdad y corregir los errores. Requiere ser abierto a una disculpa o a una explicación y estar dispuesto(a) a trabajar para llegar a un acuerdo.

Para muchos, tanto la experiencia como la expresión del enojo se han convertido en un hábito. Romper con los hábitos puede llevar un tiempo. La buena noticia es que, con la ayuda de Dios, podemos cambiar y crecer. Si permitimos que el Espíritu Santo nos llene, podemos reemplazar las maneras viejas y nocivas de reaccionar con respuestas emocionales nuevas, sanas y que honren a Dios.

> "Si se enojan, no pequen". No dejen que el sol se ponga estando aún enojados, ni den cabida al diablo.   **Efesios 4:26-27**

33. Rara vez mi pareja me habla de lo que piensa o siente. ¿Cómo puedo hacer para que se abra?

Dios nos ha dado la relación matrimonial para que sea un lugar seguro donde podemos revisar las cuestiones cuando nos enfrentamos a ellas. Tu amor, compasión y gracia pueden brindar a tu cónyuge la libertad de superar aquello que le impide abrirse. El amor incondicional por tu pareja es el punto de partida. Intenta crear un lugar seguro para que tu cónyuge se abra a ti y hable de estas cosas, cualesquiera que ellas sean.

El siguiente paso es comenzar a comunicarse. Ayuda a tu cónyuge a ir más profundo y a hablar de lo que está pasando en su interior. Dale la seguridad de que caminarás a su lado, sin que importe adónde los lleve el camino. Comparte algunos de tus pensamientos y sentimientos de manera que tu actitud vulnerable abra la puerta a una respuesta vulnerable.

34. Mi pareja nunca me escucha. ¿Cómo puedo hacer para que escuche realmente lo que digo?

Nuestras banderas rojas se levantan cuando escuchamos la palabra *nunca*. Probablemente no sea completamente cierto que tu cónyuge *nunca* escuche una palabra de lo que dices. Una declaración como esa indica que tienes enterrados algunos resentimientos y que está pasando algo más. Es probable que tu cónyuge *sí* te escuche, pero talvez no esté dándote la respuesta que tú necesitas. Quizás tú seas una persona que necesita escuchar palabras, pero él o ella se comunica mediante los hechos o con lenguaje corporal.

¿Has pensado que talvez tus palabras ahuyentan a tu cónyuge? ¿Qué estás diciendo que parece no escuchar? ¿Gritas, regañas, lloriqueas, te quejas, ofendes? Talvez tu cónyuge esté escuchándote pero no sepa qué contestarte, o se da cuenta de que nada de lo que diga valdrá realmente la pena porque tú no lo escucharás. (¡De manera que ahora *tú tampoco* estás escuchando!) O talvez tu cónyuge esté en un proceso interno, tomándose el tiempo para revisar sus pensamientos antes de contestar.

Te escuchará con mejor predisposición cuando hables con calidez, amor y dignidad. Entonces tus palabras serán mejor recibidas. Examina lo que estás diciendo y cómo lo estás diciendo. Piensa nuevas formas de comunicar la misma información. Explica (en un tono amoroso y con palabras escogidas cuidadosamente) que necesitas una respuesta de manera tal que sepas que te ha escuchado. Cuando hagas esto, probablemente descubrirás que tu pareja está escuchándote correctamente.

Lee más sobre el regaño y el amor incondicional en la historia de Bruno y Carina en el capítulo 1 de nuestro libro *The Five Love Needs of Men and Women*. Si tomas el mejor camino con el amor incondicional, puedes demostrar el amor de Dios a tu cónyuge.

35. Mi pareja critica todo lo que hago. ¿Cómo puedo explicarle lo que siento al respecto? ¿Tengo alguna esperanza de que cambie?

Entendemos tu dolor. Una de las expresiones más desalentadoras y debilitantes de una conducta controladora es la crítica. Todos somos propensos a quejarnos de vez en cuando. Pero si la queja por las circunstancias se convierte en un ataque personal degradante hacia el cónyuge, las heridas recibidas son profundas y dolorosas.

La queja se convierte en crítica cuando alguien centra la atención en la persona más que en el problema. Sin embargo, también es cierto que un espíritu crítico y controlador talvez se exprese por medio de lo que la persona no hace o dice. La ausencia total de estímulo y afirmación puede ser tan dañina como las palabras hirientes de crítica. Los consejos a continuación son, ante todo, para el cónyuge crítico, pero te sugerimos que demuestres cómo comunicarte con tu pareja sin criticar, y ora para que tu pareja siga tu ejemplo.

Plantea la queja, pero no culpes. Habrá ocasiones en las que te quejes sobre un problema en casa, pero no uses esa situación como una excusa para culpar a tu cónyuge. La idea es solucionar el problema, no encontrar culpables.

Usa frases con "Yo" en lugar de frases con "Tú". En lugar de criticar diciendo "Tú siempre me avergüenzas delante de nuestros amigos," di "Yo me siento herida cuando mencionas mi falta de habilidad para cocinar delante de nuestros amigos." Cuando comienzas apuntando con el dedo acusador, estás olvidándote de la importancia de examinar tu propio corazón. Cuando utilizas frases con "Yo", invitas a tu cónyuge a responder a tu dolor en lugar de defenderse de tu ataque.

Sé realista. En lugar de criticar duramente a tu pareja por la cocina desordenada, sé específica pero sin atacar. Intenta algo como: "Me sien-

---

 Consejos de Entrenamiento: Tratando con el Enojo

LOS "SÍ"

1. Debes estar dispuesto a ver la situación desde el punto de vista de tu cónyuge.

2. Confirma: "Lo que me dijiste es que . . ."

3. Utiliza palabras que promuevan la comunicación: "Me siento . . . cuando tú . . ."

4. Sé respetuoso(a), aún cuando no seas tratado(a) con respeto.

5. Ten en cuenta que sólo tienes el poder de modificarte a ti mismo(a); deja lo demás para Dios.

6. Procura estar en paz, sabiendo que el Príncipe de Paz está en tu corazón.

LOS "NO"

1. No olvides que la persona con la que estás enojado también es creación de Dios.

2. No albergues resentimientos, amargura u odio. Todo eso, finalmente te lastimará sólo a ti.

3. No utilices frases que digan "Tú".

4. No te distraigas con pequeñeces que no harán otra cosa que provocar más peleas.

5. No esperes un cambio inmediato. Todos los cambios requieren tiempo y paciencia.

to frustrada cuando te olvidas de ponerle la tapa a las botellas y dejas los platos en el fregadero. Me harías sentir mejor si recordaras poner las tapas y colocar los platos en el lavaplatos."

Encara los problemas rápidamente. No caigas en el modelo de permitir que las ofensas se acumulen y después estallen con críticas. Cuanto antes encares los conflictos, menos oportunidades tendrás de dejarte llevar por el espíritu de la crítica.

Asegúrate de llevarle todas esas preocupaciones y heridas al Señor. Él quiere escuchar tus peticiones, tus enojos y frustraciones. Lee el libro de Salmos para ver las emociones sinceras que los salmistas le expresaban a Dios. Ora por tu matrimonio. Ora por tu pareja. Ora para que Dios haga todos los cambios necesarios en tu propio corazón. Pídele a Dios que te dé de su amor para tu pareja.

Nuestro libro *Divorce-Proof Your Marriage* [*Matrimonio a Prueba de Divorcio*] describe los seis amores que pueden ayudar a fortalecer tu

---

Consejos de Entrenamiento: ¿Cómo Disminuir la Crítica y las Quejas?

1. Suaviza tu manera de abordar la discusión. Sé menos obstinado(a) en tus respuestas. En cambio, cuando hables con tu cónyuge, que tu tono sea suave y tierno, para que él o ella se sienta seguro. ¡Evita a toda costa la crítica! Un matrimonio no puede comunicarse si se desmerecen el uno al otro.

2. Dale validez a lo que tu pareja sienta, en vez de criticarlo(a).

3. Escucha con sinceridad. Presta atención a lo que realmente está diciendo.

4. Muestra un corazón comprensivo. Ponte en el lugar de tu cónyuge mientras escuchas detenidamente lo que dice. Luego hazle saber que estás considerando el asunto desde su punto de vista. Pon la discusión en términos de común acuerdo, diciendo "Este es nuestro problema".

5. Muéstrate dispuesto(a) a hacer concesiones. La relación es mucho más importante que cierto tema en particular.

6. Bríndale atención y cariño a tu pareja. Dénse la mano. Los contactos físicos suaves comunican: "Estoy aquí y no voy a dejarte". Destaca las influencias positivas que hayas recibido de tu cónyuge.

7. ¡No tengas miedo de reírte!

matrimonio. Los capítulos incluyen detalles sobre las seis clases de amor: el amor que perdona, el amor que sirve, el amor que persevera, el amor que protege, el amor que celebra y el amor que renueva. El libro también incluye historias personales que hemos escuchado durante nuestras sesiones de consejería y preguntas que hemos recibido de los participantes en nuestras charlas matrimoniales.

36. A veces necesito estar a solas para pensar con tranquilidad. ¿Cómo puedo transmitirle eso a mi pareja sin que piense que estoy ocultándole algo?

Cuando estás en conflicto con tu cónyuge, una de las cosas más importantes que tienen que hacer es permanecer conectados entre ustedes. Sin embargo, sabemos que algunas personas son "procesadores internos", por eso no necesariamente llegan a una definición discutiendo el tema. Si tú necesitas aclarar las cuestiones a solas y al cabo de cierto tiempo, comunícale a tu pareja que ese tiempo a solas te da la posibilidad de considerar la situación desde todos los ángulos, orar, enfriarte (si es necesario), y pensar con coherencia. Alejarte talvez tenga mucho sentido para ti, pero tienes que darte cuenta que eso deja a tu cónyuge con una gran ansiedad. A no ser que se lo comuniques, podría sentirse abandonado o rechazado. Dale seguridad de que luego volverán a discutir el asunto. Pon un tiempo límite para hacerlo, así no se pierde en el trajín de las otras actividades cotidianas. En otras palabras, explícale por qué te alejas, pero también promete que abordarás el tema durante quince minutos al día siguiente, después de desayunar o en cualquier otro momento.

Samuel, un oyente del programa de radio, ofreció la siguiente perspectiva:

Testimonios del Frente de Batalla

"Hemos descubierto con sorpresa que cuando estamos atravesando un conflicto, si nos ponemos de acuerdo en orar juntos en voz alta una vez al día durante treinta días, cambia la relación y se suaviza el conflicto. Esto ocurre porque nos

abrimos, somos más transparentes y comenzamos a darnos
cuenta de quiénes somos delante de Dios. Esto logra un nivel de
confianza que va en aumento y la pared se derrumba."

37. ¿Está bien ocultar secretos a mi pareja?

Tienes que ser honesto(a), pero también es importante que analices cuánto es necesario compartir. Franquearse puede ser bueno, pero también puede extralimitarse. Por ejemplo, si están por casarse, tu futuro cónyuge tiene todo el derecho a conocer tu pasado sexual, pero no necesita saber cada detalle y el nombre de cada persona. Compartir todo esto puede causar dolor. Sé honesto(a) respecto a lo que hayas hecho, pero discierne el nivel de lo que revelas.

Hemos tenido oyentes que cometieron adulterio. Experimentaron culpa y dolor, renovaron su relación con su pareja y se confesaron ante Dios. Luego nos llaman para preguntarnos si deberían confesarle la infidelidad a su cónyuge.

Es una pregunta muy difícil. Puede ser tentador tomar el camino más fácil y no decir nada. Puedes llegar a la conclusión de que se ha terminado y que no quieres exponer a tu pareja al dolor de escuchar sobre tu aventura. El secreto no es la mejor opción para un matrimonio. También queremos que analices el factor intimidad. ¿Cómo podrías experimentar toda la intimidad que Dios anhela para tu relación matrimonial manteniendo tu secreto?

Primero, ten en cuenta la intimidad emocional. Cuando te sientes emocionalmente íntimo(a) con tu cónyuge, están conectados. Experimentas la gracia, la atención, la aprobación y la honestidad, así como el compartir el dolor o la decepción. Y en ese nivel de franqueza, al diablo le encanta meterse y susurrar condenación a tu oído. Él no puede cambiar tu relación restaurada con Dios, pero quiere que sientas el dolor de experimentar sólo una honestidad parcial con tu pareja porque le estás ocultando algo.

Lo segundo es la intimidad espiritual. Has sido perdonado(a) por Dios, pero ahora estás escondiendo un pecado. Proverbios 28:13 dice: "Quien encubre su pecado jamás prospera; quien lo confiesa y lo deja, halla perdón." ¿Qué harás con esto?

En tercer lugar, está la intimidad física. Cuando tienes intimidad física con tu cónyuge, ¿te viene a la mente tu aventura amorosa? ¿De qué manera afecta esto tu capacidad de entregarte completamente a tu cónyuge?

Habrá mucho dolor si te confiesas. No hay duda de ello. Es difícil, pero es una de las consecuencias que tienes que asumir por haber cometido el pecado. Sin embargo, si explicas tu deseo de unidad sinceramente y sin obstáculos, comenzarás el largo camino hacia la reconciliación. Ponle límites a lo que compartas. Busca el consejo de tu pastor o de un mentor cristiano maduro o de un consejero. No tienes que contarle a tu pareja todos los detalles, pero comparte la verdad. La honestidad y la confesión pueden llevar a la relación a nuevos rumbos.

Puedes leer más sobre el perdón y la verdad restauradora en nuestro libro *Healing the Hurt in Your Marriage [Sanando las Heridas en tu Matrimonio]*.

La mejor forma de manejar los secretos es no guardarlos. Pregúntate a ti mismo: "¿Diría yo esto, haría esto, o pensaría esto si mi pareja estuviera aquí en la habitación?" Si la respuesta es no, entonces no deberías hacerlo. Sé sincero. Vive de manera transparente. Si hay algo que estás ocultando, sácalo a la luz. Si tienes secretos que debieras revelar a tu cónyuge, compártelos con amor. No consideres algunos secretos como "pequeños", pues siempre hay engaño en los secretos. Para protegerte a ti mismo, ten la disposición de ser honesto con tu pareja. Por ejemplo, si te das cuenta de que un compañero de trabajo está coqueteando contigo y tú sientes alguna atracción por él o ella, expresa tu preocupación a tu pareja. Eso te ayudará a ser responsable.

Para obtener más ideas para proteger tu matrimonio, lee nuestro libro *Guard Your Heart [Cuida tu Corazón]*. Nuestro cuadernillo de ejercicios *Guarding Love [Amor que Protege]* puede ayudarlos a aplicar los principios presentados en *Divorce-Proof Your Marriage [Matrimonio a Prueba de Divorcio]*. El cuadernillo de ejercicios es tanto para parejas como para grupos.

38. ¿Qué hago si sospecho que mi pareja me está ocultando algo?

Esta pregunta nos llega con mayor frecuencia de las mujeres que de los hombres, probablemente porque las mujeres tienen una especie de radar que los hombres rara vez comprenden. ¡Se dice que el sensible radar de una mujer es más efectivo que la CIA o el FBI! Es una percepción dada por Dios. Las mujeres saben que cuando los niños están demasiado tranquilos, están por meterse en algún lío. Saben qué está pasando con sus hijos cuando éstos regresan de la escuela: aun si parecen estar contentos, las mamás pueden decir si han sido heridos de alguna manera. Es una reacción visceral; es intuición. Creemos que Dios le ha dado a la mujer este sexto sentido con el propósito de fortalecer al matrimonio.

Amigos, las mujeres se dan cuenta. Tú puedes intentar esconder algo, pero ellas simplemente lo saben. Puede ser un instante en que desvías la mirada y no la miras a los ojos, o pareces más cerrado en asuntos sobre los que solías hablar. Lo concreto es que las mujeres pueden sentir cuándo esa conexión vibrante se ha roto. Y eso las asusta. Los hombres que tienen ese radar sensible pueden sentir las mismas cosas y experimentar también el mismo temor.

Si tienes la sospecha de que tu cónyuge está ocultándo un secreto, lo último que deberías hacer es acusarlo. En lugar de eso, dirígete primero al Amante de tu alma, al Señor Jesús, y ora. Las Escrituras dicen: "Confiésense unos a otros sus pecados, y oren unos por otros, para que sean sanados" (Santiago 5:16). Alguien lo dijo de esta manera: "Piensa en el secreto más profundo e ignoto que hayas tenido alguna vez. Ahora, luego de habérselo confesado a Dios, cuéntaselo a una persona en la que confíes. El poder de liberarlo, el poder de compartirlo, el poder de confiarlo a una persona leal te librará de lo que te hizo el enemigo."

Ora por tu cónyuge para que experimente el quebranto y la libertad que sólo Dios puede dar. Ora para que Dios trabaje en el corazón de tu pareja. Pídele a Dios que, si tu cónyuge está ocultando algún pecado secreto, lo saque a la luz, se arrepienta y obre de la manera correcta. Luego, deja que Dios actúe. Confía en él.

CAPÍTULO 4

La Fidelidad

Preguntas de este capítulo:

39. ¿Cómo podemos mantener nuestro matrimonio por el buen camino y cómo proceder con las tentaciones?

La tentación sexual está en todas partes: en los centros comerciales, en la TV, en la escuela, en el trabajo, en los cines, en los periódicos y en las tapas de casi todas las revistas. Sean conscientes de la tentación de mirar con lascivia a alguien que pasa, o al mirar una película o navegar en Internet algo que está cargado de pecado sexual explícito. Tengan presente la tentación de poner a la familia en segundo lugar en pos de los propios deseos o sueños, o de confiar en ustedes mismos en lugar de confiar en Dios. La mayor tentación que vemos en la actualidad, es la de huir de los problemas del matrimonio y encontrar satisfacción ocasional en una aventura amorosa, en el trabajo, en el silencio, en estar demasiado ocupados, o en cualquier otra vía de escape; a veces, incluso a través del divorcio. Parece más fácil, al menos por el momento.

¿El resultado? Caemos rápida y dolorosamente, y con frecuencia lastimamos a otros. Enfrentamos consecuencias negativas que repercutirán en nuestras vidas como las olas en la superficie de una piscina, alcanzando nuestras emociones, nuestras relaciones y, lo más importante, nuestra intimidad con Dios.

¿Estás tratando de encontrar a alguien o algo que llene un vacío que sólo Dios puede llenar? ¿Tu matrimonio ha caído en la rutina? ¿Hay algo que los mantiene atrapados? ¿Está uno de ustedes atrapado por algún tipo de comportamiento destructivo pero se niega a reconocerlo o a confesarlo? ¿Cómo resisten la tentación cuando esta ataca al matrimonio?

A menos que huyan de la tentación, pierden. Pierden fuerza, respeto a sí mismos, salud, seguridad y estabilidad. Y lo que consiguen a cambio es remordimiento. Creen en mentiras como estas: Se me está pasando la vida. Quizás no vuelva a tener esta oportunidad. Me lo merezco. No lo lamentaré. Los demás también lo hacen. La vida es corta, ¡Vive el día! ¡Piensa qué bueno sería! ¡Qué placentero puede ser! Más tarde me ocuparé de las consecuencias. Seguir a Dios es aburrido. Nunca viviré la vida si no hago esto . . .

Considere el dolor de este hombre cuya esposa sucumbió a la tentación:

Testimonios del Frente de Batalla

"Mi mujer me dijo que no estaba satisfecha con nuestro matrimonio y quería separarse. Tenemos dos hijas pequeñas. Me enteré que tenía una aventura con alguien de nuestra iglesia. La historia terminó en divorcio. En algún momento, a mí se me escapó algo que ella necesitaba. Ahora se fue, y nuestra familia está destruida."

Todos tenemos necesidades emocionales. Lamentablemente, si no son satisfechas en el matrimonio, a veces tratamos de satisfacerlas de otra manera. La gente procura esa satisfacción por medio de un ministerio o de un trabajo eclesiástico; se obsesionan por el aspecto físico, la comida o el dinero; otros incursionan en aventuras físicas o emocionales y no se dan cuenta de su caída hasta que es demasiado tarde.

Entonces, ¿cómo pueden proteger su matrimonio? Procuren satisfacer las necesidades de su cónyuge, con la certeza de que solamente Dios puede satisfacer las más profundas. No pueden ser Dios para su pareja, pero deberían hacer todo lo posible para estar ahí cuando su cónyuge lo necesite. Si piensas que tu cónyuge no está satisfaciendo tus necesidades, no tomes el camino de la mujer de la historia relatada anteriormente. En cambio, necesitas reconocer que sólo Dios satisface emocionalmente. Dios quiere residir en ese profundo lugar de tu alma. Pídele a Dios que los ayude a hablar acerca de sus necesidades antes de que sea demasiado tarde. Mientras vivamos en este mundo seremos tentados. Pero no hay por qué rendirse. También pídele al Señor que les muestre una persona misericordiosa de su mismo sexo que les pueda ofrecer consejo y apoyo en oración; alguien ante quien deban ser responsables. Puede ser un pastor, un maestro o alguien que los ame lo suficiente como para decirles lo que talvez no quieran escuchar pero que Dios quiere enseñarles.

Nuestro libro *Guard Your Heart* y la guía de ejercicios *Guarding Love* pueden ayudarlos con ideas prácticas para proteger su matrimonio y de esta manera, ayudarlos a proteger sus corazones.

Tenemos un Dios poderoso que tiene el poder renovador que puede transformarlos, hacerlos fieles, satisfacer sus necesidades profundas, defenderlos del enemigo, protegerlos, y darles la fuerza para dominar la tentación. La victoria ya ha sido lograda a través de Cristo, si se apropian de ella.

Su matrimonio y su herencia dependen de ganar esta batalla crucial para el corazón con el propósito de proteger su matrimonio.

Comprométanse con la tarea

La Biblia contiene palabras fuertes acerca de proteger nuestro corazón. Proverbios 4:23 dice: "Cuida tu corazón, porque de él mana la vida." No bajen la guardia. Las amenazas hacia su matrimonio son reales.

Consejos de Entrenamiento: Logrando la Victoria ante la Tentación

1. Debes estar dispuesto a ser quebrantado. Dios se deleita en un corazón quebrantado y arrepentido y te asistirá en el lugar más bajo que hayas caído (Salmos 51:7). Ningún amigo, cónyuge o padre puede acompañarte a lo profundo de este valle de soledad, sólo Dios puede caminar contigo.

2. Confiesa a Dios tu quebranto de corazón y reconoce tu trasgresión (Salmos 34:18).

3. Traza un cuadro de tres columnas. En la primera, escribe lo que has aprendido con esta dura lección. ¿Qué has aprendido acerca de Dios? ¿Qué descubriste sobre el carácter de otras personas? ¿Qué has aprendido sobre ti mismo?

4. A la segunda columna de tu cuadro, ponle el título: "Mi nuevo yo", en referencia a tu vida transformada. Enumera las áreas que debieras vivir de una manera diferente.

5. Titula a la tercera columna: "Plan de acción". Incorporar ese plan específico a tu vida diaria dará sustento a tu estilo de vida transformado. Los ejemplos son: oración diaria, constante confesión a Dios, responsabilidad hacia un amigo, lectura bíblica a diario, crecimiento espiritual, identificar las debilidades y prestar atención a los peligros de la tentación. En este momento, determina qué es necesario hacer para ocuparte de cualquier consecuencia de tus elecciones.

6. Escoge amigos de tu misma mentalidad. Identifica a las personas que te infundirán fidelidad y te ayudarán a huir de la tentación y permíteles que se acerquen a ti para mantenerte responsable de tu andar.

Los peligros son todavía más traicioneros para quienes no se dan cuenta que están siendo atacados.

Si creen que están vacilando en su compromiso con la tarea de cuidar el corazón, tómense un momento para evaluar todo lo que perderían si fallaran.

Pídanle al Señor que proteja sus corazones

Para mantener su conexión con Cristo es vital pasar tiempo diario leyendo la Palabra de Dios y orando. Al proteger su relación con Cristo en primer lugar, evitarán caer en las trampas. Sus corazones se mantendrán sensibles a Él. La obediencia diaria a Cristo es la mejor defensa que tienen contra el enemigo de su corazón y de su matrimonio.

Sean sinceros con Dios

Es necesario que sean sinceros y honestos con Dios sobre lo que está sucediendo en el centro de sus vidas. ¿Tienen una relación franca con Dios que les permita examinar su corazón y señalar dónde necesita ser protegido cuidadosamente? Si permiten que Dios señale las faltas en su vida cotidiana y si confiesan y se alejan rápidamente de aquello a lo que Dios les ha llamado la atención, establecen un hábito que garantiza una protección poderosa para sus corazones.

> Examíname, oh Dios, y sondea mi corazón; ponme
> a prueba y sondea mis pensamientos. Fíjate si voy
> por mal camino, y guíame por el camino eterno.
>
> **Salmos 139:23-24**

Tengan cuentas cortas

Es crucial resolver todas las heridas y enojos en su matrimonio. Cuando se aferran al dolor y niegan el perdón, se sienten amargados. Y el corazón de una persona amargada es sumamente vulnerable al ataque. Llevar cuentas cortas es más importante que su orgullo y su ego. Imaginen hasta qué punto este enfoque mantendrá puro el aire en su matrimonio.

Sean responsables

Yo (Gary) tengo una íntima relación con tres amigos que me hacen las preguntas difíciles. Me reúno cada semana con el mismo grupo pequeño desde 1979. Estos muchachos tienen carta blanca para preguntarme lo que sea sobre mi vida. Mis compañeros de responsabilidad pueden hacerme planteamientos sinceros sobre cómo cuidar mi corazón en cada área de mi vida, incluyendo el matrimonio. Las preguntas pueden ser brutales: "¿Qué estuvo dominando tus pensamientos esta semana?" o "¿Te has expuesto a una situación comprometida con otra mujer esta semana?" o "¿Has estado estudiando la Biblia?" o "¿Qué temas estás tratando con tu esposa esta semana?" o "¿Estás al tanto de lo que ocurre en la vida de

Consejos de Entrenamiento: Cinco Claves para Resistir las Aventuras Extramaritales

1. **¡Comunícate!**

   Las parejas pierden contacto cuando dejan de hablarse. Para permanecer comunicados y satisfechos uno con el otro, pasen tiempo juntos diariamente. ¡Rían juntos! Jamás caigan en la mentira de "Funcionará espontáneamente", porque lo más probable es que no ocurra.

2. **Perdona las faltas del pasado**

   No permitas que tu corazón albergue resentimiento alguno. Confiésalo rápidamente; de lo contrario, procurará destruirte. Perdonar con gracia significa soltar la ofensa y recibir nuevamente a tu cónyuge en tu corazón. La única manera de restaurar la armonía en tu relación es eliminar esos sentimientos negativos mediante el perdón.

3. **Sírvanse mutuamente**

   ¿Sabes lo que tu pareja necesita? ¡Pregúntaselo! ¿No le prestas atención? Sé un aprendiz de tu cónyuge. No lo pospongas. Recuerda lo que era efectivo antes. ¿Llevarle el desayuno a la cama? ¿Una llamada durante el día? Pídele a Dios que abra tu corazón para que puedas ser atento con tu cónyuge libremente, con la misma actitud de Jesús.

4. **Celebra quién eres tú individualmente y quiénes son como pareja**

   El complacer a tu cónyuge derrota tu egoísmo y promueve tu abnegación, lo cual constituye la raíz de los matrimonios grandiosos. Eso construye intimidad y da ánimo en los tiempos difíciles. Manténganse unidos festejando las pequeñas cosas: su primer beso, su primera cita, la primera cena romántica que tuvieron en su casa.

5. **Cuida tu matrimonio**

   Sé perfectamente consciente de con cuánta facilidad puedes distraerte. Mantente alerta contra la distracción. Pasa un tiempo diario con la Palabra de Dios. Permanece conectado con Cristo a través de la oración y conociéndolo más íntimamente. Evita caer en las trampas de la tentación.

tus hijos?" o "¿Estás siendo sincero en tus respuestas o estás tratando de esconder algo?" Estos amigos son mis asesores de confianza. Ellos me animan a seguir mejor a Dios.

Bárbara y yo estamos tan comprometidos con la necesidad de proteger a los matrimonios que escribimos *Guard Your Heart* [*Cuida tu Corazón*]. El libro identifica las amenazas contra el matrimonio y da consejos prácticos sobre cómo proteger tu corazón y el de tu cónyuge.

40. ¿Qué podemos hacer para evitar la tentación?

Para los hombres y las mujeres, el adulterio comienza en el corazón. Para los varones particularmente, comienza cuando el corazón no está protegido contra lo que ven los ojos y en lo que fantasea la mente. Es más probable que la mujer sea tentada sexualmente en el nivel emocional. Ciertamente, existe una atracción física, pero por lo general, es el lazo emocional y afectuoso que se desarrolla junto con la atracción física lo que lleva a la mujer a cometer adulterio. Se siente tentada por la ternura, la franqueza, la calidez, la personalidad, el afecto y la atención de un hombre.

Cuando perciban que alguien más está cautivando su corazón, cuando esta atracción produce como resultado una mayor desilusión o frustración hacia su cónyuge, o cuando comiencen a coquetear con aquello que los fascina, es hora de enfrentar la amenaza. No es demasiado tarde, pero el momento es crítico.

Pongan fin a cualquiera de estas mentiras comunes y verdades a medias, en las que pudieran estar enredándose:

- Su coqueteo y atención me hacen sentir bien o joven nuevamente, y eso no hace mal a nadie.
- Tenemos una conexión. Él (o ella) realmente me comprende.
- Puedo hablarle fácilmente sobre cualquier cosa. Se fija en mí y dispone de tiempo para hablar conmigo.
- Entre nosotros hay química. Estoy seguro de que él (o ella) se siente atraído(a) hacia mí. Puedo imaginarme a su lado.

¡Deténganse! ¡Deben poner un límite, ahora! Deben establecer una distancia respetuosa con el hombre o la mujer que ha captado su atención. No estamos hablando de cortar todo contacto con el sexo opuesto, sino de ser cautos y estar alerta a la tentación en estas relaciones. Es imprescindible mantener un margen de distancia que los ayude a resistir esas tentaciones. No permitan que ningún pensamiento malsano se instale en su mente. No miren a la otra persona fijamente a los ojos, que son la ventana del alma; el contacto visual en una conversación es bueno, pero si captan una mirada demasiado intensa o atractiva y eso los hace sentir incómodos, desvíen la mirada y resístanla. No se encuentren a solas con personas del sexo opuesto a puertas cerradas o en sitios privados. Sean cuidadosos con el contacto físico. Mantengan conversaciones generales. Cuando todo lo demás falle, corran por su vida. Literalmente.

Lean lo que compartió uno de nuestros oyentes:

Testimonios del Frente de Batalla

"Me gustaría hablarles a todos los hombres que están considerando la terrible opción de tener una aventura amorosa. Yo lo hice hace muchos años. Dejé a mi esposa por otra persona. En determinado momento, permití que esa historia siguiera adelante, a pesar de que debía detenerla y podía hacerlo. Pero no lo hice. El dolor que he vivido no compensó los momentos de placer que tuve. La aventura terminó en el fracaso (el césped del vecino no era más verde) y destruí mi matrimonio. En mi caso, también afectó a mi hijo. Esta decisión devastadora arruinó por lo menos tres vidas. Y todavía hay más. Mucho tiempo después de que esa historia concluyera, yo estaba solo y me di cuenta de que mi hijo y yo nunca podríamos tener una buena relación porque había resentimiento . . . y con razón. Él fue testigo del dolor que yo le había causado a mi esposa. Me gustaría poder decirle a cualquier hombre que esté coqueteando con la idea de hacerlo: No juegues con fuego. No lo hagas. Mantente firme. Aférrate a tu mujer. Mujeres: aférrense a sus esposos. Deténganse. Acudan al Señor en oración y Él les dará las fuerzas para seguir adelante. Y con el tiempo encontrarán la bendición. Serán restaurados. Dios hará todo eso por ustedes."

Sientan el dolor en la historia de este hombre. Aprendió duramente sobre la devastación del pecado sexual.

La otra cara de la tentación es encontrar satisfacción en el hogar. Las palabras de Salomón en Proverbios 5:18-19 están dirigidas al esposo, pero también las mujeres pueden aprovechar el consejo: "¡Bendita sea tu fuente! ¡Goza con la esposa de tu juventud! Es una gacela amorosa, es una cervatilla encantadora. ¡Que sus pechos te satisfagan siempre! ¡Que su amor te cautive todo el tiempo!"

En otras palabras: si están emocional o sexualmente sedientos, sacien esa sed en su propia fuente en lugar de buscar otra. Cuando estás sexualmente pleno y satisfecho en la relación con tu pareja, no necesitarás mirar hacia otro lado en busca de satisfacción.

Además de expresar al cónyuge las necesidades físicas, asegúrense de no compartirlas con ninguna otra persona. Hablen entre ustedes de las luchas, los sueños, las necesidades, las frustraciones y las alegrías en todas las áreas de la vida. Oren juntos. Rían juntos. Lloren juntos. Sufran juntos. Disfrútense mutuamente. Pónganse desafíos comunes. Sean honestos el uno con el otro. De eso se trata la intimidad: compartir los pensamientos, sentimientos, deseos y apetitos más íntimos, el uno con el otro. La intimidad los mantendrá centrados en su relación, aun cuando faltaran otras defensas.

¿Quién Está Propenso a Tener una Aventura?

Quien está experimentando . . .

- Aburrimiento en su matrimonio
- Falta de actividad sexual en su matrimonio
- Falta de halagos, aprobación y aprecio por parte del cónyuge
- Falta de lazos emocionales en su matrimonio
- Falta de atención por parte del cónyuge
- Falta de momentos íntimos de oración y de compartir la Palabra de Dios

41. Mi pareja pasa mucho tiempo de viaje y me preocupa que pueda ser tentado(a) a serme infiel cuando está lejos. ¿Qué podemos hacer para asegurarnos de que eso jamás suceda?

Los viajes continuos y las noches en cuartos de hotel son propicios para la tentación. Cuando uno ingresa a un cuarto de hotel, no hay nadie ahí para sorprendernos ni para controlarnos. ¿Cómo pueden cuidarse el uno al otro de tal modo que el que está de viaje no sea tentado?

Pónganse de acuerdo con alguien que tome la responsabilidad de llamar al que está de viaje, alguien que haga las preguntas difíciles. Luego, cuando el cónyuge que estaba de viaje regrese, él o ella deberán asegurarse que su compañero de responsabilidad le pregunte cómo le fue. La responsabilidad requiere honestidad. Saber que le harán preguntas es una gran ayuda para resistir la tentación. Una mujer puede alentar a su esposo a que pida a sus amigos íntimos que hagan esta tarea. Cuando el cónyuge que se queda en casa sabe que es parte del plan, se sentirá mucho más seguro.

Gary recuerda un viaje en el que su amigo puso una toalla sobre el televisor de la habitación del hotel. Eso era parte del plan de su amigo cuando viajaba. Otro amigo lo llamaría y le dejaría un mensaje sencillo: "¿Dónde está tu toalla?" Y eso le recordaría que tenía que resistir la tentación de ver películas eróticas. Cuando viajen, lleven fotos del cónyuge y de los hijos en un portarretrato para que puedan ponerlas sobre la mesa de luz de su cuarto de hotel.

Más allá de estas medidas externas, las internas son todavía más importantes. Necesitan decidir con anticipación que están comprometidos con Cristo, y no vacilar. Las parejas deberían orar juntos antes de que uno salga de viaje y satisfacer sus mutuas necesidades sexuales antes de partir. Llámense y hablen entre ustedes a lo largo del día. Vigilen sus corazones. Y luego, confíen en el otro.

Lee lo que nos dijo Kimberly:

Testimonios del Frente de Batalla

"Mi esposo viaja bastante seguido con mujeres, pero se asegura de que yo conozca a las personas con quienes tiene que viajar y cenamos los tres antes del viaje. Cuando otros hombres que trabajan para mi marido tienen que viajar como él, se cerciora de que la esposa conozca a la persona con quien tiene que viajar y viceversa. Mi esposo lleva fotos mías y de nuestros hijos en la billetera y siempre las muestra y habla de su familia con cada

mujer con la que viaja o cena. Eso define la situación. ¡Si alguna
mujer estuviera interesada en él, sabe que tendrá que vérselas
conmigo!"

42. Siento atracción por una amiga de mi pareja. ¿Qué debería hacer? ¿Se lo digo a esa persona? ¿Se lo cuento a mi pareja?

Cuida tu corazón y corre hacia la salida más cercana. Literalmente.

Con frecuencia escuchamos que esto sucede en amistades íntimas o en pequeños grupos, y los pequeños grupos cristianos no son la excepción. Hay conexión, una relación, cierta historia compartida. Pero si esperas ansiosamente ver a esa persona, y te sientes desilusionado(a) si no asiste a una reunión, o te vistes de manera especial para esa persona, tienes que reconocer esas acciones como banderas rojas y advertir el peligro. Es mejor que detengas la marcha y te ocupes de la situación antes de que se salga de control. Observa con sabiduría tu comportamiento y advierte que si obras de de acuerdo a la atracción que sientes, destruirás a varias amistades y familias. Será peor y más desastroso cuando termine. Satanás quiere que lo creas de otra manera. Pero no vale la pena.

No visites a la persona que te atrae ni a su cónyuge. Acude a Dios en primer lugar y luego a tu cónyuge. No hables con nadie más, a menos que tú y tu pareja estén de acuerdo en hacerlo.

Examina cuidadosamente lo que está pasando. Pídele a Dios que te muestre por qué te sientes así. Las personas se sienten atraídas por diferentes motivos. Talvez tu pareja no está respondiendo a alguna de tus necesidades (por ejemplo, de intimidad espiritual), y esta persona te habla de cosas espirituales. Quizás esta persona tenga algunas características que te gustaría que tu pareja tuviera. O talvez sólo necesites más tiempo y atención de tu cónyuge.

La Biblia dice: "Cuida tu corazón, porque de él mana la vida" (Proverbios 4:23). ¿Cómo lo cuidas? Lo cuidas cuando estás en una relación estrecha con el Señor Jesús. Toma esa atracción que sientes por esa persona fuera de tu pareja y confiésala a Él; de todas maneras Él ya la conoce.

> Ustedes no han sufrido ninguna tentación que no sea
> común al género humano. Pero Dios es fiel, y no
> permitirá que ustedes sean tentados más allá de lo
> que puedan aguantar. Más bien, cuando llegue la
> tentación, él les dará también una salida a fin de que
> puedan resistir.   **1 Corintios 10:13**

Tienes que decidir qué hacer. Talvez seas capaz de manejar el
asunto solo(a), mediante la oración, cuidando tu corazón, y actuando
con discernimiento cuando la persona esté cerca. O talvez necesites
hablar con tu pareja, con sensibilidad, de lo que necesitas de él o ella
(y qué es lo que te atrae de esa otra persona). Si decides que necesitas
evitar ver a la otra persona por completo, quizás tengas que abordar
el tema con tu cónyuge, porque talvez él o ella necesiten saber el
por qué.

Consejos de Entrenamiento: Cuatro Barreras Contra la Tentación Sexual

1. **Una relación estrecha con Dios.** Una relación vital y creciente con Dios es tu barrera más fuerte. Él sabe cómo estás diseñado(a) emocional y sexualmente. En la medida que estés más cerca de Él, mayor será tu acceso a su sabiduría y consejo para resistir a la tentación sexual.
2. **Una relación prudente con las personas del sexo opuesto.** No estamos proponiendo que cortes toda relación con el sexo opuesto. Hablamos de ser cauto(a) y de estar alerta a tus propias tentaciones manteniendo un margen de distancia física y emocional que te proteja.
3. **Una relación abierta con otros cristianos.** Necesitas un pequeño grupo de amigos de confianza que te alienten a mantenerte puro(a), que te sostengan cuando estés luchando y que te restauren si te sales del camino de alguna manera.
4. **Una relación satisfactoria con tu cónyuge.** Cuando tienes sed emocional o sexual, sáciala con tu pareja. Cuando estás plenamente satisfecho(a) en tu relación, no necesitas buscar gratificación en ningún otro lado.

43. Me gusta otra persona, pero no me he involucrado físicamente. ¿Está mal eso?

Sí. En realidad, puedes ser infiel sin tener una relación sexual. La infidelidad emocional es adulterio. Se ha producido una atadura y una conexión y se ha cruzado el límite.

Muy a menudo escuchamos esta pregunta. Sugerimos que cuides el corazón de tu cónyuge orando con tu compañero. Sin embargo, cuando una persona fuera de tu matrimonio está intentando unirse a ti en oración o deseando estudiar las Escrituras contigo, talvez esté intentado conectarse emocionalmente. Decimos que la persona no está "orando" contigo, sino "aprovechándose" de ti, y tú eres el objetivo. Así es como los cristianos son atraídos muy a menudo. Creen que tienen esta conexión espiritual y que es pura, pero con frecuencia el vínculo emocional se intensifica y de pronto están viviendo una atadura sentimental hecha y derecha. Aun cuando no haya habido sexo, la violación al matrimonio ha sido así de fuerte.

Hace algunos años, un libro llamado *Temptations Men Face [Las Tentaciones que Enfrentan los Hombres]* de Tom Eisenman describió doce pasos para una relación adúltera. Los diez primeros meramente conducen hacia el paso número once, y ninguno de estos diez primeros involucra el sexo. En cambio, esos diez pasos iniciales desgastan al hombre y a la mujer hasta el punto donde comienzan la relación sexual en el paso once. Comienza con tomar en cuenta a la otra persona, luego se producen encuentros sorpresivos, después encuentros planeados, contactos sin afecto, contactos afectuosos y finalmente apasionados. El paso once es la capitulación; ahí es cuando ocurre el contacto sexual. Es importante comprender que cuando ya han ocurrido los diez primeros pasos, no existe un gran salto del diez al once. El paso número doce, entonces, es la aceptación del romance.

La mujer necesita entender que si se encuentra en una relación inadecuada con un hombre, invariablemente avanzará hasta involucrarse sexualmente. El hombre tiene que entender que las mujeres especialmente atentas en lo emocional talvez estén buscando esa clase de relación.

Jesús habló sobre este peligro: "Ustedes han oído que se dijo: 'No cometas adulterio.' Pero yo les digo que cualquiera que mira a una mujer y la codicia ya ha cometido adulterio con ella en el corazón" (Mateo 5:27-28). Jesús advirtió que la primera mirada inicia una conexión que puede llevar a la infidelidad emocional y a menudo, a un auténtico adulterio.

Pasos hacia una Aventura Amorosa

1. La aventura amorosa no es necesariamente producto de un matrimonio infeliz. Talvez eso te llame la atención. Puede comenzar con una mirada que diga simplemente: "Me pareces interesante". Una aventura amorosa a menudo comienza simplemente con una amistad con una persona del sexo opuesto, alguien del trabajo, de la iglesia, un vecino, o inclusive uno de los maestros o entrenadores de tus hijos. Talvez comiencen a compartir conversaciones íntimas sobre cosas que consideran valiosas: tus hijos, tu andar con Cristo, tus puntos de vista. Y la luz roja más grande se prende cuando comienzas a compartir problemas de tu propio matrimonio.

2. El segundo paso se da cuando comienza a desarrollarse mayor apertura, vulnerabilidad, química y la amistad se convierte en romance. Se toman el trabajo de encontrarse. Almuerzan juntos a solas. Haces o recibes llamadas cuando tu pareja no está. Usas tu teléfono celular para hacer llamadas inapropiadas.

3. Mientras la conexión emocional con esta persona crece, con tu pareja empieza a desintegrarse, compartes más sobre tus frustraciones y logros con esa persona que con tu cónyuge. En tu matrimonio surgen discusiones y conflictos. Quizás te alejes de tu cónyuge y como consecuencia recurras a esta amistad o colega en busca de compañerismo y apoyo. Ya no te sientes enamorado de tu pareja y la atracción por la otra persona aumenta.

4. De ahí en adelante, queda sólo un corto trecho para declarar esos sentimientos y pasar del apego emocional a un encuentro sexual y a un auténtico romance.

44. ¿El adulterio es motivo de divorcio? ¿Existe alguna forma de salvar nuestro matrimonio después de lo ocurrido?

Continuamente vemos matrimonios rescatados, aun después de que ha habido adulterio. El adulterio es sin duda una razón para el divorcio. Las Escrituras permiten el divorcio por causa de adulterio (Mateo 5:32). Pero si estás enfrentando una situación en la que tu cónyuge ha cometido adulterio, no significa que automáticamente debas divorciarte. Pregúntate a ti mismo(a) qué es lo mejor para Dios. La reconciliación y la restauración son posibles; lo hemos visto.

> En eso, unos fariseos se le acercaron (a Jesús) y, para ponerlo a prueba, le preguntaron: "¿Está permitido que un hombre se divorcie de su esposa?" "¿Qué les mandó Moisés?", replicó Jesús. "Moisés permitió que un hombre le escribiera un certificado de divorcio y la despidiera", contestaron ellos. "Esa ley la escribió Moisés para ustedes por lo obstinados que son – aclaró Jesús -. Pero al principio de la creación Dios 'los hizo hombre y mujer '. Por eso dejará el hombre a su padre y a su madre, y se unirá a su esposa, y los dos llegarán a ser un solo cuerpo. Así que ya no son dos, sino uno solo. Por tanto, lo que Dios ha unido, que no lo separe el hombre".
>
> **Marcos 10:2-9**

Cuando ha habido adulterio, la pareja que busca reconciliarse necesita recibir consejería cristiana seria que se ocupe de los asuntos que hay detrás del adulterio. ¿Qué modelos viejos tienen que romper? ¿Qué necesidades no están siendo satisfechas? ¿Qué es necesario cambiar en cada persona? Será un trabajo arduo; demandará quebranto, confesión, honestidad, oración, lágrimas y ayuda de otras personas compasivas y de consejeros. Pero se puede lograr. Dios hace cosas extraordinarias con corazones rotos y contritos.

> Así dice el Señor: . . . "Yo estimo a los pobres y contritos de espíritu."   -   **Isaías 66:1-2**

45. Hemos atravesado el sufrimiento de una infidelidad. Queremos seguir adelante y lograr un matrimonio más fuerte. ¿Cómo podemos hacerlo?

El objetivo final es reconstruir la confianza. Recobrarse de un adulterio lleva mucho tiempo y esfuerzo, durante el cual un consejero puede ayudar, pero después de una aventura hay dos aspectos importantes que superar: tener compromiso y expectativas realistas sobre cada uno de ustedes. Es difícil, pero puede suceder. Uno de nuestros oyentes, que sabe que Dios se especializa en las situaciones desesperanzadas, nos relató esto:

Testimonios del Frente de Batalla

"Me gustaría darles ánimo a todas las parejas diciéndoles que no importa qué haya pasado, su matrimonio puede revivir. Yo estaba metido en pornografía y se convirtió en una adicción sexual. Tuve muchas aventuras y finalmente abandoné a mi esposa. Fui al terapeuta de mi esposa y le dije que existía un uno por ciento de probabilidad de que volviera a mi matrimonio, pero que le dejaría ese uno por ciento a Dios. Mi esposa y yo fuimos a terapia y descubrí la verdad acerca de la adicción sexual. Encontré la ayuda que necesitaba para tratar esa adicción. Nuestro matrimonio ahora es más fuerte que nunca, todo porque Dios tomó esa oportunidad del uno por ciento y la hizo funcionar."

Comiencen cada día sin borrones de cuentas pasadas, y vivan obedientemente en el poder del Espíritu Santo que está dentro de ustedes. Díganle no a las amenazas sobre su matrimonio y a la tentación de conformarse con ser menos que la persona a la cual Dios los ha llamado a ser. Tomen la determinación de cuidar el corazón, porque sólo ustedes son responsables de sus propios pensamientos, palabras y acciones. Son ustedes los que deben decir: "¡De ninguna manera!" cuando sean tentados a poner en peligro el rol como esposo o esposa, y luego aléjense del camino del pecado.

Necesitan una mentalidad combativa. Tienen que trazar una línea en la arena y declarar al enemigo de su corazón: "Yo no". Necesitan hacer el compromiso de guardar su corazón a toda costa. Y luego realizar ese compromiso a diario (y a cada hora).

Tomen la decisión de que conscientemente no harán o dirán nada que perjudique a su matrimonio nuevamente. En forma individual y como pareja, comprométanse a vivir obedientemente y a crear una forma de vida que honre a Jesucristo. Decidan dejar como herencia dos buenas historias de vida, modelos que alentarán y prepararán a sus hijos y nietos para sus matrimonios. Talvez cada uno de ustedes quiera hacer algo concreto, como escribir su compromiso. Después de que cada uno escriba el suyo, hagan uno en conjunto. Luego, fírmenlo y guárdenlo donde puedan verlo a menudo.

Sean consecuentes con los principios básicos. Estudien a diario la Biblia. Compartan lo que han leído y descubierto. Oren a diario, a solas y juntos. Confiésenle a Dios cualquier pecado que reconozcan en su vida. Vivan de una manera irreprochable todas tus actividades de manera que la luz de Dios pueda brillar a través de ustedes.

> Entre ustedes ni siquiera debe mencionarse la inmoralidad sexual, ni ninguna clase de impureza o de avaricia, porque eso no es propio del pueblo santo de Dios.   **Efesios 5:3**

Una vez que resolvieron cuidar el corazón contra todas las amenazas al matrimonio y a la familia, ¿cuánto del compromiso podrán mantener con sus propias fuerzas? Si la respuesta fue nada, quizás necesitan revisarla. Jesús nos dijo: "Yo soy la vid y ustedes son las ramas. El que permanece en mí, como yo en él, dará mucho fruto; separados de mí ustedes no pueden hacer nada" (Juan 15:5). Es verdad, no pueden hacer nada separados de la dependencia de Jesucristo. Si quieren cuidar el corazón, necesitan verse como una rama completamente dependiente de la vid a la cual están unidos.

Jesús es la vid; ustedes son las ramas. Necesitan confiar diariamente que Jesús cuidará su corazón. El pastor no puede hacerlo por ustedes y el predicador favorito de la TV tampoco. El grupo de estudio bíblico, sus mentores y todos los buenos libros cristianos y grabaciones que lleguen a sus manos tampoco pueden hacerlo. Todas estas cosas pueden ayudarlos y enseñarles, pero solamente Cristo puede de verdad cuidar el corazón. No pueden hacer nada sin Jesús, pero *con* él lo pueden todo. Como dio testimonio el apóstol Pablo con confianza: "Todo lo puedo en Cristo que me fortalece" (Filipenses 4:13).

Dios conoce nuestros corazones. Él conoce nuestros temores. Dios

Consejos de Entrenamiento: Sanándose de la Infidelidad

Para el cónyuge que fue infiel:

1. Corta inmediatamente el contacto con la otra persona. Para reconstruir la confianza, necesitas poner límites. Informa a tu consejero y a tu cónyuge si llegas a tener contacto con esa persona.
2. Contesta todas las preguntas que haga tu cónyuge. La sinceridad muestra respeto, honradez e igualdad.
3. Sé paciente con las emociones cambiantes de tu cónyuge. Son comprensibles.
4. Comprométete a ser honesto en todas las áreas de tu vida. Tu palabra representa todo para tu pareja.

Para el cónyuge que se ha mantenido fiel:

1. Haz preguntas solamente si quieres oír la verdad. Demasiados detalles pueden producir muchos malos recuerdos que podrían estorbar en el proceso de sanidad.
2. Evita la tentación de usar la información como una manera de chantajear a tu pareja por otros problemas.
3. Permítete tanto como dos años para recobrarte emocionalmente después del adulterio.
4. Pelea contra las dudas, los miedos y el dolor diciendo una oración sencilla cada vez que te vengan a la mente. (Por ejemplo: "Ayúdame, Señor. Ayúdame. Señor, por favor cuida mi corazón y mis pensamientos de estos pensamientos que me atacan y me debilitan. Dame tu fuerza porque es la única manera de salir de esto.")

Para ambos:

1. Busquen firme consejo bíblico. Encuéntrense con un consejero en forma individual y como pareja para recibir instrucciones prácticas en las áreas donde su matrimonio necesita sanidad.
2. Dense cuenta de que Dios puede salvar el matrimonio más desesperado y destruido. Concéntrense en perdonar a su compañero sabiendo que la verdadera batalla es contra las fuerzas espirituales de las tinieblas, no contra carne y sangre.
3. Sean conscientes de que sin importar cuánto hayan pecado contra Dios y contra su cónyuge, Dios está preparado para darles un nuevo comienzo.

conoce nuestros pecados. Conoce nuestros pensamientos más profundos antes de que vengan a nuestra mente. Y sin embargo, a menudo intentamos ignorar o pasar por alto nuestras luchas internas, tentaciones y actitudes, esperando que no se evidencien. Equivocadamente pensamos que si seguimos adelante con una actitud mental de 'tan-ocupada-como-siempre', Dios no se ofenderá.

Nuestro libro *Guard Your Heart* [*Guarda Tu Corazón*] puede ayudarlos a proteger su matrimonio mientras aprenden técnicas para cuidar su propio corazón y el de su cónyuge. El cuadernillo de ejercicios *Guarding Love* [*Amor que Protege*] es una herramienta efectiva para ser usado por parejas o grupos en conjunto con *Guarding Your Heart* [*Cuida tu Corazón*].

Una clave fundamental para guardar el corazón es confesarle a Dios lo que Él ya sabe y ve. No se alejen de Dios cuando se equivoquen. Sean francos con Él. Confiésenle todo, incluso cómo se sienten. Él no los dejará. Está disponible para ustedes todo el día, todos los días. Quiere involucrarse en todo lo que están involucrados, incluyendo el matrimonio. Mientras se abran a Él de corazón, se conectarán con la sangre viviente de la vid, Jesucristo, el máximo guardián de su corazón.

CAPÍTULO 5

La Fe

Preguntas de este capítulo:

46. ¿Cuál es el rol de la fe en nuestro matrimonio?

La Biblia nos amonesta a no "asociarse con" o "ser compañeros de" personas que no sean cristianas (2 Corintios 6:14). Eso quiere decir que el común denominador en un matrimonio cristiano es la relación con Jesucristo. Muchas parejas que salen o están comprometidas no se dan cuenta de cuán importante es esto hasta que llegan al matrimonio y se golpean contra una pared con reiterados conflictos sobre cada asunto de importancia. Necesitan que el Señor Jesús sea el pegamento que les dé la fe y la fuerza para humillarse y poder superar los conflictos. Cuando Jesucristo está en medio de su matrimonio (en los buenos y malos momentos) experimentan una profundidad y riqueza que de otra manera no podrían tener. Es una cuestión de perspectiva. En cambio chocarán si alguno de los dos no comparte una relación personal con Jesucristo.

La importancia de la conexión espiritual va más allá de lo imaginado; es vital para un matrimonio sano. Muchas de las parejas cristianas con las que hablamos saben cuán importante es compartir una vida espiritual más profunda, pero de alguna manera nunca permiten que esto suceda. Sus intenciones son buenas, pero sus excusas ("No tengo tiempo para cosas espirituales", "Me parece que Dios espera más de lo que nosotros podemos hacer", "A mi pareja no le interesa"), las anulan fácilmente. Hay muchísimos hogares (incluso hogares cristianos) en los cuales la pareja no tiene conexión espiritual y el matrimonio sigue naturalmente.

Todas las parejas necesitan intimidad a nivel espiritual. Si quieren disfrutar del nivel más profundo de conexión en el matrimonio, necesitan desarrollar una intimidad espiritual en la relación. Es un matrimonio de tres, una relación íntima entre el Señor, un esposo y su mujer. La intimidad profunda sucede cuando dos corazones, dos cuerpos y dos almas se conectan con el Dios que los ha creado y diseñado el matrimonio.

Cuando enfrenten conflictos, presiones o decisiones en el matrimonio, busquen las respuestas en Dios. Cuando depositen su fe en el Creador del universo, podrán salir adelante. De hecho, harán más que sobrevivir las pérdidas, heridas, fracasos financieros y otras desilusiones que les trae la vida. El matrimonio será más rico en los momentos de pruebas. Su fe en Cristo les dará la capacidad de profundizar más y experimentar la solidez y la fortaleza para vencer como nunca lo imaginaron. Cuando enfrenten una prueba, no estarán solos. Diríjanse a Dios y díganle cada uno: "Ayúdame, Dios. Ayúdame a comprender lo que tú quieres que haga en esta situación. Ayúdame a saber cómo ayudar a mi pareja. Ayúdame a aprender lo que tú quieres que aprenda con esto. Ayúdame a dar el siguiente paso."

47. ¿Cómo podemos crecer juntos espiritualmente mi pareja y yo?

Tú y tu pareja necesitan crecer espiritualmente. Y mientras no seas responsable por el crecimiento de tu esposo o esposa, puedes ayudar o estorbar ese crecimiento de manera decisiva. Anímense el uno al otro a participar en los ambientes donde puedan crecer en su relación con Cristo: estudios bíblicos, grupos de oración, grupos de discipulado, conferencias. Y luego, haz lo que esté a tu alcance (por ejemplo cuidar a los niños) para permitir que tu cónyuge aproveche esas oportunidades.

Te damos una serie de maneras específicas para que tú y tu cónyuge crezcan juntos en intimidad espiritual:

Anímense a dedicar un tiempo a la oración y al estudio de la Biblia. Cada uno de ustedes necesita estudiar la Biblia diariamente por sí mismo. Puedes duplicar tus descubrimientos compartiendo lo que has aprendido con tu pareja. Talvez ambos quieran utilizar algo como *La Biblia en un Año* (Tyndale House), que divide la Biblia en 365 lecturas diarias. Cuando ambos lean el mismo pasaje, pueden compartir lo que han aprendido. En nuestro hogar, Bárbara y yo tenemos cada uno un ejemplar de *La Biblia en un Año*. A menudo ella la lee temprano en la mañana, subrayando y apuntando lo que Dios le revela. Yo suelo leerla durante la mañana o en algún momento del día en la oficina. Cuando estamos preparándonos para los programas de radio, compartimos con el otro y con nuestros oyentes lo que Dios acaba de decirnos. Talvez estemos en el automóvil o preparándonos para ir a descansar, cuando uno de nosotros comparte lo que Dios le ha revelado en su Palabra.

Fomenten la participación en la comunión y en la adoración. La esencia de la comunión cristiana es la comunión semanal y la participación en un cuerpo de cristianos. Ustedes necesitan tener contacto continuo con personas con quienes puedan conocerse.

Promuevan la expresión de los dones espirituales. Cada cristiano tiene dones espirituales únicos para ser usados en el reino de Dios. Alienta a tu cónyuge para que use los dones que ves en él o ella.

No dejes de poner en práctica todas las formas que encuentres de construir intimidad espiritual. Uno de los regalos más grandes que puedes darle a tu compañero de toda la vida es un compromiso permanente de crecimiento espiritual. Y no demores el comienzo.

Las Diez	Las 10 principales formas de crecer espiritualmente como pareja

1. Lean la Biblia por separado.

2. Lean la Biblia juntos.

3. Oren juntos en voz alta.

4. Tómense de la mano cuando oran juntos.

5. Hagan del domingo un día importante pero relajado. Asistan a la iglesia juntos.

6. Sean responsable el uno ante el otro, con palabras y cuando oran.

7. Aliéntense mutuamente a ser responsables en las relaciones con otras personas.

8. Pasen tiempo con otras parejas, en pequeños grupos.

9. Busquen consejeros que los ayuden a crecer espiritualmente.

10. Reconozcan sus bendiciones. Agradezcan a Dios por lo que tienen.

---

48. ¿Qué función cumple leer la Biblia y orar juntos en un matrimonio? ¿Tienen alguna sugerencia de cómo comenzar?

A menudo decimos que la intimidad espiritual mejora muchas áreas de la vida personal, no sólo la espiritual. Créase o no, la intimidad espiritual también puede mejorar la definición de conflictos, las relaciones sexuales, el romance y hasta la crianza de los hijos.

¿No lo creen? Lean la historia de Silvina:

Testimonios del Frente de Batalla

"Hemos estado casados durante treinta y cinco años y hace apenas un par de años que oramos juntos de una manera que vale la pena. Esto le ha dado mucho significado a cada área de nuestro matrimonio. Había deseado esto durante mucho tiempo, y creo que lo que marcó la diferencia fue que mi esposo se volviera completamente a Dios. Ahora pasamos los sábados en la mañana estudiando la Biblia y oramos prácticamente por todo el mundo. De toda la semana, es mi momento favorito. Sólo oramos y estudiamos y hablamos sobre nuestros asuntos de la semana. Es absolutamente encantador. Nos ha hecho sentir otra vez como recién casados. Y sé que se debe a la intimidad que la oración le ha aportado a nuestro matrimonio."

Queremos alentarlos a que den el primer paso y den luego uno por vez. Lean juntos la Biblia la primera vez. Oren juntos. Luego, háganlo otra vez. Y otra. No se engañen diciendo que la leerán juntos todas las noches entre las 7:15 y las 7:30. Pero si un horario fijo resulta conveniente, establezcan un horario. Hagan cualquier cosa que los motive. Sencillamente, comiencen. Den el salto. Luego permitan que continúe a partir de allí. Quizás el comprometerse a usar un devocional de treinta días los ayude a cumplir con este propósito. Nuestro devocional para parejas, *Renewing Your Love [Renovando tu Amor]*, ofrece una gran ayuda para que se conecten entre ustedes y con Dios.

Testimonios del Frente de Batalla

"Mi esposo y yo nos casamos hace cinco años. Nos asombra la manera en que Dios nos unió. Cada mañana, durante estos cinco años, ponemos una almohada al costado de la cama, nos arrodillamos y oramos el uno por el otro. Leemos nuestra Biblia durante quince minutos cada día. La estamos leyendo completa. Ha sido una bendición para nosotros. Es la mejor manera de

*comenzar el día. Es una bendición escuchar a mi esposo orar por
mí. Él pide protección para mí por si debo enfrentar algo difícil
ese día. Y si ese momento llega y tengo que enfrentarlo, recuerdo
que han orado por mí. Eso me hace sentir tan amada . . ."*

49. Nosotros venimos de iglesias muy diferentes. ¿Qué consejo pueden brindarnos para encontrar una iglesia donde ambos nos sintamos cómodos?

Ángela nos hizo un día las siguientes preguntas:

Testimonios del Frente de Batalla

*"Mi esposo y yo tenemos dificultades para disfrutar juntos de
una iglesia. Quisiera saber qué piensan ustedes de que vayamos
a dos iglesias distintas. ¿Está bien que lo hagamos? ¿O tenemos
que estar juntos? ¿Podemos alternar yendo un domingo a una y
el siguiente a otra?"*

Le respondimos diciéndole que el resultado debería ser que ambos
adoren en una iglesia local y bíblica regularmente. Ángela también tenía
hijos, lo cual hacía que la cuestión fuera aun más importante.

¿Cómo llegan al punto en el que luchan para encontrar una iglesia
que "sea la adecuada" para ambos? No tiene que ser la "tuya" versus la
"mía". Cuando ambos provienen de diferentes contextos y estilos de
alabanza, talvez lleve algún tiempo. Primero, decidan cuáles son las
cosas que no se discuten: les gustaría encontrar una iglesia que predique la Palabra de Dios, que enseñe la verdad, que crea en la relación
personal con Jesucristo como Señor y Salvador, que predique el mensaje de salvación, etcétera. Con esas cosas no se puede transigir. Después de eso, examinen los aspectos negociables. ¿Es importante el
tamaño de la iglesia, el tipo de música? ¿Hay una buena escuela
dominical y programas juveniles para los chicos? El objetivo tiene
que ser encontrar un lugar donde puedan ir juntos como marido y
mujer a alabar y a orar, y donde sus hijos disfruten de ese tiempo
junto a papá y mamá.

Talvez pasen unos meses de aquí para allá entre los tipos de iglesias a las que cada uno solía ir. Sean abiertos. Comuníquense. Oren juntos. Pero no busquen durante demasiado tiempo. Finalmente, talvez sea necesario que intenten en algunas iglesias nuevas para ambos. Pero si el problema no es *ir* a la iglesia, sino a *cuál*, pueden considerarse benditos.

Recuerda que Dios da la responsabilidad espiritual máxima a los esposos (Efesios 5:23). Mientras la esposa sostenga a su marido en el liderazgo espiritual, le dará a él la confianza de crecer espiritualmente como hombre. De manera que si el hombre tiene una fuerte inclinación hacia una iglesia en particular, la mujer quizás haría bien en aceptar su liderazgo. Talvez ella pueda satisfacer otras necesidades espirituales asistiendo a los estudios bíblicos femeninos de otra iglesia. La idea es hacer que la asistencia a la iglesia sea viable, y confiar a Dios el resultado. Las Escrituras dicen: "Y si una familia está dividida contra sí misma, esa familia no puede mantenerse en pie" (Marcos 3:25). Si tus hijos ven que sus padres salen en direcciones diferentes los domingos en la mañana, estarán marcados por ese sentimiento de pérdida cuando se trate de tener fe y relación con Dios. Marido y mujer tienen que trabajar juntos, por el bien de su matrimonio y de sus hijos.

50. Me casé con una persona que no es cristiana, y que no toma en serio mi fe. ¿Cómo puedo continuar creciendo en mi fe y a la vez ser un buen cónyuge?

Esta es una de las cosas más difíciles con que los cristianos tienen que lidiar. Por eso es que ponemos tanto énfasis en que los cristianos se casen con cristianos. Hay una razón para la amonestación en las Escrituras, y es justamente esta: la pena que enfrentan los creyentes que no pueden compartir la parte más importante de sus vidas con sus cónyuges. Es muy difícil. Es comprensible sentirse decepcionado y frustrado. Está bien que reconozcas tus sentimientos. Quizás hayas ingresado al matrimonio cuando todavía no caminabas con Cristo. O quizás eras cristiano e ignoraste la amonestación de Dios sencillamente porque estabas muy "enamorado", o quizás, te convertiste después de casarte y ahora tienes esta relación con Dios que te gustaría compartir con tu marido o tu mujer.

Cualquiera sea el caso, una vez que te casaste, casado estás. ¿Qué haces, entonces? No se te ocurra darte por vencido. A veces escuchamos a personas en la consejería que dicen: "Dios me está diciendo que deje a mi pareja para poder casarme con otra persona que sí es cristiana." Dios no hace eso. Dios nunca se contradice a sí mismo, por eso cuando dice en su Palabra que odia el divorcio, jamás le dirá a alguien que se divorcie. Estás casado por una razón, y Dios lo resolverá para su gloria. Por eso tu trabajo es orar, ¡y orar fielmente! Ten en cuenta que talvez seas la única persona que ora por tu pareja, al menos, de la manera que sólo tú puedes orar por ella o él.

> Así mismo, esposas, sométanse a sus esposos, de modo que si algunos de ellos no creen en la palabra, puedan ser ganados más por el comportamiento de ustedes que por sus palabras, al observar su conducta íntegra y respetuosa.   **1 Pedro 3:1-2**

Acude al Señor del universo, porque amas a tu cónyuge. Ora por su salvación, y luego ama a tu cónyuge con la clase de amor que Jesús te mostró: paciente, amable, perdonador, comprensivo con tus defectos. Muestra respeto y honor por tu pareja. Ámalo de la forma en que Jesús lo ama. Quizás un amor así sea capaz de atraerlo a Jesús.

51. Mi pareja está luchando espiritualmente. ¿Qué puedo hacer para ayudarla?

¿Alguna vez sentiste como si te faltara algo en la vida, como si una parte de tu matrimonio estuviera vacía, y no supieras exactamente qué hacer al respecto? Talvez puedas comprender este correo electrónico que hemos recibido:

Testimonios del Frente de Batalla

"Mi matrimonio está atravesando una crisis. Al principio me atraía de mi esposo su apasionado amor por el Señor y su disposición a servirle en grupos de adoración y estudios bíblicos. Estaba lleno de fuego. Pero, después de que tuvimos a nuestros

hijos, él dejó de compartir lo que Dios estaba haciendo en él. Continuaba asistiendo a la iglesia, pero parecía estar más preocupado por sus responsabilidades laborales. Ahora, es como si a propósito no lograra conectarse conmigo espiritualmente. Sé que algo está pasando en su corazón. Temo que haya estado ocultándome algo para protegerse por algún pecado: quizás una preocupación o una mentira. Veo que mis hijos están siendo afectados por su apatía espiritual. Extraño a mi esposo consagrado. ¿Cómo puedo ayudarlo en su ardua lucha si no se abre a mí?"

Hemos alentado a esta mujer para que intercediera en oración por el bien de su esposo. Antes de tratar de arreglar la situación, antes de que intentes expresar lo que piensas que está mal, antes de irrumpir y entrar en diálogo con tu pareja que está luchando, ora. Talvez sientas que tu cónyuge está dudando en su fe o que está profundamente desanimado; talvez tengas miedo de que la presencia del pecado esté impidiendo que tenga una relación estrecha con Jesucristo. Si tu cónyuge no te lo comunica no puedes saberlo. Quizás él o ella ni siquiera sepan qué es lo que está provocando el problema. Lo mejor que puedes hacer es orar.

Las Recompensas de la Intimidad Espiritual

1. La intimidad espiritual incrementa el amor a Dios y a la pareja.
2. La intimidad espiritual les permite conectarse como almas gemelas en el nivel más profundo.
3. La intimidad espiritual los pone en línea con los propósitos de Dios y sus planes para ustedes.
4. La intimidad espiritual les permite ser una bendición el uno para el otro.
5. La intimidad espiritual hace que se pongan de acuerdo en los valores y deseos más profundos.
6. La intimidad espiritual abre las puertas a los niveles más profundos de comunicación.
7. La intimidad espiritual posibilita que el matrimonio se vuelva vibrante y sano.
8. La intimidad espiritual los conecta a un cuerpo de apoyo de hermanos en la fe.

Hazle saber a tu cónyuge que estás a su disposición. Estimúlalo. Podrías decirle algo como: "Siento que estás decayendo, que tienes miedo, que estás angustiado, no tienes fe en este momento, pero permíteme que te preste de mi fe por un rato." Eso es animar.

Dice 1 Tesalonicenses 5:11: "Anímense y edifíquense unos a otros." Cuando tu cónyuge flaquee, puedes ser como la presencia física de Dios para él o ella. Puedes dar consuelo, orar, y alentar. Además, en algún punto del camino, cuando tú también te sientas abatido(a) necesitarás que tu pareja haga lo mismo por ti.

CAPÍTULO 6

Las Amistades

Preguntas de este capítulo:

52. ¿Cuán importante es que construyamos y mantengamos amistad con otras parejas?

Tener amistad con otras parejas es muy importante. Hay tres cosas que le decimos a las personas al final de la consejería prematrimonial:

1. Cuiden su corazón.
2. Pongan en práctica siempre el perdón.
3. Relaciónense con otras parejas de la misma manera de pensar, que se amen y con quienes puedan recorrer la vida.

> En todo tiempo ama el amigo; para ayudar en la adversidad nació el hermano. **Proverbios 17:17**

En la época de nuestros padres, los matrimonios tenían amistades de toda la vida quizás porque la gente no se mudaba tanto. Es posible que ustedes se muden con frecuencia, de manera que les costará un poco más de trabajo relacionarse con otras parejas en cada lugar nuevo. Sin embargo, pueden hacerlo poniéndose en contacto con una iglesia y sus grupos pequeños, haciendo amistades en su barrio, o con los padres de los amigos de sus hijos. Es necesario que sean parejas del mismo parecer, creyentes a quienes puedan recurrir en los momentos difíciles y que comprendan el enfoque de su vida en Jesús. La única advertencia es que deberán cuidar su corazón en esas relaciones íntimas.

Las amistades que formen con otras parejas pueden aportar una riqueza y un sentido increíble a sus vidas. Recientemente leímos una historia acerca de un hombre que se cayó de una escalera. Quedó paralítico a causa de la caída, pero tiene la esperanza de volver a caminar algún día. En los tres meses siguientes al accidente, no pasó un sólo día sin que otras personas llegaran hasta su casa para consolarlo, animarlo, transportarlo o hacer cualquier otra tarea con la que él necesitara ayuda. Él había conocido a muchas de esas personas en su grupo de la iglesia. Esa clase de amistades no tienen precio. Ese es el cuerpo de Cristo, y nosotros somos llamados a enseñarnos, alentarnos y socorrernos unos a otros.

Hemos creado una serie de ocho DVD llamados *"Descubre de Nuevo el Amor de tu Vida."* Es un material excelente para grupos pequeños que podrías presentar en tu casa, o para la escuela dominical, clases vespertinas en la iglesia y hasta inclusive en retiros espirituales. Hay manuales para guiarte en la coordinación de reuniones grupales de una o dos horas. Aun sin los DVD, las parejas pueden usar el cuadernillo de ejercicios *Descubre de Nuevo el Amor de tu Vida*, junto con nuestro libro *Divorce-Proof Your Marriage [Matrimonio a Prueba de Divorcio]*, para descubrir más acerca de los seis amores que deben practicar en sus matrimonios y formas concretas de construir y proteger un matrimonio sano.

53. ¿Existen temas específicos sobre mi pareja que no deberían ser parte de las conversaciones con mis amigos? ¿Dónde debería trazar la línea divisoria?

Una de las cosas que nos gusta poner en práctica cuando interactuamos por separado con nuestros amigos es hacernos a la idea de que nuestra pareja también está allí. Si estás a punto de decir algo sobre tu cónyuge, piensa qué dirías si él o ella también estuviera allí. ¿Sonreiría? Si no es así, probablemente estés por violar un límite y lo que estás pensando decir, no debería expresarse. No hables de algo que avergonzaría a tu cónyuge, especialmente sobre asuntos sexuales.

> Imiten a Dios, como hijos muy amados, y lleven una vida de amor, así como Cristo nos amó y se entregó por nosotros como ofrenda y sacrificio fragante para Dios. **Efesios 5:1-2**

Las personas a veces acuden a sus pequeños grupos o a los estudios bíblicos y comienzan a contar historias. Si te apresuras a superar la última historia, talvez te encuentres exponiendo algo sobre tu cónyuge que resulte vergonzoso. No lo hagas. En lugar de eso, mantente dentro de los límites. En todos los comentarios acerca de tu cónyuge, muestra honradez, respeto y amor.

Lo fundamental es preguntarte siempre: ¿Lo que voy a decir honrará a mi pareja? ¿Es de ayuda o la lastimará? ¿Es respetuoso o lo ridiculiza? Piensa en estas preguntas antes de abrir la boca.

54. Una persona del otro sexo constantemente coquetea con mi cónyuge en mi presencia. ¿Cómo debería yo manejar esta situación?

Te sientes celoso(a) cuando vives la amenaza potencial de un(a) rival. No importa cuánto intente tranquilizarte tu cónyuge, el interés de otra persona en él(ella) te levanta todas las banderas rojas. Lee este correo electrónico:

Testimonios del Frente de Batalla

"Mi esposo está muy celoso de un colega con quien he estado trabajando durante varios años en un proyecto. A menudo, cuando llego a casa, sarcásticamente dice cosas como: '¿Está bien tu novio?' A pesar de su fachada socarrona, sé que habla en serio. Hasta comenta con nuestros familiares y amigos sobre esa persona, como si tratara de aliarlos en mi contra. Yo le he dicho cantidad de veces que mi colega es sólo un amigo, pero mi esposo sigue desconfiando de nuestra relación. Estoy comenzando a evitar nuestras conversaciones íntimas, porque siempre trae a colación el tema. Es muy frustrante. ¿Cómo puedo asegurarle mi amor por él y a la vez quedarme tranquila de que no seguirá con esos celos irracionales?"

Talvez todos nos sentimos ocasionalmente celosos cuando nuestra pareja está pasándola muy bien con una persona del sexo opuesto. Los

Consejos de Entrenamiento: Tratando con una Pareja Celosa

Si tienes un cónyuge celoso(a), haz una auto-evaluación:

1. Mira si estás haciendo algo que provoque esos celos.
2. Pon fin a esa actividad o complicación para mostrarle a tu cónyuge que estás consagrado(a) a tu relación matrimonial.
3. Demuéstrale amor a tu pareja.
4. Habla sinceramente con él o ella sobre el problema. Haz que lo acepte (los sentimientos pueden ser legítimos), y trabajen juntos para encontrar una solución.

celos pueden ser tanto saludables como enfermizos. Los *celos saludables* son una manera de cuidar tu territorio. Provienen de un cuidado sincero y del compromiso con una relación. Los *celos enfermizos* incluyen mentiras, amenazas, autocompasión, sentimientos de insuficiencia, inferioridad e inseguridad.

Los celos saludables cuidan el corazón de un matrimonio. Dios te llama a respetar los celos de parte de tu cónyuge bajo la forma de advertencias sobre un peligro anticipado. Si tu cónyuge es una persona segura y quiere proteger tu matrimonio de una ruptura, conviene que escuches. Aborda el tema frontalmente, identificando el motivo de los celos y luego establece los cambios necesarios para mantenerse (ambos) fuera de peligro. Escucha a tu cónyuge. Un esposo comprende cómo piensan los hombres, por lo tanto, sería necio de tu parte no hacer caso de sus advertencias. Una esposa puede sentir cuándo otras personas tienen motivos equivocados. Su intuición a menudo da en el blanco.

Considera a los celos saludables como un don de Dios que los mantendrá fuera de peligro. Hombres: confíen en el instinto de su esposa. Si ella sugiere que otra mujer se está comportando inadecuadamente, es probable que tenga razón. La mayoría de las mujeres tienen un radar, una alerta innata a la comunicación no verbal y una habilidad de traducir el lenguaje corporal y el tono en datos emocionales. Tu esposa talvez sea capaz de ver estas cosas claramente, así que no la critiques o la culpes de inseguridad por sus advertencias. Mujeres: confíen en los instintos de sus esposos. Ellos saben aquello que quieren los hombres y cómo lo buscan.

La Preocupación Saludable Protege Tu Matrimonio Porque . . .

- Muestra tu nivel de compromiso en la relación.
- Protege tu matrimonio salvaguardando la relación de posibles amenazas.
- Fortalece la apertura con tu cónyuge y te hace responsable a través de una comunicación honesta.
- Te ayuda a enfrentar los riesgos que pudieran amenazar tu matrimonio y a neutralizarlos antes de que se conviertan en problemas mayores.

No obstante, los celos enfermizos son completamente diferentes. Son el resultado de compararse uno mismo con los demás y sentirse inadecuado, sin importancia, inferior y digno de lástima. Cuando una persona lleva estos celos a extremos patológicos, estos dominarán la relación. Algunos cónyuges han experimentado muchas pérdidas en la vida (divorcio, muerte, abandono en la niñez) y talvez lleguen a la relación con asuntos no resueltos que se expresan en forma de celos.

Un cónyuge crónicamente celoso tratará de controlar una relación mediante la exageración, la auto-compasión, las mentiras, las amenazas y la manipulación. Cuando la otra parte se resiste, la persona celosa reacciona volviéndose aún más controladora. Entonces la otra parte sigue resistiendo, confiándose con un amigo o buscando alivio fuera del matrimonio. A veces esto puede convertirse en una espiral descendente. A menudo, buscar el consejo de un terapeuta cristiano o de un consejero ayudará a que la pareja se ocupe de estos temas.

55. Mi pareja tiene muchas amistades del sexo opuesto. ¿Es normal? ¿Debería preocuparme?

Las siguientes son algunas de las declaraciones que hemos escuchado de personas casadas y nos provocan escalofríos:

Testimonios del Frente de Batalla

Dicho por un hombre:

"Tengo una compañera de trabajo y sólo somos buenos amigos. Ella me ha confiado lo que está pasándole con su esposo."

"Esta mujer está pasándola mal. Yo trato de ayudarla escuchándola y orando con ella."

Dicho por una mujer:

"Acabo de tener noticias de un viejo amigo de la secundaria. Él y yo volvimos a comunicarnos. Fuimos juntos a la reunión

de ex compañeros y la pasamos genial. ¡Es tan bueno volver a hablar con él! Había olvidado cuánto tenemos en común."

"Este muchacho del coro es un buen amigo. De verdad nos reímos juntos. ¡Nos divertimos tanto! Lo extraño cuando no está."

Cuando esta clase de relaciones ocurren fuera del contexto matrimonial, roban algo del interior del matrimonio. Cuando escuchamos cosas como las que vimos más arriba, comenzamos a preguntarnos: ¿Podría haber aquí algún riesgo potencial para el matrimonio? Esto no quiere decir que no debas tener amistades del sexo opuesto. Deberías poder ser amigo(a) de la gente con la cual trabajas, de las personas de tu iglesia, de tus vecinos, de otras parejas. Puedes ser divertido, gracioso, amable, servicial, amigable y compasivo. Sin embargo, cruzas una línea cuando te acercas demasiado, cuando comparten secretos, cuando ventilas problemas acerca de tu cónyuge, cuando comienzas a sentirte un poco incómodo(a). Si dejas que eso continúe, estarás desarrollando una intimidad que puede entrar en el terreno resbaladizo que termina en el adulterio. Además, estás robándole a tu pareja intimidad emocional y espiritual cuando le das esa energía a otra

 ## Consejos de Entrenamiento: Lidiando con tus Propios Celos

Si tú eres el cónyuge celoso:

1. Escucha a algunos amigos en los que confíes. Los celos pueden ser tu problema, no de tu cónyuge.
2. Sé honesto(a) contigo mismo(a). Pregúntate qué está causándote esos sentimientos. ¿Estás tratando de manipular?
3. Pasa más tiempo con Dios.
4. Piensa positivamente sobre tu cónyuge. Las personas celosas usan sus pensamientos ansiosos y sospechas como pie para malinterpretar todo lo que haga su cónyuge. En lugar de eso, respira profundo y ora, por ti y por tu pareja.
5. Exprésale tus sentimientos. Confiesa tus celos. Sé sincero(a) sin culpar ni manipular.

persona. Ambos tienen que ser extremadamente cuidadosos con los amigos del sexo opuesto. Mantengan límites sanos.

56. No nos gustan los amigos que cada uno tiene. ¿Qué deberíamos hacer?

Es necesario que ambos manejen esta situación con mucha honradez, respeto y gracia. No debieras ser demasiado crítico(a) o lapidario(a) respecto a otra(s) persona(s). ¿Por qué razón no te gustan ciertos amigos de tu cónyuge? Talvez sólo sea un conflicto de personalidades. Si es así, retírate y deja que tu pareja los disfrute. No necesitas estar en el medio. Permite que tu pareja conozca tus sentimientos, y entonces él o ella podrán dejarte al margen cuando se reúnan.

Sin embargo, quizás no te guste un amigo en particular porque sientes que esa persona está coqueteando con tu cónyuge y pueda finalmente lastimar tu matrimonio. Tienes que explicarle con delicadeza estas preocupaciones a tu pareja, y ella tiene que escuchar y aceptarlas. Luego, confíen el uno en el otro. Resuélvanlo.

En última instancia lo que necesitas es aprobar las amistades de tu cónyuge; los dos necesitan pasar tiempo con los amigos de su mismo sexo. Comuníquense, establezcan límites adecuados, y estén dispuestos a ser flexibles.

CAPÍTULO 7

Encontrando Tiempo para los Dos

Preguntas de este capítulo:

57. **En nuestra pareja estamos los dos demasiado ocupados, ¿Cómo podemos estar seguros de que nuestro matrimonio sigue siendo una prioridad?**

Estar ocupado parece ser el síndrome de nuestra sociedad. Y en muchos casos, es casi una medalla de honor. "Estoy tan ocupado," decimos mientras corremos de una actividad a la otra. Nos sentimos culpables si no tenemos algo que hacer a cada momento. O menospreciamos a las personas que *no están* haciendo nada.

Quizás sea tu trabajo. O talvez hayas aceptado demasiadas responsabilidades en organizaciones voluntarias, en la escuela de tus hijos, o en la iglesia. En algún momento, aceptaste más de lo que podías manejar y ahora te arrepientes. Lo ves todo negativo. Eres pesimista. Estás más irritable de lo normal. No duermes. Y por supuesto no estás agradecido, porque te sientes demasiado agotado.

Estás estresado. ¿Qué puedes hacer cuando te encuentras agobiado por el activismo y las exigencias de la vida diaria?

Desde luego, quieres ser exitoso en todo lo que haces, pero confiamos en que someterás todas tus actividades al señorío de Cristo y recibirás el cuidado de tu pareja e hijos. Es posible enfrentar las múltiples presiones, incluidas aquellas entre tú y tu cónyuge, sin que los platos vuelen por el aire. Requiere planificar y resolver, pero puede lograrse.

Cuando hayas logrado esta rutina, y compruebes que el mundo no se vino abajo porque hiciste algunos cambios, continúa haciendo ajustes a medida que sean necesarios.

58. **Me siento como si estuviera en el último lugar en la lista de "obligaciones" de mi pareja. ¿Qué puedo hacer para cambiar eso?**

¿Te sientes identificado con esta historia?

Los Remedios de Dios para el Estrés

1. **Ten en cuenta lo que Dios está haciendo (Santiago 1:2-4).** Uno de los mejores antídotos contra el estrés es reconocer los propósitos y ver los objetivos de Dios a través de las pruebas de la vida. Dios utiliza cada situación (incluso las insignificantes e irritantes) para enseñarte a ser más parecido a Jesús.

2. **Dedica tiempo a diario para estar a solas con Dios (Salmos 46:10, 92:2, 119:11-40).** Los momentos de soledad planeados son la clave para una vida equilibrada. Mediante la oración, el Espíritu Santo tiene la oportunidad de cambiar la manera en que ves tus dificultades para que puedas enfrentarlas mejor.

3. **Cuida tu corazón (Proverbios 4:23).** El estrés hace que te concentres en lo que está mal. Cuida tu corazón contra el pesimismo. Descansa en la fidelidad de Dios.

4. **Cuenta tus días y vive con propósito (Salmos 90:12).** Decide qué es lo realmente importante, define tus prioridades y vive de acuerdo con ellas. (Recuerda: tu matrimonio tiene una constante necesidad de tiempo y energía, por lo tanto, ¡siempre debe ser una prioridad!).

5. **Cultiva un corazón agradecido (1 Tesalonicenses 5:18).** Cuando te esfuerces por ver lo bueno de la vida, te sentirás más positivo y las pequeñas cosas que estén mal, dejarán de parecer tan importantes.

6. **Haz del ejercicio físico un hábito,** para aliviar el estrés, porque tu cuerpo es el templo de Dios (1 Corintios 6:19).

Testimonios del Frente de Batalla

"Me he dado cuenta que el diablo no necesita hacernos pecar, todo lo que tiene que hacer es mantenernos ocupados. Cuando nuestra vida está tan ocupada desde la mañana hasta la noche, hay tanto ruido y actividades que no somos capaces de discernir o escuchar la voz de Dios. Poco a poco nos distanciamos de nuestra pareja y sin embargo decimos que todo lo que hacemos es por ella o por nuestra familia. Pero si estamos todo el día ausentes, ¿Puede ser bueno? Por eso es que tenemos que volver a priorizar algunas cosas en nuestra vida. En el fondo, nos damos cuenta de ello. Pero es una lucha constante."

Con frecuencia escuchamos a personas que sienten como si no fueran una prioridad en la vida de su cónyuge. A menudo es la esposa la que se siente así, peleando por ganar el primer lugar por encima del trabajo de su marido, comisiones, organizaciones, actividades eclesiásticas, etcétera. Sin embargo, cada vez más, encontramos que los hombres sienten que sus esposas tampoco tienen tiempo para ellos. Es, sin duda, un problema del que los matrimonios actuales deben ocuparse. Cuando escuchamos esta clase de historias, reconocemos que el activismo de los cónyuges con frecuencia es algo mucho más profundo.

Por lo tanto, piensa en tu cónyuge por un momento. Haz una lista con todas las actividades en las que está involucrado(a) y cuánto tiempo les dedica. Luego pregúntate a ti mismo si piensas que tu cónyuge está tratando de satisfacer una necesidad de sentirse importante en su lugar de trabajo, en esas organizaciones, o en la comunidad. Si no es importancia, talvez sea productividad. ¿Siente la necesidad de éxito?

Pregúntate estas cosas, porque la ocupación excesiva puede ser la señal de un problema más profundo. Tu cónyuge puede haber crecido en una familia donde, con el propósito de ser importante y aceptado, haya tenido que desempeñarse bien. Ya sea que hayan sido deportes, buenas calificaciones u otra cosa, tu cónyuge pudo haber sentido desde muy temprano en la vida, que siempre tenía que estar haciendo algo, y haciéndolo al máximo de su capacidad. Sólo de esa manera recibiría amor y aceptación.

Cuando hicimos la investigación para nuestro libro *The Five Love Needs of Men and Women*, hablamos con personas de todo el país. Les hacíamos las preguntas: "¿Qué necesitas de tu cónyuge para sentirte amado? ¿Qué necesitas para tener un matrimonio grandioso?"

Lo más notable que aprendimos, tanto de hombres como de mujeres de manera similar, fue que deseaban amor incondicional y aceptación más que ninguna otra cosa. Algunos jamás habían recibido amor incondicional ni aceptación cuando eran niños. Por lo tanto, llegaron al matrimonio con ese vacío.

La siguiente pregunta es más dura: Tu cónyuge, ¿experimenta amor incondicional de tu parte? Empieza por ahí. Comienza prodigándole amor a tu cónyuge, a pesar de sus múltiples compromisos, aun con todas sus reuniones de directorio y otras actividades. Mientras construyas la confianza, puedes comenzar a hablar de tu deseo de tener más tiempo con tu cónyuge. Sé honesto(a). Sé sincero(a). Sé afectuoso(a).

59. Después de un día de trabajo y de lidiar con los chicos, no me queda mucho tiempo ni energía para mi pareja. ¿Qué puedo hacer para que se sienta feliz sin sobrecargarme más todavía?

A menudo escuchamos de los oyentes sobre el estrés de sus vidas atareadas. Escuchamos a parejas que trabajan todo el día, van a la escuela, crían a sus hijos, sirven en la iglesia, y luego se preguntan por qué su matrimonio tiene dificultades.

Si ambos trabajan o estudian todo el día, no debe sorprender que les resulte difícil conectarse. Piensa en esto: ¿Cuántas horas útiles del día pasas junto con tu esposo(a)? Si no puedes disponer ni siquiera de algunos minutos por día para charlar, vas camino a un problema.

La pregunta final es: ¿Qué es lo más importante en esta etapa? Debería ser conectarte con tu cónyuge y darles a tus hijos la seguridad de que sus padres tienen un matrimonio firme. Ya que puedes elegir, no te quejes de tu familia. Tienes una sola oportunidad con ellos. Quizás postergar tus estudios por unos meses, o reducir las horas de trabajo extra te dará el tiempo y la energía que necesitas para estar junto a tu cónyuge y a tus hijos. Vivimos creyendo la mentira de que podemos tenerlo todo, que podemos hacer todo, que nos merecemos todo. Y cuando tratamos de lograrlo, finalmente hay que pagar por ello y, muchas veces, los que sufren son los hijos y la relación matrimonial.

Quizás no sea posible que uno de ustedes renuncie al trabajo o reduzca las horas que le dedica. Quizás necesitan ese segundo ingreso. Quizás sólo falta un semestre para obtener el título. En esos casos, la reducción talvez termine causando *más* estrés. En tales circunstancias, tienen hacer un esfuerzo en conjunto para tener unos minutos al día a solas. Es imprescindible que tengas algunos minutos a solas para los dos. Esto hace que tu matrimonio sea una prioridad y le da la asistencia preventiva que necesita.

Verás, durante este período de tu vida necesitas establecer prioridades, y tus prioridades máximas deben ser Dios, tu cónyuge y tus hijos. En ese orden. Lo que pongas después de esto corre por tu cuenta, es decir, por tu cuenta y la de tu cónyuge. Habrá muchas ocasiones para todas esas otras actividades en otros momentos de tu vida. Puedes ir a la universidad más adelante, pero no podrás tener en tus rodillas a tu hijo cuando haya crecido demasiado.

> Todo tiene su momento oportuno; hay un tiempo
> para todo lo que se hace bajo el cielo.   **Eclesiastés 3:1**

Si necesitas ayuda para conectarte y saber de qué conversar, así como para proteger ese tiempo que necesitan estar juntos, talvez nuestro libro *40 Unforgettable Dates with Your Mate* [*40 Citas Inolvidables con tu Pareja*] pueda inspirarte. Tomamos cada una de las cinco necesidades de amor de los hombres y las mujeres y creamos cuatro citas para cada clase de amor que maridos y esposas pueden proponer y organizar. También incluimos algunas preguntas para cada cita, que dan libertad a la pareja para comunicarse en distintos niveles de relación.

Consejos de Entrenamiento: ¿Cómo Hacer Algunos Cambios para Reducir el Estrés?

¿Sienten que la vida atareada los está distanciando? ¿Se encuentran demasiado agotados por el trabajo, las actividades eclesiásticas, el cuidado de los chicos y otras tareas como para poder brindarse el uno al otro? ¿Qué pueden hacer?

Hablemos de geometría.

¿Resulta confuso? No tanto, realmente.

No intenten hacer un giro de 180 grados; en lugar de eso, traten de girar 2 grados hoy. Porque si hacen un cambio de 2 grados hoy y lo mismo todos los días durante un mes, en treinta días habrán logrado un cambio de 60 grados. Y entonces, en pocos meses, ese pequeño cambio habrá crecido notablemente. Nuestro amigo Jerry Foster escribe sobre los cambios vectoriales en su libro *Life Focus* [*Enfoque a la Vida*]. Su percepción nos ayuda a darnos cuenta que los pequeños cambios permiten, con el tiempo, mejorar las relaciones.

Pregúntense el uno al otro: "¿Qué pequeño cambio te demostraría que quiero pasar más tiempo contigo?" Ese cambio talvez sea no encender la televisión apenas llegan a la casa y más bien pasar diez minutos conversando acerca de ese día.

Afiancen ese cambio realizándolo durante los próximos treinta días.

CAPÍTULO 8

El Sexo

Preguntas de este capítulo:

Preguntas de este capítulo (cont.):

60. ¿Cómo podemos desarrollar una mejor relación sexual?

Los hombres y las mujeres tienen diferentes necesidades y expectativas cuando se trata de intimidad sexual. Debido a esas diferencias, nuestros consejos serán ligeramente distintos para los maridos que para las esposas.

Maridos

Para tu esposa, la intimidad empieza por una proximidad emocional. Ella necesita saber que su punto de vista es aceptado, escuchado y comprendido. Esto la hace sentir segura y confiada y se conecta con lo más profundo de su alma. Podemos garantizar que cuando un hombre reafirma a su esposa de esta manera, la proximidad sexual que él desea será también el deseo de ella.

Tu mujer necesita:

- Experimentar proximidad emocional.
- Sentirse escuchada y comprendida.
- Ser tratada mejor que tu principal cliente.
- Contar con que le prestas atención.
- Que le demuestres tu respeto como persona.
- Sentir que le importas más que otras personas.
- Saber que es especialmente valiosa para ti.

El libro de Bárbara *Connecting with Your Wife* ayuda a los maridos a aprender a agudizar su habilidad para comprender a sus esposas.

Esposas

Con el fin de mantener la intimidad sexual en el matrimonio, es necesario que las mujeres también tengan en cuenta algunas cosas. Los hombres a menudo nos hablan de sus frustraciones respecto a la intimidad sexual en sus matrimonios. Pocas mujeres comprenden la profunda angustia que siente un hombre cuando su necesidad de intimidad sexual no es plenamente satisfecha.

Esposas, ustedes tienen la opción de considerar la fuerte necesidad de intimidad sexual de sus maridos como algo negativo, como un problema que interfiere con sus tareas, o bien disfrutar del hecho de que sus esposos tengan un ansia tan intensa de ustedes.

Es necesario que pienses que es *vuestra* vida sexual, no solamente la de *él*. Charla con tu esposo sobre cómo ser una mejor amante. Fuera de la alcoba, a la luz del día, piensa en cómo le gustaría a tu esposo que lo complazcas la próxima vez que estén juntos sexualmente.

Ora por tu vida sexual. Dios no se siente incómodo ni le da vergüenza tu vida sexual. ¡Él la inventó! Invita al creador del sexo a esta

Los Hombres y las Mujeres Entienden la Relación Íntima de Manera Diferente

Los Hombres y la Relación Íntima	Las Mujeres y la Relación Íntima
Los hombres deletrean intimidad de la siguiente manera: S-E-X-O. Los hombres escuchan *intimidad* y piensan en una experiencia física llena de pasión.	Las mujeres deletrean intimidad de esta manera: C-H-A-R-L-A. Las mujeres escuchan la palabra *intimidad* y piensan en conexión emocional y comunicación.
El impulso sexual del hombre está conectado con sus ojos; se excita visualmente.	El impulso sexual de la mujer está conectado con su corazón; ella sólo se excita después de haber sentido cercanía y seguridad.
El hombre hace del sexo un compartimento separado del resto de la vida.	La mujer lo ve todo conectado entre sí.
El hombre tiene la extraordinaria y sorprendente habilidad de cambiar la marcha inmediatamente, sin tener en cuenta cómo haya sido su día. Sólo necesita un contacto, una palabra, una mirada a los ojos con su amada.	Al final del día, la mujer, a menudo está agotada por el estrés de las tareas diarias, los niños, la casa. Cuando su esposo quiere sexo, talvez ella siente que es una tarea más que debe cumplir.
El hombre se siente menos viril si su esposa pone resistencia a sus avances sexuales.	La mujer se siente como una máquina si no experimenta que la intimidad sexual fluye de la intimidad emocional.

parte de tu matrimonio, y déjalo que te guíe a apreciar y a cautivar a tu esposo.

61. ¿Con qué frecuencia tienen relaciones sexuales las parejas? ¿Qué es lo normal? ¿Cómo podemos descubrir qué es lo que nos sirve a nosotros?

La última pregunta empieza a responder la primera; en otras palabras, descubran qué les sirve a ustedes. La clave es transmitir sus necesidades y expresar sus deseos, y entonces hagan lo posible para lograr que las relaciones sexuales sean el vínculo placentero para el cual Dios las creó.

Las mujeres deben entender que la mayoría de los hombres tienen un ritmo en sus necesidades sexuales, por eso las esposas deben ser buenas alumnas de sus maridos. Algunos hombres quieren intimar todos los días. Otros, quieren tener sexo cada dos días. Algunos hombres quieren hacer el amor cada tres días y otros, una vez por semana. Las mujeres a menudo quieren tener sexo con una menor frecuencia. Factores tales como estrés, enfermedad, cansancio y cambios hormonales pueden afectar el deseo sexual de un hombre. Los mismos factores también afectan a las mujeres. El hombre tiene que entender que si su esposa está trabajando muchas horas, ya sea en el hogar o fuera de él, es posible que el sexo descienda en su lista de prioridades. Aun así, la mujer necesita esa intimidad porque le da seguridad y confianza. La mayoría de ellas seguramente dirán: "¡Una vez que arrancamos es genial!"

La Biblia habla sobre la necesidad de los matrimonios de tener sexo (1 Corintios 7). Muchas parejas talvez no tengan relaciones sexuales frecuentemente, pero no es porque estén dedicando ese tiempo a la oración (1 Corintios 7:5). Es más probable que estén agotados por el nuevo bebé o demasiado presionados en el trabajo o en el hogar. La Biblia dice que no priven al otro de tener sexo. Tavez uno de ustedes no sienta deseos de tenerlo, pero de todas maneras entréguense a su cónyuge. Cuídense uno al otro en esta área. ¿Por qué? Bueno, por la segunda parte de este versículo: el diablo estará encantado de ofrecerle a otra persona que satisfaga las necesidades de su pareja. Cuanto más tiempo pasen sin conexión sexual, habrá más posibilidades de que sufra el matrimonio o de que caigan en pecado.

> No se nieguen el uno al otro, a no ser de común
> acuerdo, y sólo por un tiempo, para dedicarse a la
> oración. No tarden en volver a unirse nuevamente;
> de lo contrario, pueden caer en tentación de Satanás,
> por falta de dominio propio.   **1 Corintios 7:5**

Lo fundamental es no permitir que pase mucho tiempo sin esa conexión. Ambos la necesitan. Dios los creó de esa manera, de manera que ¿por qué no disfrutarlo?

62. Nuestra vida sexual se ha vuelto aburrida. ¿Qué clase de cosas decentes podemos hacer para que el sexo sea más excitante?

Aquí viene lo mejor: ¡Dios creó el sexo! Podría haber creado la polinización cruzada de manera que nos enviáramos esporas a través del aire. Pero Dios no hizo eso. Diseñó el sexo para la procreación, pero también lo hizo para que lo disfrutáramos. Así que, ¿cómo lo disfrutan?

Primero, piensen en la espontaneidad. Hagan algo creativo y diferente para aportar romanticismo y chispa a la intimidad física. Sorprendan a su cónyuge, atrápenlo con la guardia baja. Háganle saber a su pareja que quieren sexo ¡ahora! Mujeres: anímense. Compren lencería provocativa. Tomen la iniciativa (¡se sorprenderán del efecto que puede tener eso sobre sus maridos!) Hombres: dense cuenta de que ustedes predisponen la actitud desde el momento en que se despiertan por la mañana. El beso con el que se despiden, llamar por teléfono durante el día, ese momento que pasan jugando con los niños, esa atención de cargar con combustible el auto de ellas, todas esas cosas lograrán que su esposa les responda sexualmente. ¿No nos creen? ¡Hagan la prueba!

Segundo, por otro lado, piensen intencionalmente. Sean intencionados. Algunas parejas estimulan su vida sexual simplemente programándola. Puede parecer una contradicción, pero cuando está en tu agenda mental, ese día ocupado y las actividades normales se condimentan simplemente por la anticipación del sexo. El hecho de que esté en tus planes, reducirá la tensión del cónyuge.

Manténganse dentro de los límites apropiados mientras le ponen sabor a las cosas. No recurran a la pornografía pensando que ayudará;

eso no servirá, sólo producirá comparación y vacío. En cambio, sean creativos de otras maneras. ¡La vida sexual puede ser tan estupenda como ustedes quieran que sea! ¿Qué les impide mejorar su vida sexual? Sean creativos en cuanto al lugar, al momento del día, al factor sorpresa, y por supuesto, en ser atractivo para su cónyuge.

En nuestro libro 40 *Unforgettable Dates with Your Mate* hay un capítulo entero con ideas para encuentros que responderán a la necesidad de intimidad sexual del esposo. Otro capítulo da sugerencias al esposo para que cumpla la necesidad de intimidad emocional y comunicación de su esposa. El capítulo 12, "Reaviva el Gozo de Estar Casado" de nuestro libro *Divorce-Proof Your Marriage*, sugiere maneras en que las parejas pueden reanimar y celebrar sus matrimonios.

63. Si tenemos problemas sexuales, ¿dónde podemos acudir por ayuda?

No deben ir a cualquier lugar para este tipo de consulta, porque nuestra cultura ha distorsionado completamente el plan de Dios para la sexualidad. Lean libros cristianos confiables sobre sexo, como *Intended for Pleasure* [Planeado para el Placer] de Ed y Gaye Wheat, o *Sexual Intimacy in Marriage* [La Intimidad Sexual en el Matrimonio] del Dr. William Cutrer y Sandra Glahn. También pueden acudir a su médico. Las mujeres pueden buscar consejería apropiada y profesional. Hablar con una persona mayor sobre dificultades sexuales puede resultar un poco incómodo, pero nosotros hemos aconsejado a muchas parejas; aunque sientan pudor, les decimos que lo que están viviendo es normal y que pueden resolverlo. Es una manera segura de edificar la confianza.

Si necesitan ayuda, búsquenla. No se aíslen, al diablo le encanta eso. Los atacará cuando estén solos y vulnerables. En lugar de eso, busquen a personas misericordiosas en la iglesia o libros cristianos que traten esa situación y que ofrezcan buenas soluciones.

Sobre todo, manténganse conectados con Dios, el diseñador del sexo. Estudien en la Palabra lo que dice acerca del matrimonio y el disfrute físico con el cónyuge. Los pasajes importantes incluyen Génesis 2, Cantar de los Cantares, 1 Corintios 7 y Efesios 5. Después de leerlos y orar, dialoguen. Compartan lo que han descubierto en las Escrituras. Analicen los aspectos del problema. Ámense incondicionalmente.

64. Mi pareja no quiere tener sexo cuando yo lo deseo. ¿Cómo puedo manejar eso?

Si tu cónyuge está negándote intimidad física, ten en cuenta varias cosas. En primer lugar, no permitas que eso te empuje hacia una reacción pecaminosa. Segundo, ejercita el autocontrol. Tercero, ora y trabaja con tu cónyuge para encontrar una solución. Cuando le expreses tu deseo a tu pareja, hazlo con sinceridad y respeto. Talvez el problema refleja una herida o un abuso en el pasado. Quizás es necesario sanar heridas en tu matrimonio. No reacciones simplemente al rechazo. Busca la razón del mismo. Escoge el mejor camino. Si hay cuestiones profundas, busquen consejería juntos para trabajar en ellas. Si la falta de actividad sexual es temporal (estrés, agotamiento), sé franco con respecto a tus necesidades. Pregúntale a tu cónyuge qué puedes hacer para ayudarlo(a) a soportar su cansancio de manera que le quede energía para los dos. Vuelve a priorizar tu vida, y no permitas que la falta de actividad sexual se prolongue.

Si eres tú quien le niega sexo a tu pareja, necesitas conocer las consecuencias que tendrás a corto y largo plazo. Si lo haces por temor, abuso en el pasado, o alguna clase de trauma, debes hacer todo lo necesario para encarar el problema y superarlo. La unión sexual en el matrimonio es un regalo importante de Dios para las parejas.

Si el problema sólo es que no logran sincronizar sus "relojes sexuales", les recomendamos que planifiquen el sexo con anticipación. Suena un poco a trabajo, pero es mejor que la alternativa de no tener sexo en absoluto. Reserven una noche de cita. Pasen una noche en algún lugar especial. Hagan lo que sea necesario para convertir a su vida sexual en una prioridad.

Consulta nuestro libro 40 *Unforgettable Dates with Your Mate* donde encontrarás más ideas. El libro ofrece sugerencias para los maridos y para las esposas sobre salidas memorables para fortalecer el matrimonio.

65. No estoy feliz con el rumbo que ha tomado nuestra vida sexual. ¿Cómo puedo abordar el tema con mi pareja sin herir sus sentimientos?

En primer lugar, tienes que mostrar amor incondicional por tu pareja. Dile: "Te amo. Estoy loco por ti. ¿Podemos volver a descubrirnos físicamente?" Si te avergüenza hablar de esto, admítelo: "Me da vergüenza mencionarlo, pero tú y nuestro matrimonio me interesan lo suficiente como para hacerlo." O tal vez puedas comentarlo, diciendo algo como: "Parece que últimamente no has estado de ánimo como para tener relaciones sexuales. ¿Hay alguna cosa de la que quisieras hablar?" Lo peor y más doloroso que podrías hacer, es ser brusco y decir: "Las cosas no están bien. Quiero que hablemos de esto", porque es una manera muy áspera de hablar de un área tan sensible y frágil de tu matrimonio, y también puede ser un tema sensible para tu cónyuge. En lugar de eso, lo que deseas es afirmar lo bueno de la intimidad sexual en tu matrimonio y ser amable. No critiques. Resalta aquello que te satisface durante los momentos de intimidad. Eso hace que la conversación tenga un buen comienzo.

A veces, los problemas de pareja se han originado antes de que se casaran. Lee la historia de Adela:

Testimonios del Frente de Batalla

"Hace seis meses que nos casamos y comenzamos a tener algunos problemas porque mi esposo piensa que soy aburrida en la cama. Ambos hemos tenido relaciones prematrimoniales, pero su pasado sexual es mucho más amplio y tormentoso que el mío. De alguna manera siento que está comparándome con sus antiguas parejas sexuales y que yo no estoy a la altura de ellas."

Eso puede ser desgarrador. ¡Qué terrible debe ser sentir que estás siendo constantemente comparado(a) con una cantidad de cuerpos sin rostro que tuvieron sexo con tu cónyuge! ¿Cómo puedes seguir adelante? ¿Cómo puedes ser mejor o entusiasmarte? Cuando haces comparaciones en la cama matrimonial, literalmente estás invitando a una tercera persona a la relación sexual. Esa es una consecuencia muy real del sexo extramatrimonial, ya sea por adulterio, relaciones prematrimoniales o pornografía. La gente cree que tener otras experiencias sexuales no afectará para nada a sus matrimonios, pero se equivoca. Mira cuánto afectaron las experiencias sexuales a Adela y a su esposo; jóvenes recién casados luchando con un dolor que no deberían enfrentar.

Le aconsejamos a esta joven mujer y a su esposo que oraran y purificaran su corazón, pidiéndole perdón a Dios y a su cónyuge por las relaciones que tuvieron antes de casarse. Como puedes ver, el sexo matrimonial es muy diferente del sexo prematrimonial. El sexo matrimonial está ligado al compromiso, al amor incondicional, y a la permanencia que verdaderamente hacen al aspecto físico algo tan extraordinario. Es solamente a través de esa comprensión de la relación física que los miembros de una pareja pueden orar juntos por su unión sexual y dejar que Dios sane sus corazones y sus recuerdos. Dios no sólo curará, cuando se lo pidan, las heridas sexuales, sino que los bendecirá con una vida sexual saludable.

Cuando tú y tu cónyuge se ocupan del pasado sexual con una actitud de amor y perdón, Dios puede darles una forma renovada de mirarse. Entonces pueden concentrarse en mejorar y realzar su vida sexual.

Nuestro libro *Descubre de Nuevo el Amor de tu Vida* puede ayudarte a recordar los deseos y sueños que tenías el día de tu casamiento.

66. Me siento muy culpable por mis experiencias sexuales prematrimoniales, y eso afecta a las relaciones que tengo con mi pareja. ¿Cómo puedo manejarlo?

¿Es necesario resolver el tema de las relaciones prematrimoniales? Sí, porque, obviamente, afectan al matrimonio. ¿Cómo resolverlo? Encontrarás la solución buscando el perdón de Dios, de tu pareja y perdonándote a ti mismo. En una escala del uno al diez, sacarías un doce si en cuanto a tu pasado sexual pudieras decirle a tu cónyuge: "Cariño, sabes que me siento culpable. Me siento arrepentido. Pero ya no quiero que la culpa y el remordimiento me dominen ni me mantengan prisionero. Le he hablado a Dios de esto. ¿Te parece que oremos juntos sobre este tema y dejemos que Dios nos de su gracia para que nos limpie?" Si pudieras hacer eso, ambos experimentarían una nueva libertad en su matrimonio. Dios anhela que tengas libertad sexual en tu lecho de casado.

Verás, la gracia que Dios nos da es gratuita. Nadie puede merecerla ni ganarla. Nadie obtendrá una libreta escolar perfecta de este lado del cielo. Cuando haya dolor, entrégaselo a Jesús. Eso es lo maravilloso en la relación con Dios. Él nos regala un volver a empezar divino porque anhela que las parejas casadas empiecen desde cero juntas. No permitas que el pasado ensombrezca tu futuro. Si quieres mejorar tu vida sexual pero estás confundido por el pasado, pídele perdón a Dios y a tu pareja. Sé responsable, pero rechaza cargar con la culpa o la vergüenza; eso proviene del diablo.

67. Con el paso de los años, nuestras necesidades sexuales han cambiado. ¿Es normal? ¿Hay "etapas sexuales" en el matrimonio sobre las que deberíamos tener conocimiento?

Muchos matrimonios enfrentan cambios propios de la vida, que tienden a afectar su vida sexual. Marcela nos contó lo siguiente:

Testimonios del Frente de Batalla

"Hace doce años que estoy casada. Mi esposo es quince años mayor y tiene dificultades para tener relaciones sexuales. Se siente inadecuado. Sigo intentando explicarle que para nuestro matrimonio y nuestro amor hay muchas cosas más importantes que el aspecto sexual. ¿Cómo puedo convencerlo de que el sexo no es lo único que hace a un matrimonio?"

Ann Lander descubrió en una de sus investigaciones que un sorprendente número de mujeres podía vivir sin sexo, si tenían cariño. En las charlas con ella, le decían que los abrazos, besos, tomarse de la mano y caricias en la espalda eran más importantes que el sexo. Cuando se presenten cambios en la vida sexual, jamás olviden el poder de un contacto tierno, una caricia amable sobre el hombro del cónyuge, o en la espalda. No importa lo que estén pasando, recuérdenle a su pareja que ella o él es el mejor.

Es cierto que cualquier actividad después de veinte años puede empezar a sentirse pesada. Con el propósito de evitar que la vida sexual se vuelva rutinaria, pueden hacer cosas distintas. Primero, tienen que hablar y escuchar. Compartir que se desean, que están locos el uno por el otro. Darse seguridad. Expresar que están agradecidos a Dios por tener al otro. Cuidar su corazón.

Segundo, hacer sugerencias con tacto. ¿Qué pueden hacer para que el sexo sea más agradable? Manténganse dentro de límites razonables, desde luego, pero no tengan miedo de hablar de lo que les da placer. ¡No se avergüencen! Acuérdense que han estado casados por mucho tiempo y asumimos que habrán tenido sexo al menos algunas veces, por lo que realmente ya no debería haber mucho que los avergüence.

Tercero, recomendamos un programa de ejercicios, porque el esfuerzo físico hace que las endorfinas se muevan dentro de tu cerebro. La endorfina es esa sustancia que los hace sentir bien. La ejercitación física no sólo hace bien a sus mentes y a sus cuerpos, sino que también incentiva la seguridad personal. Se sentirán mejor, y verdaderamente disfrutarán más del sexo.

Finalmente, queremos alentarlos a que sean cariñosos con el cónyuge todo el día, no solamente por las noches en la cama. En su libro *Sex Begins in the Kitchen* [*El Sexo Comienza en la Cocina*], el Dr. Kevin Leman expresa su opinión de que los juegos eróticos preliminares comienzan temprano en la mañana. Los dos están muy ocupados y es posible que estén agotados al final del día. Pero imaginen lo que sentiría un hombre si cuando se despierta y va al baño tambaleándose, encontrara una notita pegada en el espejo que dijera: "¡Buen día, guapo! Hagamos dormir temprano a los chicos esta noche. ¡Tengo algunos planes para nosotros! Besos y abrazos." O que un esposo escribiera: "Buenos día, hermosa. ¿Te dije últimamente cuánto me gustan tus ojos preciosos?" Ser cariñosos entre ustedes significa sacar la basura, hacer más liviana la carga de tu esposa; significa alentar a tu esposo. En otras palabras, cuando estén dispuestos a mostrar amor de otras maneras a lo largo del día, el aspecto físico al final del día será mucho más excitante.

68. Fui abusada sexualmente en el pasado. ¿Es posible superar mis sentimientos desagradables en relación al sexo para poder disfrutar de mi pareja?

La estupenda noticia es que puedes. Hay esperanza. Puedes reclamar lo que el enemigo te ha quitado. Pero lleva tiempo. Es arriesgado. Requiere paciencia. Necesita oración. Exige respeto y sinceridad. Demanda sacrificio.

El libro de Dan Allender *The Wounded Heart [El Corazón Herido]* es muy efectivo para ayudar a las personas a sanarse del abuso sexual. La mayor tragedia se da cuando la pareja se aleja de la relación creyendo que la sanidad es imposible. Nada es imposible para Dios. Efectivamente, el abuso sexual es profundamente hiriente y muy doloroso. Y si está afectando al sexo en tu matrimonio, es necesario que seas sincero con Dios, y le digas que ya no quieres estar atada a este tema por más tiempo. Dile que quieres sanarte, que deseas el matrimonio que Dios quiere para ti y tu cónyuge, la relación sexual sana que Él diseñó. Luego busca un consejero cristiano de confianza que esté capacitado en el área de tratar con el abuso. Permítele a Dios que te dirija hacia un lugar seguro donde tú y tu pareja puedan sacar este tema a la luz. Llevará tiempo, pero puedes experimentar la sanidad.

CAPÍTULO 9

El Trabajo

Preguntas de este capítulo:

69. El trabajo de mi pareja está causando fricciones en nuestro matrimonio. ¿Qué podemos hacer?

El trabajo es fundamental para el sostén de la familia. Por lo tanto, cuando causa problemas, es prioritario que se ocupen juntos del asunto. Si la preocupación es que uno de los dos está trabajando demasiado, el cónyuge adicto al trabajo tiene que entender que también es querido y necesitado en casa. Acérquense entre ustedes con amor y comprensión, no con culpa o acusaciones. (Tengan en cuenta nuestro consejo del capítulo 3, "La Comunicación" sobre cómo discutir los temas potencialmente explosivos.)

Los esposos que trabajan sienten la presión de conseguir el suficiente dinero para la familia, por lo tanto, discutan el presupuesto familiar juntos. ¿Podrían vivir con menos? Si tuvieran que hacer recortes para tener más tiempo, ¿cómo podrían ajustar el presupuesto para acomodarse a un ingreso inferior? Si las horas extra se deben a un proyecto temporal que pronto culminará, comunícaselo claramente a tu cónyuge. Si el problema es que el trabajo es demasiado exigente, conversen cómo van a manejar eso juntos. Por todos los medios, simplemente comuníquense.

Sin embargo, muy frecuentemente, la adicción al trabajo no tiene nada que ver con un jefe negrero o la necesidad de más ingresos. Es sencillamente adicción. Tratar de llenar el vacío del corazón con trabajo origina un caos en la familia. ¿Qué puede hacer un adicto al trabajo para superar la constante necesidad de estar trabajando y guardar tiempo y energía para la familia? A continuación, damos algunas sugerencias para cada uno:

- *Toma conciencia de lo que haces por interés personal.* Hazte a ti mismo(a) algunas preguntas: ¿Qué estás haciendo (o dejando de hacer) que hace que tu cónyuge o tu familia se sientan distantes? ¿Qué habría que cambiar en tu agenda para restaurar la intimidad?
- *Declara tu necesidad por tu familia.* Comunica el bien que reconoces en tu familia. Sé agradecido(a) y acepta lo que ellos a su vez ven en ti. Comparte con ellos tu vida laboral comentándoles cómo

van las cosas. Discute tus proyectos, sobre todo si comienzas el proceso de hacer recortes.

- *Averigua qué le produce satisfacción a tu cónyuge y a tus hijos.* Respeta las necesidades de tu familia anteponiéndolas a las tuyas. Ellos no están pidiéndote que renuncies a tu trabajo (a menos que realmente esté lastimándote a ti y a ellos), y según la edad que tengan, no esperan que estés a cada momento con ellos. Descubre qué es lo importante. Además de estar presente en los eventos deportivos de tus hijos o en sus actividades artísticas, ¿Qué otra cosa les gustaría que hicieras? Quizás tu hija adolescente necesite sólo un desayuno a solas con ella un sábado al mes. Tu cónyuge necesita una noche de vez en cuando ¿Qué más es importante? Anótalo en tu agenda como compromisos que no puedes cambiar por ninguna razón.

- *Aunque lo tengas en la agenda, recuerda que la espontaneidad es importante.* Es necesario que estés disponible para tus hijos y tu esposa. ¿Saben ellos que pueden llamarte en cualquier momento? Si te buscan en medio de una reunión importante, ¿saben que les responderás el llamado enseguida? Ten en cuenta que los momentos de calidad con la familia se dan espontáneamente. Siempre que sea posible, trata de estar con ellos en el momento en que se van a dormir. Tómate el tiempo de lavar el auto o trabajar en el jardín con tus hijos. Las conversaciones que se pueden dar durante esos momentos suelen ser profundas y muy valiosas.

- *Sobre todo, recuerda que tus hijos serán pequeños por muy poco tiempo.* No te los pierdas por estar demasiado ocupado. No hagas que tu pareja tenga que soportar toda la responsabilidad, y no permitas que sea la única en que viva la alegría de esa carrera espectacular, ese gol memorable, ese recital de piano. Tú y tu cónyuge estarán más unidos cuando vivan juntos todas esas cosas.

Testimonios del Frente de Batalla

"Cuando éramos novios, todo parecía ser fácil. Era natural; estábamos enamorados. Nos casamos. No nos fue difícil hacerlo. Pero no nos habíamos dado cuenta de que tendríamos que

trabajar en nuestra relación después de la boda. En nuestros empleos utilizábamos nuestras habilidades profesionales, de personalidad, de comunicación; manteníamos una agenda. Hacíamos todas estas cosas en nuestros trabajos. Pero no aplicábamos las mismas habilidades en nuestro hogar. Sin embargo, si alguien nos preguntaba qué era más importante, el trabajo o el hogar, desde luego respondíamos 'el hogar'. Pero no estábamos aplicando la misma energía y capacidades para llevarnos bien con nuestra pareja. Decidimos tomar esas mismas habilidades (personalidad, servicio, programación, honradez, seriedad) y aplicarlas a nuestra pareja y a nuestra vida hogareña. Nuestro matrimonio ha florecido."

70. A mi esposo están por trasladarlo en el trabajo y tenemos que mudarnos, pero yo no quiero dejar mi trabajo ni a mis amigos. ¿Qué puedo hacer?

Muchas personas pasan por esta situación en nuestra cultura nómada, en la que la mayoría de los maridos y mujeres trabajan ambos fuera del hogar. Por lo tanto, cuando un esposo o una esposa son trasladados, ese cambio de pronto requiere de muchas decisiones en el hogar porque toda la familia se ve afectada.

Si tu cónyuge está por ser trasladado y tú realmente odias tener que dejar a tus amigos, te diremos lo que *no* deberías hacer. No decidas que te quedarás. Quizás tengas que retrasarte por un corto período con el fin de cumplir con ciertas obligaciones o vender la casa, pero no te quedes solamente porque no puedes dejar a tus amigos. No pongas en riesgo tu matrimonio.

Si tienes alguna opción respecto a la mudanza, entonces por todos los medios ambos (y los chicos, hasta cierto punto), tendrán que estar en el proceso de la toma de decisión. Busquen la guía de Dios. Sopesen los pro y los contra. Visiten el posible nuevo destino para confirmar el llamado de Dios.

Si no tienen alternativa, tendrán que mirar la situación desde la perspectiva de Dios. Él tiene un plan. Él los quiere en este nuevo lugar por alguna razón. Tiene algo nuevo para ustedes. Tiene nuevas amistades para agregar a sus vidas. Tómenlo como una aventura.

Porque yo sé muy bien los planes que tengo para
ustedes – afirma el SEÑOR–, planes de bienestar y no
de calamidad, a fin de darles un futuro y una
esperanza.   **Jeremías 29:11**

71. Mi pareja y yo trabajamos en distintos turnos. ¿Cómo podemos hacer tiempo para estar juntos?

Lee cómo expresó Tamara sus frustraciones (¡y las de su esposo!):

Testimonios del Frente de Batalla

*"Mi marido y yo tenemos horarios muy diferentes. Como
consecuencia, nuestra vida sexual es muy difícil. Él llega a casa
casi a medianoche y yo tengo que levantarme a las cuatro de la
mañana para ir a mi trabajo. Él está frustrado y enojado porque
yo estoy muy cansada y no quiero despertarme para que
tengamos intimidad sexual. ¿Cómo podemos llegar a un acuerdo
en esta situación?"*

Si sus horarios son como los de Tamara y su esposo, y sencillamente no hay forma de cambiarlos, tendrán que idear un plan alternativo.
Si tienen que decirle al cónyuge: "Cariño, esta noche no," deberán
reemplazarlo por una alternativa, por ejemplo: "Esta noche no, pero
sí mañana" o cualquier otra noche específica. Talvez tengan que escribir "sexo" en sus agendas (por supuesto, donde los chicos no lo vean).
Codifíquenlo para el momento que sepan que podrán darle lo mejor al
cónyuge. Esperen ese día con ansias y guarden parte de su energía
para ese momento. ¿Parece ridículo? No lo es, porque es una parte
muy importante en la relación matrimonial. Especialmente lo es para
los hombres, y es necesario que las mujeres lo sepan. Para saber más,
lean en el capítulo anterior nuestras respuestas a las preguntas sobre
cómo están diseñados de manera distinta los hombres y las mujeres
en cuanto al sexo.

Nos alegró que Tamara estuviera preocupada por esto. Demuestra
que es sabia y está atenta a las necesidades de su esposo. Con el propósito de cuidar al matrimonio en esa área, es de vital importancia que

encuentren una manera de hacerse tiempo para estar sexualmente el uno con el otro.

72. Mi pareja tiene que viajar mucho por su trabajo, y yo estoy sintiéndome descuidada. ¿Qué podemos hacer para permanecer cercanos?

Todas las semanas recibimos en nuestro programa de radio llamadas como esta. Se encuentran separados de su esposa e hijos por largos períodos de tiempo. Y ¿sabes qué nos dicen? Nos cuentan que una de las cosas más importantes es conectarse emocionalmente con el cónyuge y los hijos por teléfono todos los días. Nos referimos a *conexión*, no solamente compartir información sobre lo que hicieron ese día, sino también emociones y sentimientos. De hecho, una persona nos contó que hacía esa conexión diciéndole a su hijo: "Si estuvieras aquí conmigo, estaría haciéndote cosquillas y persiguiéndote. Luego te llevaría a la cama y te taparía. Voy a hacer eso cuando esté en casa el jueves, ¿te parece?"

Ayuda a tu cónyuge a mantenerse conectado. Aliéntalo para que llame a casa cuando los niños todavía están levantados. Manda correos electrónicos. Escribe notas. Mantente siempre disponible. Si eres el que viaja, asegúrate de que tu esposa e hijos sepan que podrán encontrarte en cualquier momento. Si tienes un teléfono celular, diles que te llamen a cualquier hora. Promete que les devolverás la llamada cuando termines la reunión. Si no tienes un celular, deja todos los números telefónicos de los que dispongas. Tu esposa y tus hijos necesitan saber que estás disponible para ellos en todo momento, en cualquier lugar.

73. En nuestro hogar necesitamos los dos ingresos, pero me gustaría quedarme en casa y ser una madre a tiempo completo. Las preocupaciones económicas están causándonos tensiones. ¿Qué consejo me darían?

Nancy nos contó la siguiente historia:

Testimonios del Frente de Batalla

"Mi esposo y yo estamos desconectados en nuestras metas por causa de mi trabajo. Con el paso del tiempo, he superado sus ingresos. Mi empleo es muy estresante y trabajo mucho, incluso a veces los fines de semana. Me siento una mala madre. No estoy nunca. La abuela está siempre con nuestros hijos. Ellos no tienen la dicha de que su madre asista a sus encuentros deportivos ni los lleve o los recoja de la escuela. Desde un comienzo, yo no quería tener hijos si no podíamos brindarles todo. Ahora que puedo hacerlo, me gustaría estar con ellos cuando salen de la escuela. Quiero participar en sus actividades escolares y estar más involucrada en su enseñanza. Pero mi marido teme que pierda mis ingresos y, para ser franca, yo también. Necesitamos mi paga, pero esta situación me hiere profundamente cada día."

La esposa que es mamá y aporta el primer sueldo del hogar carga con un peso enorme. Muchas mujeres están en la situación de tener que trabajar todo el día y, en algunos casos, su ingreso supera el de sus maridos. Si bien no hay nada de malo en ello, muchas parejas experimentan que hay un precio por pagar. Las madres, en particular, se sienten heridas interiormente cuando tienen que anteponer el trabajo a sus hijos. La esposa que trabaja todo el día, además de los fines de semana, se está perdiendo las actividades y los acontecimientos de los niños. Probablemente ella necesite moderar su ritmo de trabajo y revaluar o priorizar sus actividades. Antes que nada, no debería considerarse una mala madre. Si el Espíritu Santo está hablando, sería sabio escuchar y tener en cuenta qué se puede hacer para realizar algunos cambios para no lamentarse cuando los chicos hayan crecido y se hayan ido de casa.

Mujer, piensa en el futuro. Cuando estés en la graduación de tu hijo, ¿te lamentarás o estarás satisfecha de no haberte perdido los hechos importantes que sucedieron a lo largo de la vida? Desde luego, no puedes estar presente en todos los acontecimientos, pero es necesario que tus hijos sean tu prioridad *ahora*. No estarán en esta etapa de la vida por mucho tiempo.

Talvez requiera de una mentalidad creativa. Hará falta mucha oración. Permite que Dios indague tu corazón. Presta atención a tus necesidades reales. Revisa tu presupuesto. Analiza si hay alguna forma en que puedas trabajar menos horas, de manera que cuentes con algún ingreso sin que tus horas de trabajo afecten a la familia. Habla con tu jefe. Comunícate con tu esposo. No importa qué edad tengan tus hijos en este momento, si aún están en tu casa, te necesitan y se verán beneficiados con tu atención extra. Créenos, sentirás verdadera satisfacción si logras adaptar tu trabajo para hacer que esto sea posible.

CAPÍTULO 10

El Dinero

Preguntas de este capítulo:

Preguntas de este capítulo (cont.):

74. Mi pareja no tiene noción del dinero. ¿Cómo puedo ayudarlo(a) a comprender la importancia de planificar y ajustarse a un presupuesto?

Escuchamos de matrimonios que discuten todo el tiempo por dinero. Quizás tú te identifiques con Ana:

Testimonios del Frente de Batalla

"Las finanzas están separando nuestro matrimonio. Estamos atrasados en todo, en cada cuenta que puedan imaginar. Parece imposible que alguna vez nos pongamos al día. No podemos llegar a un acuerdo en cuanto a qué pagar, en qué gastar el dinero, o la mejor manera de pagar nuestras deudas. Sé que yo también hago mi parte. No coincidimos. Y cuando nos ponemos a hablar del tema, discutimos y soy yo la que se trastorna."

Una de las cosas que hemos aprendido de las finanzas es que cuando una pareja se mete en ese terreno, pasan algunas cosas. En primer lugar, pueden convertirse en independientes o dependientes de Dios. Te recomendamos que te conviertas en dependiente de Dios. Dale la bienvenida a esta etapa porque puede permitirles depender en serio de Jesucristo y realmente aferrarse a él. Cuando hay momentos duros como este, busca lo que Dios quiere revelar. Dios quiere que no tengas otros apoyos para que tengas que depender de él. Analiza la situación y di: "De acuerdo, Dios, ¿qué quieres enseñarme con esto? ¿Qué quieres enseñarnos a los dos? ¿De qué manera tenemos que responder para honrarte?"

Segundo, involucra a alguien más en este proceso. Al diablo le encanta aislarte, meter una cuña y mantenerte alejado, tanto de los demás como de tu pareja. Pídele a tu pastor o a un líder de la iglesia que te recomiende un buen consejero en finanzas, sólido y bíblico, de tu iglesia o de tu comunidad. Acude a esa persona para que te ayude a analizar objetivamente tus finanzas. El incluir a una tercera persona eliminará algo de la lucha por el poder. Esa persona puede ayudarte a desarrollar un plan de batalla para pagar tus deudas. Decide encontrarte con esa persona una vez al mes para adquirir cierta responsabilidad y estímulo. Pronto comenzarás a sentir que Dios te está sacando del embrollo financiero.

Les recomendamos los Ministerios Financieros Crown. Crown tiene asesores financieros que pueden ayudarte en tus asuntos económicos. Visita el sitio www.crown.org para más información.

75. Mi pareja llegó al matrimonio con una cantidad de deudas ocultas. ¿Qué puedo hacer?

El dinero es un gran tema en muchos matrimonios, y las discusiones por dinero muchas veces llevan al divorcio. Lee acerca de alguien que nos llamó para hablar con nosotros:

Testimonios del Frente de Batalla

"Yo pospuse nuestra boda porque pensaba que no estábamos preparados. Mi preocupación es el tema monetario. Mi prometido tiene una deuda y no muestra ser responsable en cuanto a saldarla. Nuestro pastor nos ha dicho que sería mejor para nosotros trabajar al respecto antes de casarnos. Mi mayor preocupación es que me cuesta creerle en relación al dinero y cuando se trata de las decisiones que está tomando. Siento que he orado y orado por él y casi he llegado al punto en el que no quiero orar más. Me siento agotada en esta cuestión. Y . . . realmente, me asusta."

Creemos que la eternidad está asegurada cuando depositas toda tu fe y confianza en Jesucristo. Pero de este lado de la eternidad, tu relación con Cristo se ve muy afectada por la persona a la que elijas como tu pareja. La confianza es importante, porque cuando se trata del dinero, la integridad es fundamental. En términos de dinero, es necesario que en tu matrimonio purifiques el ambiente con frecuencia. ¿Son honestos uno con el otro? ¿Tienen deudas ocultas? ¿Están de acuerdo en cómo usar el dinero que ganan? Una buena manera de hacerlo es calcular un presupuesto sencillo de cómo gastarán el dinero ganado cada mes. Esto también ayuda a definir los montos que están en condiciones de dar, ahorrar y gastar.

Hay dos temas en la historia que compartimos anteriormente. El primero, es el dinero. Si llegas al matrimonio y tu pareja ya tiene una cantidad tremenda de deudas que te originan inseguridad, ese es un gran problema. Pero el segundo asunto es todavía más importante: ¿Cuál es la *actitud* de tu cónyuge hacia el dinero? Busca un consejero que te ayude a resolver las cuestiones de confianza en tu matrimonio. Nuestro libro *Healing the Hurt in Your Marriage [Sanando las Heridas en tu Matrimonio]* trata sobre diversas maneras para sanar las heridas en el matrimonio para reconstruir la confianza.

¿Ambos desean ser buenos administradores de lo que Dios les da, siendo honestos, compartiéndolo con generosidad y siendo responsables de ello? Busca consejo espiritual de un pastor o de un amigo sabio y asesoramiento financiero de un contador o planificador. Estén dispuestos a mirar hacia el futuro en vez de concentrarse en lo que sienten hoy.

> El amor al dinero es la raíz de toda clase de males.
> Por codiciarlo, algunos se han desviado de la fe y se
> han causado muchísimos sinsabores.   **1 Timoteo 6:10**

76. Mi pareja y yo tenemos diferentes prioridades en cuanto al dinero. ¿Cómo podemos ponernos de acuerdo?

Hemos tenido muchos llamados de personas preocupadas porque sus prioridades difieren. A veces, el esposo siente con entusiasmo que tiene que dar a los demás con generosidad, mientras que la mujer teme que el dinero no alcance para las necesidades de la familia. O talvez las prioridades sobre pagar las deudas estén en conflicto. Quizás ella no esté preocupada por tratar de pagar la casa, pero esta sí sea una prioridad para él.

Si tú y tu cónyuge tienen opiniones diferentes respecto al dinero, es necesario que procures entender qué hay detrás de la opinión de tu pareja. Talvez nunca haya tenido demasiado dinero, o haya crecido en un hogar donde había muchos problemas económicos, y por eso está preocupado(a) de que se regale tanto dinero. Tienen que honrarse mutuamente y elaborar un acuerdo, aunque sea por uno o dos períodos. Inclusive si el marido quisiera ser muy generoso ofrendando a la iglesia, quizás pueda ser cuidadoso por el bien de su mujer y pensar otras maneras de dar. En lugar de ofrendar dinero, podría dar de su tiempo o talento. Al hacerlo, está expresando: "Amo de tal manera a mi esposa que sacaré el tema del medio y no la atropellaré con mi manera de pensar. En cambio, derramaré mi amor por ella ayudándola a sentirse más segura. Oraré por ella y estudiaré las Escrituras con ella para que podamos descubrir juntos las instrucciones de Dios acerca del dinero y del crecimiento espiritual."

Una manera de llegar a un acuerdo en las prioridades es hablar de tus metas. Quizás quieras ahorrar para comprar una casa. O talvez quieras hacer el viaje de tus sueños. Si pueden ponerse de acuerdo en una meta, pueden analizar qué demandará lograrla. Entonces, en ese punto, pueden llegar a un mejor acuerdo en sus prioridades en cuanto al dinero que ingresa al hogar.

77. ¿Cómo podemos establecer metas financieras?

Primero, confeccionen una planilla de presupuesto. Llenen el formulario que aparece a continuación. Es una buena manera de comenzar. También pueden conseguir una planilla de presupuesto en la página de los Ministerios Financieros Crown: www.crown.org. La razón por la que necesitan este formulario es que los ayudará a pensar en el más mínimo gasto. Por ejemplo, ustedes saben el monto de la cuota de la casa o del alquiler, las cuentas de los servicios públicos, los impuestos a la propiedad, y los seguros. Saben cuánto se paga por el auto, pero si no completan una de esas planillas, talvez olviden incluir una cantidad promedio para el mantenimiento del auto. ¿Tienen en cuenta cuánto gastan mensualmente en combustible? ¿Y en el seguro del auto? Esas son las cosas que talvez olviden, y que pueden hundir un presupuesto. También tienen que encontrar una forma de apartar dinero para cualquier emergencia, de manera que no tengan que recurrir a las tarjetas de crédito.

Otro ejercicio valioso es seguirle la pista a los gastos de los próximos treinta o sesenta días. Averigüen en qué gastan el dinero en efectivo, anotando cada gasto en una libretita. Así es, cada gasto. Al final de un par de meses, pueden volver a la planilla con números concretos de

Hoja Simple y Básica de Presupuesto

Ingresos (después de descontar impuestos; también llamado Ingreso Neto Disponible [IND]).

Ingreso 1 _____

Ingreso 2 _____

Total de ingresos _____

Diezmo = 10% _____

Ahorros = 5% _____

Egresos (Anoten todas y cada una de las cuentas adeudadas en este momento y cuánto deben pagar por mes. Nuestras sugerencias están expresadas como porcentajes de IND en cada rubro).

Alquiler/Préstamo hipotecario = 36-38% _____

Servicios
(luz, gas, teléfono) _____

Teléfonos celulares _____

Gastos del automóvil = 12% _____

Seguros = 5%
(auto, vivienda, salud) _____

Tarjeta de crédito 1 = 5% _____

Tarjeta de crédito 2 _____

Cuotas universitarias/colegios _____

Facturas médicas/odontológicas = 4% _____

Cuidado de los niños = 6% _____

Otros gastos mensuales _____
(cable, Internet, cuotas de clubes,
revistas, asociaciones) _____

_____

_____

_____

Total de Gastos _____

Ingresos adicionales
Ingreso Neto (Ingresos – Egresos) = _____
(Alimentos 12%, Esparcimiento 6%,
Comer fuera, combustible, regalos,
ropa 5%, etc.)

¡Inviertan todo lo que sobre!

Diez Pasos para Salir de las Deudas

1. Reúnan todas sus facturas, junto con un lápiz, una calculadora, algunas hojas de papel y carpetas para archivar. Preparen un archivo para cada tipo de cuenta.

2. En una hoja, usando como guía la planilla de la página 139 para no olvidar nada, hagan una lista de sus gastos mensuales. No incluyan las deudas que están tratando de saldar (como tarjetas de crédito); sólo enumeren las cuentas a largo plazo tales como diezmo, hipoteca o alquiler, cuota del auto, servicios, seguros, etcétera.

3. Junto a cada cuenta, anoten la suma (o el monto promedio) que pagan por mes. Luego saquen el subtotal, que representa la suma de dinero que deben pagar a medida que llegan las cuentas.

4. Este paso es el más difícil. Calculen cuánto necesitan adicionar para gastos esenciales como comida, combustible, y otros, por ejemplo: las clases de música de los niños. Calculen el subtotal de estos gastos.

5. Ahora sumen el total de los puntos 3 y 4. Esta cifra representa el presupuesto vital, mínimo (aunque incluso aquí, quizás encuentren manera de hacer recortes. Talvez encuentren un lugar más barato donde comprar sus víveres, o quizás puedan ahorrar en la calefacción). En cualquier caso, ésta es la cifra básica con la cual trabajar.

6. Anoten cuánto dinero ingresa a la casa por mes. Resten el subtotal del punto 5 al ingreso neto. Ahora saben cuánto les queda para pagar las deudas.

7. En una hoja diferente, hagan una lista de todas las cuentas que necesitan cancelar. En este momento anotarán el resumen de las tarjetas de crédito, cuentas médicas u otras deudas.

8. Junto a cada cuenta escriban el total de lo que deben. Esta suma cambiará cada mes, a medida que vayan realizando los pagos y se agreguen los intereses, pero por ahora solamente anótenlos. (Para que esto funcione, escondan todas las tarjetas de

salidas a tomar café, almuerzos en restaurantes, estacionamientos, y otros gastos varios. De esa manera podrán elaborar un presupuesto real, determinando lo que pueden permitirse gastar. Analicen los ingresos. Tengan en cuenta los gastos para vivir. Y las deudas fijas. Y los pagos de las tarjetas de crédito. No calculen solamente en base a pagar el mínimo indefinidamente, ¿qué puedes hacer para saldar cuanto antes las tarjetas? ¿Están gastando más de lo que ganan?

Ahora piensen en sus metas. ¿Qué quieren para el futuro? Un buen asesor financiero puede ayudarlos a resolver cómo lograr esos objetivos. Determinen cuánto dinero pueden permitirse ahorrar mensualmente para metas de corto plazo tales como las vacaciones.

crédito; córtenlas o guárdenlas en el refrigerador. Si quieren liberarse de las deudas, tienen que comprometerse a no seguir agregando gastos.) Luego de que hayan escrito todos los totales, reescriban la lista según el monto, empezando por las cifras más pequeñas. Generalmente, ese será el orden en que intentarán pagarlas.

9. Establezcan una suma normal con la que cuenten para pagar sus deudas. Las tarjetas tienen pagos mínimos, por lo tanto, comiencen por ahí, entendiendo que intentarán, tan rápido como sea posible, superar ese pago mínimo. Una vez que hayan resuelto los pagos mínimos de todas las cuentas, fíjense si queda algo de dinero en el presupuesto. Si es así, el sobrante debería ir a esa primera deuda de la lista, la de la cifra más chica. Apenas esa esté saldada, bajen a la siguiente. Continúen haciendo el pago mínimo, más lo que habían estado destinando a la cuenta que ya saldaron. Entonces, sigan bajando y de esa manera agregarán cada vez más a la principal y saldarán las más grandes con mayor rapidez. Tengan la precaución de pagar al menos el mínimo de todas las cuentas cada mes.

10. En una tercera hoja, anoten cómo irán haciendo los pagos. Si ustedes cobran dos veces al mes, hagan dos columnas; si cobran semanalmente, hagan cuatro columnas. Fíjense en la fecha de vencimiento de cada cuenta y anótenla en el período correspondiente de pago (¡pagar las cuentas en término y evitar intereses por mora será en sí una mejora!). Ahora ya saben lo que tienen que pagar con cada cheque de salario. Hagan fotocopias de esta planilla o guárdenla en la computadora para poder imprimir una nueva cada mes. Cada vez que cobren, saquen las facturas que tengan que pagar y páguenlas.

Adivinen qué ¡están en camino!

Sobre todo, tendrán que ponerse de acuerdo sobre el uso del crédito, y en particular, de las tarjetas. Muchos matrimonios se meten en problemas muy serios por gastar demasiado con las tarjetas de crédito (un aspecto tratado en la pregunta siguiente). Para ayudarlos a establecer y concretar metas financieras, les recomendamos que pongan las tarjetas de crédito en el *freezer*, literalmente. Llenen con agua un recipiente, pongan en él sus tarjetas y guárdenlo en el fondo del *freezer*. Cuando quieran comprar algo, tendrán que ir a la casa, sacar el recipiente y esperar que se descongele. Luego, regresar y hacer la compra. Normalmente, eso les dará suficiente tiempo para pensar si esa compra es importante. A veces, lo es, pero la mayoría de las veces descubrirán que pueden vivir sin ese objeto o que preferirán ahorrar el dinero y comprarlo cuando puedan pagarlo al contado.

78. Estamos completamente endeudados con las tarjetas de crédito. Eso está causando toda clase de tensiones en nuestro matrimonio. ¿Qué podemos hacer?

Como ya habrán descubierto, el crédito crea una ilusión en cuanto a lo que pueden permitirse gastar. Un estudio hecho años atrás decía que una persona que usa tarjetas de crédito gasta un 34% más que si pagara al contado o con cheques. ¿Por qué lo hacen? Porque saben que no tienen que pagarlo en su totalidad demasiado pronto. Esa es la parte peligrosa de esa manera de pensar. Debido a los altos índices de interés para las tarjetas de crédito, la gente debiera usarlas solamente cuando la compra está dentro de su presupuesto.

Lo peor es cuando están en la posición de pagar solamente el monto mínimo de las tarjetas. Ahí es cuando surge la tensión, porque pagando sólo el mínimo, no lograrán saldar las deudas. Normalmente, terminan apenas cubriendo los intereses. Por ejemplo, digamos que gastan $2000 con una tarjeta. El pago mínimo para esa suma serían unos $40. Ese monto ciertamente parece asequible, ¿verdad? Entonces, sólo hacen esos pagos de $40 por mes. Ahora, aquí hay una verdad que nos hace pensar: aunque no volvieran a usar esa tarjeta y se limitaran a pagar los $40 por mes, les llevará años devolver esos $2000 originales. ¡Además, al finalizar ese período, habrán pagado miles en intereses! Así que si usaron la tarjeta para comprar algo que estaba en oferta, ¡al final no resultó ser un negocio!

79. Mi marido es terrible en el manejo de nuestra economía porque odia el trabajo administrativo. Me gustaría llevar las cuentas, pero él cree que es "tarea del hombre". ¿Cómo puedo convencerlo de que me deje manejar las cuentas?

Aquí está pasando algo más. No se trata realmente de la chequera, sino del control. Se trata de una creencia profundamente arraigada de que el hombre tiene que encargarse de la economía porque de otra manera, no es el hombre de la casa.

Dicho esto, es importante que el marido se dé cuenta de que él y su esposa son una unidad. Se complementan. Es posible que una esposa bien orientada en el trabajo administrativo sea muy buena en escribir los cheques, que las cuentas se paguen a tiempo, y que el balance de la chequera cuadre. Sólo porque él sea el hombre de la casa, no quiere decir que sea el más capaz para hacer ese trabajo. Estamos convencidos de que se puede compartir la responsabilidad y usar los talentos en las diferentes áreas del matrimonio. Los estereotipos dificultan las tareas.

Sería sabio de tu parte invitar a una tercera persona para que se sentara con ustedes y les proporcionara consejo y un análisis objetivo. Esa persona puede ser quien haga las preguntas difíciles y los ayude a desarrollar un plan adecuado.

Probablemente les aconseje que el que más disfrute de hacer el trabajo administrativo, deba ser quien lo haga.

Dale a tu esposo la tranquilidad de que no estás intentando tomar posesión de su rol como hombre de la casa. En lugar de eso, estás tratando de aliviarle una carga haciendo algo que él odia pero que tú disfrutas. Si él sólo necesita algo de dinero para gastar, con ese asesor financiero profesional acuerden una cifra de dinero que él tenga a su disposición cada mes para gastarla de la manera que mejor le parezca. De esa forma, él no tiene que rendirte cuentas de cada centavo que gaste, y a la vez el gasto estará limitado al monto que puedan permitirse.

Si tu marido simplemente no lo permite, busca maneras de trabajar con él. Por ejemplo, deja que él escriba los cheques para pagar las cuentas, pero tú asegúrate de que todos salgan por correo a tiempo. Talvez puedas decir: "Déjame ayudar con esto repasando las cuentas y resaltando las fechas de vencimiento." Luego anota los vencimientos en tu agenda, con unos cinco días de anticipación para poder enviar el correo. Aun si pagaras todas tus cuentas por Internet, necesitarás un margen de tiempo. De esa forma, en lugar de tratar de asumir el trabajo de pagar las cuentas, simplemente estarás ayudando a que sea una labor menos estresante para tu esposo. Señala cuánto les han costado las cuentas canceladas fuera del plazo de pago en el último año, y dile que con tu ayuda podrán ahorrar una gran cantidad de dinero por año.

> A cada uno se le da una manifestación especial del
> Espíritu para el bien de los demás. **1 Corintios 12:7**

80. Mi pareja a veces gasta grandes sumas de dinero sin consultarme, sin siquiera decírmelo. Esto no sólo desordena nuestro presupuesto sino que me hace enojar. ¿Qué puedo hacer?

Siempre que hay engaño o traición de cualquier tipo en un matrimonio, se rompe la confianza. Cuando esto involucra las finanzas, con un cónyuge tomando decisiones sin incluir al otro en el circuito, es definitivamente un tema serio.

Necesitas descubrir por qué y en qué gasta el dinero tu cónyuge. ¿Está tratando de llenar una necesidad insatisfecha en su vida? ¿Es un tema de control? ¿Cuál es la raíz de esa conducta? Talvez necesites hablar con tu pastor, con un consejero, o una pareja mayor que puedan apoyarte y ayudarte a manejar el tema. Si no lo abordas, finalmente consumirá hasta los cimientos de tu matrimonio.

Ve a tu pareja y dile: "Te amo. Pero aquí hay una conducta que tenemos que romper." El objetivo no es atacarse o echarse culpas; tu objetivo es interiorizarte para resolver un conflicto. Pónganse de acuerdo en un presupuesto que le permita a tu cónyuge disponer de una suma razonable de dinero que él o ella pueda gastar sin tener que rendir cuentas. Eso impide que el control sea un tema. Pero también tienen que establecer la pauta de que ninguno de los dos gastará más que una cantidad determinada de dinero sin consultarlo con el otro.

81. Uno de nosotros es muy frugal cuando se trata de gastar dinero, pero el otro es un derrochador. Eso nos está provocando muchos roces. ¿Qué puedo hacer para disminuir la tensión en nuestro matrimonio?

Pareciera que no existe límite en las maneras en las que el dinero puede causar fricciones entre los cónyuges. Lee lo que nos contó uno de nuestros oyentes:

Testimonios del Frente de Batalla

"Mi esposo es un soñador y yo soy realista. No tenemos mucho dinero. Es difícil ahora, porque cada vez que él quiere hacer algo divertido, soy yo la que frena su entusiasmo, por causa del dinero. Eso está afectando nuestro matrimonio porque no salimos ni hacemos otras cosas por el estilo. Soy yo la que se sienta a contar los centavos y él, quiere salir a derrocharlos en una buena cena o en cualquier otra cosa."

Este es un problema muy común. Antes de que se casaran, te gustaba que gastaran en ti cuando salían; una vez que te casas es completamente diferente, sobre todo cuando tratan de vivir dentro de un presupuesto y de ponerse metas económicas. Te sugerimos que, si eres una de esas personas frugales, cuando tu pareja te diga: "Salgamos y hagamos algo divertido," deberías confesarle que te produce inseguridad y te da miedo. Admite que cuando oyes hablar sobre gastar dinero mientras están contando cada centavo, tienes miedo de que tu economía se venga abajo. En este punto, tu cónyuge tiene que estar dispuesto a ejercitar precaución con esas decisiones para que tú puedas sentirte segura. Sin embargo, a la vez tienes que pensar en tu matrimonio. Encuentra una manera de separar algunos pesos semanales para hacer algo divertido. Talvez no puedan ir a cenar a un lugar caro, ¿pero pueden ir a un lugar económico o simplemente ir a darse un gusto a otro lugar? ¿Y si van al cine en la matinée? Hagan todo lo posible. Tu cónyuge necesita ese tiempo de diversión y quiere pasarlo contigo. ¡Considérate dichosa! Y busca maneras creativas de que eso suceda.

Nuestro libro 40 *Unforgettable Dates with Your Mate* [*40 Citas Inolvidables con tu Pareja*] da ideas de maneras de conectarte con tu pareja en una salida. El libro sugiere pasos prácticos para arreglar la cita. Cada salida tiene un rango de gastos, desde los muy caros hasta los que son gratuitos. Cada salida está diseñada para que los maridos satisfagan las necesidades de amor de sus esposas y las mujeres las de ellos. Puedes adaptar la salida a las preferencias particulares de tu cónyuge. Las preguntas al final de cada capítulo te brindan apuntes de temas de conversación para usar durante la salida. La comunicación puede ser un modo muy práctico y barato en que tú y tu pareja se conecten.

82. ¿Deberíamos tener cuentas bancarias separadas?

Nuestra primera respuesta a esta pregunta sería: "¿Por qué tendrían cuentas bancarias separadas?" Como pareja casada, los dos se han convertido en uno, por lo tanto tienen que ser uno en todas las áreas de la vida. Tener una cuenta en conjunto les dará la oportunidad de compartir sus valores sobre dinero, discutir sus objetivos y pagar sus cuentas. Estarán ambos al tanto de dónde viene el dinero y a dónde va.

Un espíritu de independencia en esta área puede causar todo tipo de problemas. Cuando escuchamos una pregunta como ésta, no podemos sino preguntarnos sobre cuestiones de control en el matrimonio. Si alguno necesita controlar el dinero, demuestra que hay una falta de unidad y de confianza. Huele a autosuficiencia. Quizás sea la esposa quien dice: "No confío en la manera en que mi marido maneja el dinero, por lo tanto voy a tener una cuenta separada: mi cuenta, mi chequera; su cuenta, su chequera." Esto puede sonar inofensivo en teoría. Pero entonces, ¿quién paga la cuenta de la luz? ¿La dividen en dos? ¿Produce eso unidad en su matrimonio? No la produce. Esto acaba con la unidad.

En cambio, deberían ver sus ingresos como provisión de Dios para la familia, y trabajar juntos para ser buenos administradores de los recursos que él les ha dado. Esto abre nuevas posibilidades en la comunicación, porque buscarán juntos la guía de Dios sobre dónde dar el diezmo, cómo pueden ayudar a alguien necesitado, cuánto quieren ahorrar para el futuro, etcétera.

> Más valen dos que uno, porque obtienen más fruto
> de su esfuerzo. Si caen, el uno levanta al otro. ¡Ay del
> que cae y no tiene quién lo levante!   **Eclesiastés 4:9-10**

83. No sentimos que tengamos suficiente dinero como para diezmar. ¿Es tan importante dar el diezmo?

Las preguntas que te hacemos son las siguientes: ¿Han examinado en detalle con tu cónyuge el presupuesto para saber exactamente cuánto ingresa y cuánto gastan? ¿Han analizado detenidamente los detalles de su presupuesto?

Mateo compartió su historia con nosotros:

Testimonios del Frente de Batalla

"Casi siete años atrás, mi esposa y yo tomamos la determinación de diezmar. En ese momento, teníamos una deuda bastante considerable con la tarjeta de crédito. Sabíamos que era importante saldar esa deuda, pero lo que pasó es que la deuda siguió creciendo lentamente. Hemos destinado cada peso disponible para pagarla. He llegado al punto en el que descubro que nos roba el gozo de ofrendar al Señor. Necesitamos decírselo a todos los que no lo sepan. Nos resulta difícil diezmar. Por supuesto, he orado y estoy convencido de lo siguiente: Dios quiere que yo saque esa deuda de mi camino para que pueda volver a diezmar y a dar ofrendas como él lo indica."

Disponer siempre de poco dinero en caja puede agotar a una pareja. El primer paso es analizar bien de cerca el presupuesto. Con frecuencia, también es bueno tener una tercera persona involucrada, porque puede ayudarlos a identificar áreas donde están gastando dinero de formas que no se han dado cuenta. Otra forma es rastrear durante treinta días cada gasto que hagan, sin importar cuán pequeño sea. Tomen una pequeña libreta de espiral y, cada vez que saquen dinero para pagar algo, anótenlo allí. Esto puede abrirles los ojos y ayudarlos a ver en qué se va el dinero.

Pero avancemos un paso más. Quizás ya hayan hecho ese ejercicio y redujeron el presupuesto hasta lo básico; ya no queda nada libre en el presupuesto. Recuerden que Dios quiere que estén libres de deudas. Quiere librarlos. Las deudas no sólo les roban la alegría de dar, sino que los coloca en la posición de un sirviente. Dado este contexto, tienen dos recursos: tiempo y dinero. Si recortan un poco del dinero que dan a la iglesia, podrían reemplazarlo por una ofrenda de tiempo y talentos. Entonces, cuando hayan saldado sus deudas, podrán volver a disfrutar del gozo de diezmar.

84. Mi pareja maneja las finanzas, y yo no sé nada del proceso. ¿Qué tengo que saber en caso de que le sucediera algo?

Debieran trabajar juntos en el presupuesto doméstico, y tener ambos conocimiento de cuánto dinero hay. La persona que maneja las cuentas día a día, debería mantener al otro al tanto en relación a los ingresos, gastos, cuentas, gastos nuevos, nuevos planes de pago, etcétera. Ambos deberían saber qué hay en el banco a diario, para que ninguno sobrepase la cuenta.

Una buena idea es tener un lugar donde archivar los extractos de cuentas, facturas, acuerdos de pago y otros documentos. Entonces, si algo pasa, será fácil acceder a la información. Sin embargo es fácil que se olviden de mostrarle al cónyuge cómo funciona el sistema: desde controlar la chequera hasta presupuestar un sistema de pagos. La próxima vez que tu cónyuge pague las cuentas, siéntate cerca y únete a él. ¿Por qué no ayudarlo tomando el control del sistema de pagos por un mes o dos? Eso te ayudará a estar mejor preparado si surgiera la necesidad de tener un conocimiento completo de tus deudas y la agenda de pagos. O pídele a tu cónyuge, quien administra el dinero, que haga una planilla que contenga todas las claves de los documentos financieros.

Uno de nuestros oyentes nos relató lo siguiente:

Testimonios del Frente de Batalla

"Mi esposo viaja al exterior bastante a menudo; a veces, a lugares peligrosos. Una vez, antes de irse, me dio un documento de una página que enumeraba todo nuestro patrimonio financiero y nuestros gastos. Incluyó una lista de dónde podría encontrar los documentos importantes que yo necesitaría en caso de que le sucediera algo. También me dio los números de las cuentas bancarias y las claves de las cuentas electrónicas. Hasta calculó cuál sería mi ingreso y gastos mensuales si él moría. No me malinterprete. No era un ejercicio morboso. Fue un regalo de amor de un esposo que estaba pensando en el futuro y quería anticiparse a cuáles serían mis necesidades si de repente tuviera que vivir sin él. Tomamos la mayoría de las decisiones financieras juntos, así que él sabe que yo podría manejarme en ese aspecto. Sólo quería estar seguro de que yo tendría las herramientas y la información si era necesario."

Piensa qué puede hacer tu cónyuge para informarte y prepararte para manejar tus finanzas.

85. Mi esposo se quedó sin trabajo. Se siente muy deprimido porque no puede mantenernos como lo hacía. ¿Qué puedo hacer para ayudarlo?

A veces, el enemigo de Dios acosa la autoestima de un hombre haciéndolo sentir un inútil cuando pierde el trabajo. Y a veces, eso puede llevar al aislamiento espiritual. El hombre que enfrenta un deterioro económico puede pensar: *¿Sabes? Quizás Dios no pueda proveer. Quizás él no pueda atender nuestras necesidades. Quizás no sea lo suficientemente grande como para manejar todo esto.* Y entonces talvez comience a dudar de Dios y hasta de su fe.

¿Qué puedes hacer como esposa? Puedes ayudar a tu marido a cuidar su corazón. ¿Cómo? Ambos pueden permanecer firmes en Cristo, pues alejados de él ninguno de nosotros puede hacer nada. Cristo da la fuerza para superar cualquier situación. Tus oraciones por él serán de ayuda. No hay nada como las plegarias de una esposa que ora. Pueden cambiar la vida de tu esposo. Permite que tu fe lo sostenga durante este tiempo. Permite que tu confianza lo anime. Dile todas las razones por las cuales te casaste con él. Dile que Dios sí proveerá. Recuérdale que busque los milagros, porque tú estás buscando el poder obrador de milagros de Jesucristo cada día. Jamás permitas que tu esposo piense que está caminando solo. Dios los sostendrá a ambos. Si eres madre y ama de casa, talvez puedas considerar, de acuerdo con tu esposo, trabajar durante un tiempo para ayudar a atender las necesidades económicas de la familia. Asegúrate de que ambos hayan orado sobre los planes que tienen para este año, los objetivos que se propusieron, cómo será la búsqueda laboral de tu esposo durante estas semanas o meses, y cómo protegerán la seguridad de sus hijos si no están acostumbrados a que tú trabajes fuera de casa. Y lo más importante, sé consciente de que son un equipo, y cuando uno de ustedes está herido, el otro puede intervenir y llevar la carga por un tiempo.

Busquen primeramente el reino de Dios y su justicia, y todas estas cosas les serán añadidas. Por lo tanto,

no se angustien por el mañana, el cual tendrá sus
propios afanes. Cada día tiene ya sus problemas.

Mateo 6:33-34

Aprovecha esta oportunidad para asistir a un estudio bíblico con tu esposo. Nuestro libro *Renewing Your Love [Renovando tu Amor]* puede ayudarte a crecer espiritualmente y en el amor del uno por el otro.

Los Suegros

Preguntas de este capítulo:

Preguntas de este capítulo (cont.):

86. ¿Cómo establecemos los límites con nuestros suegros?

Lee lo que nos contó Jimena:

Testimonios del Frente de Batalla

"Mi marido y yo discutimos continuamente a causa de mi suegra y nuestra relación es tan tirante que somos incapaces de encarar otros temas. Creo que el problema es la falta de límites. Su mamá me ve como a alguien que ella tiene que mejorar y también nos impone su punto de vista. A veces, mi esposo se pone de su lado y eso origina conflictos entre nosotros."

Cuando los problemas con los suegros hacen que tú y tu pareja no puedan manejar otros asuntos del matrimonio, es necesario que hagan algo. Los dos tienen que hablar sobre algunas de las consecuencias de este continuo problema con ellos. Talvez puedas comenzar por decir: "¿Cómo está afectando esto a nuestra pareja? ¿Cómo está afectando a nuestros hijos, a los nietos? ¿Cómo afecta a nuestra conexión?" No eches la culpa; sólo considera con objetividad el impacto que este roce causa en tu matrimonio. Pide aclaraciones. Descubre lo que siente o sufre tu cónyuge. Sé abierto. La idea no es echar culpas ni iniciar otra discusión; en lugar de eso, lo que necesitas es conocer el punto de vista de tu cónyuge sobre este asunto. Entonces, dile por ejemplo: "¿Podríamos poner aunque sea un límite a tu madre o a mis padres?" Da un paso a la vez. Y simplemente comunicándose, comenzarán a comprenderse más uno al otro. Pueden cuidar de cada uno cuando los suegros estén cerca. Pueden sostenerse de maneras sutiles. Lo necesitan. Recuerda, primero y por sobre todo, tienes que proteger a tu matrimonio y a tus hijos.

En cierta manera, la tarea es delicada: Tenemos que dejar a nuestros padres y unirnos a nuestra pareja (Génesis 2:24), pero no podemos descuidar el quinto mandamiento, que es honrar a nuestros padres.

> Honra a tu padre y a tu madre, para que disfrutes de
> una larga vida en la tierra que te da el SEÑOR tu
> Dios.   **Éxodo 20:12**

Pongan límites juntos en cuanto a los suegros, que les permitan a ustedes unirse y a la vez honrar a las dos parejas de padres.

87. No me llevo bien con los padres de mi pareja ni con su familia. ¿Hay algo que pueda hacer para que las vacaciones y otros momentos juntos sean más tolerables?

Los problemas con los suegros son muy frecuentes. Lee la historia de Caty:

Testimonios del Frente de Batalla

"Hace cosa de cuatro meses, tomé la decisión de no hablar más con mi suegra. Nunca nos llevamos bien y hubo mucha hipocresía. Finalmente, decidí que no quería tener más problemas con ella. Ahora estamos en una situación tal que cuando mi esposo va a visitar a su familia (que vive a unos 300 kilómetros), yo no voy. Me siento convencida de que el Señor está tratando de decirme que ésta no es una solución a largo plazo, pero no sé a dónde recurrir. Sé que mi orgullo se interpone porque estoy herida. Me gustaría restaurar la relación con mi suegra, de manera que al menos pudiéramos ser civilizadas. Me gustaría ser capaz de visitarla y hospedarme en su casa."

Los problemas con los suegros son malignos porque, aunque los suegros estén fuera del matrimonio, la actitud hacia ellos puede arruinar la relación con tu cónyuge. Tu pareja se siente atrapada en el medio, forzada a protegerte y a amarte, y a la vez quiere que ames a sus padres. Ambos quieren vivir en armonía con los abuelos para que ellos puedan disfrutar de sus nietos. Todos quieren tener paz y unidad en la familia.

Sin embargo, a veces la situación es muy difícil; las personalidades chocan tanto, o hay tal fricción entre tú y tus suegros, que estar juntos es casi imposible. Entonces, ¿qué puedes hacer si estás enfrentando esta clase de problema?

Talvez puedas dirigirte de a uno a tus suegros, ¡después de que hayas orado mucho, por supuesto! Es necesario que tu suegra o suegro te miren a los ojos, escuchen el tono de tu voz, y vean tu humildad. Explica por qué te sientes herido. Dile que quieres llevarte bien por el bien de tu pareja y de tus hijos. Haz que el foco esté puesto en ti. Toma la responsabilidad en la relación.

Sé consciente de que no podrás cambiar a tus suegros, sin importar cuánto lo desees o cuánto ellos tengan que cambiar. Por supuesto, mientras buscas vivir en paz con tus suegros (ver Romanos 12:18), pídele sabiduría a Dios. Necesitas límites para que no se abuse de ti ni te maltraten delante de los niños. Tienes que ser claro(a), conciso(a) y honesto(a). Quizás no seas capaz de resolver la situación, pero al menos puedes declarar una tregua que le permitirá a toda la familia visitar a los abuelos. La vida es corta, y no hagas algo de lo que debas arrepentirte.

> Si es posible, y en cuanto dependa de ustedes, vivan en paz con todos.   **Romanos 12:18**

88. Mis suegros no son cristianos y no les agrada el hecho de que Cristo sea tan importante en nuestro matrimonio. ¿Qué puedo hacer para que las visitas sean más soportables?

Es bastante difícil construir un matrimonio cristiano. Es muy difícil cuando tienes que sumarle suegros que no son comprensivos y hasta incluso atentan o socavan tu fe. Lee lo que contó Adán

Testimonios del Frente de Batalla

"Mi esposa y yo somos cristianos, nos casamos hace poco más de un año. Mis suegros no son cristianos. Es muy difícil para mí decir la verdad en amor. Esa es la lucha que estoy librando. Trato de evitarlos todo lo posible. Mantengo conversaciones breves. Cuando vienen de visita, me voy a otra parte de la casa

luego de saludarlos. Los evito porque tengo el temor de que
terminemos en un conflicto. Ya he visto la manera en que
reaccionan. Una vez que se menciona el tema de la fe, empiezan
a levantar la voz y a enojarse. Soy una persona bastante
tolerante, pero si ellos comienzan a gritar y a insultarme en mi
propia casa, temo decir algo que luego lamentaré."

Talvez no te agrade, pero probablemente tengas que darte cuenta de que tú y tu cónyuge quizás sean precisamente las personas que Dios está colocando en las vidas de tus suegros para amarlos a pesar de sus actitudes.

> Queridos hermanos, amémonos los unos a los otros, porque el amor viene de Dios, y todo el que ama ha nacido de él y lo conoce. El que no ama no conoce a Dios, porque Dios es amor.   **1 Juan 4:7-8**

Aquí hay un par de cosas que puedes hacer: encuéntrate a solas con cada uno de tus parientes políticos (suegro, suegra, cuñado, cuñada). En otras palabras, divide. No decimos: dividir para conquistar, sino dividir para servir. Y mientras dividas, muéstrale amor a cada uno. Acentúa las cosas positivas. Deja que todos vean las cualidades de Jesucristo en tu vida. Hemos descubierto que cuando las personas tienen estas relaciones familiares difíciles, pueden mejorarlas si tratan de a uno con las personas más complicadas. Antes de que pase mucho tiempo, ¡talvez te encuentres con que tus suegros están haciéndote elogios disimulados frente a tu cónyuge! ¡Imagínate! Y luego, cuando estén nuevamente en grupo, talvez quedes pasmado de ver cómo se ponen de tu lado, y algunos de esos temas conflictivos comienzan a calmarse.

No será fácil, pero a la larga valdrá la pena. Tus suegros estarán cerca por mucho tiempo, y ¡honrarlos refleja el trabajo que Dios está haciendo en tu vida!

89. A mi esposo lo trasladarán por trabajo y tenemos que mudarnos, pero mis padres están convencidos de que yo no debo alejarme de ellos, que esa no puede ser la voluntad de Dios. ¿Qué puedo decirles?

En primer lugar, debes ponerte de acuerdo con Dios y con tu cónyuge que mudarse es lo que deben hacer. Una vez que hayan orado y hablado sobre el tema como pareja y hayan recibido una clara señal de Dios, es necesario que sigan su guía. Si vas al primer libro de la Biblia, leerás: "Por eso el hombre deja a su padre y a su madre, y se une a su mujer, y los dos se funden en un solo ser" (Génesis 2:24). Esa unión los convierte en un elemento distinto de ambos pares de padres.

No es fácil. Tenemos una hija casada que vive a varias horas de viaje de nosotros. ¿Crees que nos resulta fácil cuando queremos pasar tiempo

Ideas para Agasajar a tus Suegros

Sandra escribe:

"Hace un año y medio que estoy casada. Hay algo muy sencillo que hago para que mi suegra sepa que no quiero quitarle a su hijo y que no soy una amenaza para su relación. La llamo para que me dé recetas y consejos de cocina. Le he pedido consejo sobre cómo preparar el plato favorito de su hijo y algunas otras cosas. A mi suegra le encanta que valore su opinión. Esa cordialidad mantiene sana la relación y ella sigue sintiéndose parte de la vida de su hijo y de la mía. ¡Y eso también hace feliz a mi esposo!"

Ana escribe:

"Ora y pídele a Dios que te ayude a amar y servir a tus suegros incondicionalmente. Es muy fácil amar a los suegros si ellos te aman, pero es difícil cuando no lo hacen. Y solamente Dios puede darnos la gracia, misericordia y fuerza para amarlos de manera incondicional. Los míos han fallecido. Cuando aún vivían, muchas veces tuve que orar y pedir fuerzas para amarlos y ahora no tengo remordimientos."

Andrea escribe:

"El mejor consejo que tengo es que se respeten y se amen. Yo amo profundamente a mi suegra porque es la mamá de mi esposo. Sólo por eso la respeto y la amo. Ella lo dio a luz y crió al hombre más maravilloso que conozco."

Cloé dice:

"Acércate más a tu suegra y a tu suegro, y relaciónate con ellos. Quiero decir, haz algo. Encuentra algo que las dos disfruten y conéctate, porque eso es lo que fortalece las relaciones. Tú debes dar el primer paso."

con ella, su esposo y su bebé los fines de semana? No, claro que no. Nos encantaría estar cerca de ellos. Pero sabemos que necesitamos dejarlos partir, bendecirlos, soltarlos, y ellos necesitan alejarse y bendecirnos. Así que si Dios los está dirigiendo y con tu cónyuge están de acuerdo, debes saber que sentirás algo de tristeza y que serán necesarios ajustes importantes.

Obviamente, sería mejor si tus padres te soltaran y bendijeran. Pero si eso no ocurre, establece algunos límites. Sigue haciendo lo que estás haciendo. Sigue orando. Mantente conectado con tu cónyuge; ama a tus padres; ora por ellos. Entrégale todas esas emociones al Señor. Ora para que, a su tiempo, tus padres se deleiten en lo que Dios está haciendo en tu vida, mientras tú realizas el plan que él tiene para ti.

90. Mis padres siguen intentando sabotear la relación con mi pareja. Hacen comentarios muy duros sobre lo que consideran que no está bien. ¿Qué puedo hacer?

Probablemente te gustaría decirles: "Consíganse una vida, ustedes, y dejen de sabotear mi matrimonio. Este es mi esposo y estamos construyendo nuestro matrimonio." Pero esa probablemente no sea la mejor manera de encarar la cuestión.

En lugar de eso, es necesario que tú y tu esposo estén unidos; hazle saber a tu familia que cuando rechazan a tu esposo, están rechazándote a ti. Si se enfadan y lo manifiestan de alguna manera, están tratando de arrastrarte hacia un modelo de comportamiento nocivo. No muerdas el anzuelo. En cambio, ora por ellos. Ámalos, hónralos. Anímalos, pero apoya a tu cónyuge. Eso logrará unas cuantas cosas. Primero, posiblemente desalentarás su comportamiento; después de algunos meses, quedará claro que no te han hecho cambiar de parecer. Segundo, esto ayudará tanto a la autoestima de tu cónyuge que se sentirá muy atraído por ti y experimentará una sensación de seguridad y conexión. El resultado es que tu matrimonio se fortalecerá.

Esto llevará tiempo. Quizás la situación nunca cambie por completo. Pero sé consciente de que no puedes controlar su conducta. El Espíritu Santo tiene que convencerlos y transformarlos desde adentro. Mientras tanto, haz todo lo que puedas por mostrar respeto y honrarlos mientras dejas bien en claro dónde estás parado(a).

91. Mi suegra domina a mi esposo. ¿Cómo puedo hacer que se aleje sin herir los sentimientos de ambos?

A menudo escuchamos esto en las sesiones de consejería, y con frecuencia es una situación en la que el marido se hace cargo de una madre que ha enviudado o se ha divorciado. El esposo trata de estar a disposición de su madre. Así que cada vez que su mujer se queja, se siente amenazado y enojado porque sólo está tratando de hacer lo que siente que está bien. El problema es que a veces su madre puede ser un poco déspota. Talvez llame a toda hora y espere que su hijo venga a encargarse de algunas tareas. Talvez ella espere que él cuide de su jardín, sin tener en cuenta que él ya tiene su propio jardín en el cual trabajar. Hay muchas maneras en que puede manifestarse la naturaleza controladora de un padre. A veces es la esposa la que es controlada por su madre.

Ofrecemos algunas sugerencias para lograr que un padre deje de controlar tu matrimonio. Quizás haya otros hermanos que puedan ayudar, y quizás no. En cualquier caso, tú y tu pareja tienen que ser lo suficientemente maduros para poner ciertos límites al control de los padres, pero no tiene por qué suceder de la noche a la mañana. Por ejemplo, no sería sabio que el esposo repentinamente dejara de pasar mucho tiempo con su madre. Es un proceso. Si hay hermanos, alienta a tu esposo a que comience con uno o dos de los hermanos a los que esté más unido y que estén dispuestos a ayudar y a compartir la responsabilidad en una forma delicada. Aun si viven lejos, hay maneras en que pueden ayudar. Uno de los hermanos puede llamar a un muchacho de la cuadra para que corte el césped a su mamá y le mande un giro una vez al mes para pagarle el trabajo. Otro hermano o pariente puede encargarse de saber cómo está, llamándola o enviándole una carta con cierta frecuencia. Eso aliviará la carga emocional de tu esposo. Es necesario que sus hermanos comprendan que él está tratando de cuidar su matrimonio y sus hijos, y que ocuparse tanto de su madre le está causando dificultades en su vida familiar. Vean qué otros hermanos pueden tomar una parte de esta responsabilidad.

Si tu marido no tiene hermanos, considera, con su aprobación y cooperación, contactarte con otros parientes o los vecinos de su madre para que la asistan, o pedirle ayuda a la gente de su iglesia. Dando pasos como estos, tu esposo sentirá que su madre estará cuidada y podrá concentrarse en sus responsabilidades familiares y laborales.

Tu intención no es rebajar los cuidados que tu esposo brinda a su madre, así que es importante que estés segura de que él lo entienda. Lo que quieres es que él sea capaz de poner límites sanos.

92. Con mi pareja vivimos momentos difíciles en el pasado. Nosotros nos hemos reconciliado, pero mis suegros no pueden perdonarme. ¿Qué puedo hacer?

Este es un problema frecuente: cuando un matrimonio sufre, el dolor tiende a derramarse al resto de la familia. Lee la historia de Joel:

Testimonios del Frente de Batalla

"Mi esposa y yo hemos pasado hace poco un tiempo muy difícil. Ella presentó una demanda de divorcio y estuvimos separados durante un tiempo. La buena noticia es que Dios restauró totalmente nuestra familia. Estamos mejor que nunca. Pero su familia preferiría sacarme de la escena. Ellos no pueden perdonarme y no entienden por qué mi esposa me ha aceptado nuevamente. Pasaremos Navidad con la familia de mi esposa. Eso será muy difícil. ¿Cómo debería manejarlo?"

Preparamos a las personas para que no traten de resolver un conflicto familiar durante las vacaciones porque esto puede originar todo tipo de recuerdos desagradables en las vacaciones siguientes. Es necesario que vayas directamente a tus suegros, talvez de a uno. Primero habla con el padre de tu cónyuge. Reúnanse; traten de intercambiar algunos cumplidos. Vayan a caminar o, al menos, estén en algún lugar neutral donde no haya distracciones. Míralo a los ojos y simplemente dile: "Amo a tu hijo(a) y Dios está restaurando nuestro matrimonio. Solamente quiero que sepas que realmente estoy dedicado a esta restauración y estoy muy agradecido de que Dios nos haya dado otra oportunidad."

Por supuesto, esto no va a resolver todo el asunto. Si le has sido infiel a tu esposa (la nena de papá), a él se le hará muy difícil confiar en ti. Talvez te pregunte: "¿Por qué debería creerte?" Es necesario que te des cuenta de que llevará tiempo reconstruir la confianza que tú quebraste. Y puedes decírselo. Sin embargo, en este punto, no te metas en una larga discusión sobre lo ocurrido y dile que estás tratando de hacer las cosas de otra manera. En este primer encuentro, simplemente asegura que estás agradecido por tu matrimonio y que estás abierto al trabajo que Dios está haciendo. Déjalo así. Eso te prepara el terreno para que vivan el festejo de la reunión sin tener que ignorar que la familia siente que eres el elefante en el bazar. No obstante, dentro de un tiempo, luego de que hayan pasado las vacaciones, tendrás que expresar honesta y sinceramente que estás apenado y arrepentido. Luego tendrás que demostrar tu compromiso con el matrimonio y con tu esposa.

> Honra a tu padre y a tu madre, como el SEÑOR tu
> Dios te lo ha ordenado, para que disfrutes de una
> larga vida y te vaya bien en la tierra que te da el
> SEÑOR tu Dios.   **Deuteronomio 5:16**

93. Uno de nuestros padres tiene que mudarse a nuestra casa porque necesita ser cuidado. ¿Qué consejo me darían para evitar que la situación sea traumática para nuestro matrimonio?

Aunque no lo desees, esta situación probablemente tendrá un costo para tu familia. Pero también puede ser una bendición increíble.

Por ejemplo, (habla Gary) mi abuelo materno vivió con mi familia durante un tiempo cuando yo era adolescente. Fue una gran experiencia para mí. Y para mis padres también resultó buena, porque mi abuelo era sensible a la necesidad de ellos de conectarse entre sí. Cuando mi padre llegaba a casa de trabajar, mi abuelo se iba de la sala porque sabía que ellos necesitaban un tiempo para conversar.

No todos los padres son tan adaptables, por eso necesitarás establecer algunos límites para asegurarte de que tu matrimonio no resulte dañado. Es necesario tener expectativas realistas, porque esta nueva persona en el hogar, modifica la dinámica. Tienen que definir con tu cónyuge la función de cuidado: qué cosas hará cada uno, cuánto tiempo se espera que esté con ustedes, y cual será la mejor manera de cuidarlo. Por ejemplo, ¿es necesario que todo el tiempo haya alguien en casa con él? ¿Llegará un momento cuando el cuidado físico sea demasiado exigente? En ese caso, ¿qué deberían hacer?

Talvez sea duro y hasta parezca despiadado, pero es necesario que hablen de estos asuntos y sean muy realistas sobre lo que cada uno puede y no puede manejar. A menudo tratamos con personas que hablan de estas situaciones utilizando estos términos: Dicen: "En los próximos tres meses, vamos a hacer esto. Luego, lo reevaluaremos."

Si llevas a uno de sus padres a tu casa, estás demostrando consideración, y eso es importante. No obstante, si la situación empieza a perjudicar tu matrimonio y no puedes resolver el problema de manera saludable para todos, debes tener en cuenta que tu matrimonio necesita estar en primer lugar.

CAPÍTULO 12

La Enfermedad

Preguntas de este capítulo:

94. Mi pareja está luchando con la depresión. ¿Cómo puedo ayudarlo(a)?

Nosotros hemos atravesado momentos difíciles con la depresión. Gary estuvo deprimido durante varios meses, luego de que su padre falleciera. Esos momentos no son agradables. Son duros. Pero son los momentos en los que pueden unir a su matrimonio en un nivel más profundo.

En nuestro libro *Divorce-Proof Your Marriage* [*Matrimonio a Prueba de Divorcio*], identificamos seis diferentes amores bíblicos que pueden ayudar a una pareja casada a lo largo del tiempo. El amor que persevera ayuda al hombre y a su esposa a seguir adelante durante las pérdidas, adversidades, dificultades, y a salir triunfantes.

¿Qué puedes hacer para mantenerte firme, para perseverar, cuando vienen los momentos duros en que tu cónyuge enfrenta la depresión? Si tu cónyuge parece estar lidiando con lo que podrían ser síntomas de una depresión clínica, asegúrate de que vea a un médico y siga sus instrucciones. Si el médico lo recomienda, alienta a tu pareja para tome su medicación por un tiempo. A menudo, la depresión está exacerbada por dificultades matrimoniales. Siempre que ustedes tengan una buena relación, evita echarte la culpa de su estado. Si han tenido conflictos importantes, debes estar dispuesto a examinar tu corazón y la relación para ver qué puede hacer cada uno para aportar alivio y gracia al matrimonio.

Sin embargo, si tu cónyuge está deprimido por otras situaciones de la vida, las sugerencias del cuadro de la página siguiente pueden ayudarte.

> [El amor] todo lo disculpa, todo lo cree, todo lo espera, todo lo soporta. **1 Corintios 13:7**

En nuestro libro *Divorce-Proof Your Marraiage*, parte 4, "Amor que Persevera", brindamos muchas historias personales y muchos más detalles sobre cómo crecer en una situación como ésta.

95. Mi pareja ha comenzado a consumir drogas. No esperaba esto. ¿Qué debería hacer?

Perseverando a Través de la Depresión: Consejos para el Cónyuge

- **Exprésale amor incondicional a tu cónyuge.** Aún cuando no sepas qué decir, pasa tiempo con tu pareja. Los tiempos en silencio pueden resultar sanadores. Los amigos de Job pasaron siete días en silencio con él (Job 2:13).

- **Prodígale cariño no sexual.** Los abrazos y los pequeños contactos demuestran que no lo abandonarás. Déjalo llorar en tus brazos.

- **Oren juntos.** Lean juntos la Palabra de Dios, a veces en voz alta, otras veces en silencio. Hablen sobre lo que leen.

- **Evita caer tú mismo en el pozo depresivo.** Los sentimientos de desesperación y depresión de tu cónyuge pueden invadirte, pero no permitas que te abrumen. Cuídate y resiste fuertemente esos sentimientos negativos y el diálogo dañino contigo mismo.

- **Busca consejo bíblico para ti.** Ábrete a tu pastor, maestro, consejero o amigo. Comparte con tu cónyuge lo que hayas descubierto. Aliéntalo también a comunicarse con amigos de su propio sexo. Permite que el cuerpo de Cristo ministre a tu pareja y comparta su dolor y su carga.

- **Haz que tu cónyuge haga ejercicio físico.** Salgan juntos a caminar. Ayuda a que tu pareja permanezca en actividad aún cuando no tenga ganas. La depresión puede empujar a la persona dentro de un oscuro túnel.

- **Haz pequeñas salidas** con tu cónyuge.

- **Aliéntalo a que coma sano.** Y que beba líquido.

- **Acércate a otras personas.** Sirve a los demás. Alienta a otros. Participa en un pequeño grupo, un sitio seguro donde puedas abrir tu corazón.

- **No apures la recuperación de tu cónyuge.** Admite que talvez lleve meses o años para que tu cónyuge se sienta mejor. Puedes aprender a tener paciencia y mostrar amor incondicional a tu pareja durante este tiempo.

Esta clase de situaciones son verdaderamente desgarradoras. Recibimos la siguiente llamada de Enrique:

Testimonios del Frente de Batalla

"Mi esposa tiene problemas con la bebida. Ella lo reconoce, pero ha dejado de asistir a la consejería. Dice que es su manera de

Perseverando a Través de la Depresión: Consejos para la Persona Deprimida

- **Ora.** Comparte con Dios las penas de tu corazón.
- **Lee las Escrituras.**
- **Permite que otras personas te sirvan.** Recibe de buena manera la presencia de tu cónyuge a tu lado. Acepta las palabras de aliento de un amigo.
- **Haz largas caminatas.** El esfuerzo físico ayudará a sanar tu corazón, tu mente y tu cuerpo. La belleza de la naturaleza puede ser reparadora.
- **Da largos paseos.** Es una manera de salir de tu rutina diaria y quizás puede darte el escape que necesitas, al menos, temporalmente.
- **No apures tu recuperación.** Puede llevar meses o incluso años sentirte mejor. Ten la certeza de que esta etapa terminará. Hay un comienzo, un proceso y un final para cada problema. Adopta la actitud de "esto también pasará."
- **Recuérdate que Dios te acompañará en esta situación;** un paso a la vez.

manejar mi constante ataque. Quiero hacer y decir lo adecuado para alentarla. Pero no importa con cuánta insistencia yo ore o piense al respecto, siempre termino haciendo lo incorrecto."

La bebida está anestesiando a la esposa de Enrique, insensibilizándola a toda clase de dolor que tenga. ¿Qué puede hacer un esposo en esta situación? Quizás te sientas identificado con la historia de Enrique. Estos pasos de sanidad pueden ayudarte a ti también:

Primero, como eres el cónyuge sano, tienes que intervenir espiritualmente, a través de la Palabra de Dios, de la oración, del compañerismo, del apoyo de otras personas. Considera si puedes lograr que tu cónyuge acceda ingresar a este proceso con un grupo pequeño de personas, a través de tu iglesia o de amigos cristianos que lo cubran con oración. El diablo quiere alejar a tu esposo o esposa del cuerpo de Cristo. Así es como trabaja. Arroja a las personas en la oscuridad, en el engaño, en la confusión. Tienes que contraatacar con oración por tu bien y el de tu cónyuge.

Segundo, debes proteger emocionalmente tu matrimonio escuchando a tu cónyuge, comprendiéndolo(a), ayudándolo(a) a revisar las situaciones dolorosas que él o ella está intentando adormecer con la bebida (o drogas).

Que no vaya solo(a) a consejería, a Alcohólicos Anónimos o a cualquier otra organización; acompaña siempre a tu cónyuge herido(a).

Tercero, debes asegurarle tu amor y aceptación incondicional. Hazle saber que lo(a) estás acompañando en este dolor, y que estarás allí en el largo camino. Que estás comprometido con tu matrimonio.

Recuerda tus votos: "en salud y enfermedad". El abuso de sustancias es una especie de enfermedad. No puedes controlar o cambiar a tu pareja, pero puedes comprometerte con él(ella) y con el matrimonio. Puedes escoger la opción de no separarte de la persona con la que te casaste y orar por el poder sanador de Dios para transformarlo. Y no subestimes tu influencia sobre tu cónyuge. Apunta hacia las buenas decisiones y a las elecciones sanas. Haz todo con amor, y en lo posible, evita regañarlo(a). Sé un ejemplo amoroso para tu cónyuge.

96. Mi pareja está enfrentando una larga enfermedad. ¿Cuál es la mejor manera de apoyarlo(a) en esta etapa?

Lee esta conmovedora historia de uno de nuestros oyentes:

Testimonios del Frente de Batalla

"Quiero hablarles sobre mi padre y mi madre. Mi mamá se enteró de que tenía cáncer de pecho cuando estaba por cumplir cuarenta años. Era una mujer muy hermosa, alta y escultural, con una figura privilegiada, así que fue devastador para ella. Después de la cirugía, se sentía menos atractiva, menos femenina y deseable. Y mi padre, que en general no es demasiado bueno para expresar esa clase de cosas, le compró las sábanas de satén que ella siempre había querido. Y luego fue al menos a diez diferentes boutiques de damas y le compró camisones que disimularan la pérdida de su pecho y lograra que se sintiera atractiva y sexy. Esos gestos de amor recorrieron un largo camino hacia la sanidad psicológica y emocional de mi madre."

Los efectos de una enfermedad prolongada en un matrimonio son notables. Es una la persona enferma, pero son ambos los que sufren. Hay pérdida en los ingresos, pérdida de intimidad, de autoestima, y de mucho más.

Aquí es donde interviene el amor que persevera. Aquí es donde debe cumplirse ese voto que dijiste, "en salud y enfermedad". Aquellas palabras sonaban bonitas cuando intercambiaron votos el día de tu boda. Pero, ¿tienes lo que necesitas cuando enfrentas las pérdidas que vienen con una enfermedad prolongada? Aquí es donde se prueba tu carácter. Aquí es donde te parecerás cada vez más a Cristo mientras sirves a tu cónyuge sufriente.

Dividámoslo en tres áreas (física, emocional y espiritual) y examinemos estrategias para cada área.

Estrategias para Apoyar a tu Cónyuge Enfermo

1. En lo físico

¿Cómo puedes albergar mejor a tu cónyuge en tu casa? ¿Qué puedes hacer para que le resulte más fácil estar allí? ¿Necesitarán ayuda extra? ¿Precisas modificar el lugar donde pasan la mayor parte del tiempo en la casa? Si esto es financieramente complicado, ¿a dónde puedes recurrir por ayuda? Procura que tu casa sea tan cómoda y funcional como sea posible para esta situación que tu pareja está enfrentando.

2. En lo emocional

Necesitarás ser fuerte para acompañar a tu cónyuge y ayudarlo(a) a no tambalear emocionalmente. Eso significa que tú estarás dando constantemente. Necesitas una estrategia que te permita salir de vez en cuando para recargar tus baterías emocionales, quizás a almorzar con un amigo o amiga, ir a jugar al bowling, o participar en otra actividad. No te sientas culpable por tomarte un descanso, lo necesitas. Ten en cuenta hacer pausas para cuidarte y ser asistido(a).

3. En lo espiritual

Atravesar esta etapa de la vida quizás demande todo lo que tienes y más. Es una travesía difícil. Quizás muchas veces se parezca al "valle de sombra de muerte". Necesitas fuerte apoyo de tus amigos y familia, de tu pastor, de tu iglesia, o de un grupo cercano que esté orando por ambos.

Ahora toma estas tres áreas (física, emocional y espiritual) y con tu familia reúnan todas las ideas que se les ocurran para poner en práctica estas estrategias. Busca también las recomendaciones de tu médico, tus consejeros y otros expertos.

97. Mi pareja tiene una enfermedad terminal. No puedo imaginar la vida sin él(ella). ¿Cómo podemos prepararnos juntos para lo que viene?

Una cosa que puedes hacer para prepararte es comenzar un proceso que te permita vivir sin remordimientos. En el tiempo que les queda, pregúntense uno al otro: "¿Hay algo que no nos hayamos dicho?" Quizás nunca expresaste "gracias" en voz alta por aquella ocasión en la que tu cónyuge hizo algo especial. Díselo ahora. Talvez nunca le hayas dicho a tu pareja cuánto amas su risa. Cuéntaselo. En cuanto recuerdes algo que quieras decir, dilo. Cúbranse el uno al otro con amor.

Talvez esto lo ilustra mejor una de nuestras oyentes:

Testimonios del Frente de Batalla

"Me gustaría compartir sobre el amor que persevera. Mi esposo y yo hemos estado casados durante doce años y hacia la mitad de ese tiempo, le diagnosticaron cáncer en los testículos. Una enfermedad puede afianzarte o derrumbarte. Pero nosotros, por sobre todas las cosas, nos aferramos al Señor y el uno al otro. Fuimos a la Palabra de Dios, citamos las Escrituras y reclamamos las promesas, puntualmente Jeremías 29.11: 'Yo sé muy bien los planes que tengo para ustedes —afirma el Señor—, planes de bienestar y no de calamidad, a fin de darles un futuro y una esperanza.' Nos aferramos a eso. Hubo muchas oportunidades en las que me deslizaba dentro de la cama para estar con mi esposo que estaba muy enfermo y calvo y yo sólo lo sostenía y suplicaba por él. Tienes que saber que Cristo es el centro y que sea lo que venga, Él es fiel. Después de doce años de estar juntos, seguimos en camino y nos amamos. Esa es la parte del matrimonio para mí, surgir aun en los momentos duros."

La oyente mencionó al "amor que persevera." Hay una explicación más completa en nuestro libro *Divorce-Proof Your Marriage* [*Matrimonio a Prueba de Divorcio*]. Allí presentamos seis tipos de amor que pueden nutrir tu matrimonio. Estos son: Amor que perdona, amor que sirve, amor que persevera, amor que protege, amor que celebra, amor que renueva.

El siguiente extracto es de nuestro libro *Divorce-Proof Your Marriage* *[Matrimonio a Prueba de Divorcio]* y relata la historia de una pareja que enfrenta la misma situación planteada en la pregunta. Lee cómo se manejó Serena con la enfermedad de su esposo:

> Tyrone era un exitoso oficial del ministerio de relaciones exteriores. Serena era artista. Eran diferentes en muchos sentidos, pero tenían en común un profundo amor hacia Dios y una inteligencia aguda. En un instante se hicieron buenos amigos. Cuando se casaron, un brillante día de verano, Serena no tenía idea de que antes que pasara un año estaría de vuelta en la misma iglesia, para el funeral de Tyrone.
>
> Al poco tiempo, algunas dificultades repentinas en la visión llevaron a Tyrone primero a un optometrista y luego a un oftalmólogo. Pruebas posteriores revelaron que tenía un tumor maligno inoperable en el cerebro.
>
> Cuando comenzó el tratamiento de rayos y quimioterapia, Tyrone se lamentó por haber "arrastrado a Serena a esto", como dijo.
>
> Serena lo tranquilizó diciéndole que ella no había sido arrastrada a ninguna parte. Estaba con él porque lo amaba. Y permanecería a su lado por la misma razón, pasara lo que pasara.
>
> Un día, cuando la situación se veía lúgubre, Serena tomó la mano de Tyrone durante otra ronda de tratamiento de rayos y cócteles de quimioterapia. De repente, le sonrió, y él la miró como si se hubiera vuelto loca. "Te amo," dijo ella. "Linda fiesta has armado. No me la perdería por nada del mundo."
>
> Pronto se vio que Tyrone no se recuperaría. En silencio reconocieron que nunca lograrían realizar una vida juntos; pero también se dieron cuenta de que se tenían el uno al otro durante el tiempo que Dios lo permitiera, y eso era lo que deseaban de verdad.[2]

La amistad y la fe claramente forman la base del amor que persevera en un matrimonio. Tyrone y Serena pueden dar testimonio de esto.

Aceptar la voluntad de Dios te dará paz a través de las tormentas de la vida.

98. ¿Cómo puedo consolar a mi pareja durante el duelo por la muerte de su padre?

Cuando consueles a alguien que sufre, lo mejor que puedes hacer es no decir una palabra. Más bien, simplemente mantente presente. Escucha. Consuela. Ora. Llora. Cuida. Brinda protección.

Puedes hacer cosas prácticas tales como asegurarte de que tu cónyuge esté comiendo bien, cuidando de sí mismo(a), y durmiendo lo suficiente. En las primeras etapas del duelo, dale tiempo a tu cónyuge para que enfrente la crisis. El duelo es como un maremoto que se apodera de una persona cuando menos lo esperaba. Debes darle a tu cónyuge el tiempo y el espacio para llorar su dolor. Cuando hay un gran amor, hay un gran dolor. El duelo es un proceso; lleva tiempo superarlo. Luego, cuando el tiempo pase, rodéense de personas que amen a tu esposo(a).

Lee nuestra historia personal en este extracto de nuestro libro *Divorce-Proof Your Marriage [Matrimonio a Prueba de Divorcio]*:

Testimonios del Frente de Batalla

"Esto sucedió en 1997, un año después de que falleciera el padre de Gary. Él era muy unido a su padre, por lo que luchó con una tremenda sensación de dolor y pérdida. El duelo lleva su tiempo, pero Gary no disponía de ese tiempo para afligirse. Pocos días después del funeral, volvió a su trabajo dando charlas, aconsejando y escribiendo . . . .

"Gary y yo formamos un equipo dedicado al matrimonio y al ministerio. Vivimos y trabajamos juntos . . . .

"Algunos días íbamos a trabajar juntos como de costumbre, pero algunas mañanas él se despertaba tan apesadumbrado que lo único que quería era quedarse en casa. En esos días, yo cancelaba todo lo que tenía programado, para sentarme y sostener a Gary mientras él procesaba su duelo. No podíamos comprender lo que estaba pasando. En los momentos más

oscuros, vivir cada día era un esfuerzo. ¡Nos limitábamos a vivir los próximos cinco minutos!

"Mientras Dios comenzaba a curar la depresión de Gary, yo sentía mayor pasión y un amor más profundo por Dios. Empecé a disfrutar de una comunión más íntima con Jesús, una intimidad que talvez no hubiera conocido si el huracán de la depresión de Gary no me hubiera conducido a una absoluta dependencia de Dios.

"Mi perspectiva sobre las pruebas ha cambiado desde entonces. Ahora no tengo tanto temor a enfrentarlas porque sé que en realidad producen algo bueno en mi vida.

"Los matrimonios grandiosos a menudo son forjados mediante pruebas difíciles. No importa qué esté enfrentando tu matrimonio en este momento, permite que las palabras de Santiago 1:2-4 sean de instrucción y consuelo: 'Hermanos míos, considérense muy dichosos cuando tengan que enfrentarse con diversas pruebas, pues ya saben que la prueba de su fe produce constancia. Y la constancia debe llevar a feliz término la obra, para que sean perfectos e íntegros, sin que les falte nada.'"[3]

CAPÍTULO 13

Línea 9-1-1

Preguntas de este capítulo:

Preguntas de este capítulo (cont.):

99. Ya no confío en mi pareja; él(ella) metió la pata ¿Cómo puedo aprender a confiar nuevamente?

Tendrás que reconstruir tu matrimonio desde cero. Es el momento cuando ambos levantan las manos y se rinden. Ahora hay lágrimas de angustia por la ofensa y lágrimas de alivio por haberla confesado. Las lágrimas verdaderas o simplemente de corazón dicen en voz alta las dos palabras de las que la persona herida quiere convencerse: "Lo siento," Aquí es donde te arrodillas y dices: "Señor, no puedo hacer esto solo(a). Necesito tu ayuda para volver a confiar en mi pareja."

Con esta plegaria viene el reconocimiento de que necesitas que Dios te ayude en el proceso de reconstrucción. Al enfrentarse con la necesidad de comenzar de cero y trabajar para reconstruir, muchas veces el cónyuge que ha sido herido(a) hará una de estas tres cosas: huir, negar lo que ha sucedido o hundirse en un terror abrumador y no ser capaz de hacer frente al problema. Responder de una o de todas estas maneras no te conducirá a ninguna parte en el proceso de reconstrucción porque estás confiando en ti mismo(a) para controlar las cosas.

El problema es que nunca tienes el control. Talvez necesites una llamada de atención que te lo recuerde. Lo que sí tienes que saber es que Dios tiene el control. Cuando las cosas se pongan feas, desvía la mirada de ti mismo(a) y míralo a él. En lugar de depender de tu propia fuerza, que te fallará, pídele a Dios la fortaleza para volver a amar y a confiar en tu pareja.

Quizás no tengas esperanza de que un problema tan grande se pueda resolver. Pero cuando suceden situaciones dolorosas, tienes que comprometerte con el equipo. Este se forma cuando ustedes se unen entre sí y con Dios mientras trabajan por una restauración. Un consejero también puede ser parte del equipo, ayudándolos a trabajar durante el proceso de reconstrucción.

Lo siguiente que se necesita es que tú y tu pareja comiencen a conversar. Ora antes de hablar. Si dependes de la fuerza de Dios para confiar, también puedes depender de él para que te ayude a comunicar lo que está sucediendo realmente, de manera que la otra persona lo comprenda mejor. Sé sincero(a) pero aun así di la verdad con amor. Aquí es donde ambos se comunican sus necesidades y su dolor mientras trabajan para recuperar la confianza del otro.

Mientras puedan hablar entre ustedes, no hablen con nadie más. Si bien en algún momento, tu familia y tus amigos cristianos se ofrecerán para ayudarlos, no es necesario que ellos escuchen todos los detalles. Este tema es entre tu cónyuge y tú. Mientras estén trabajando para reconstruir el matrimonio, respétense mutuamente en no contarles demasiado a los demás.

Prepárate para los ataques. Recuerda, cuando comienzas a reconstruir tu matrimonio, el enemigo hará todo lo posible para derribarlo. Lo último que el diablo quiere es que ustedes se reconcilien. Le encanta crear aislamiento y desconfianza en la relación y alejar a las personas. Cuando buscas restaurar una relación, el enemigo se encarga de sembrar dudas en tu interior y atacarte desde afuera. No importa quién quiera separarlos, Dios quiere que ustedes se reconcilien. ¡Mantente alerta y prepárate para resistir!

Por último, no apresures este proceso. Llevará tiempo. Será un viaje. El factor tiempo cumple dos roles en el proceso de reconstrucción: el

Consejos de Entrenamiento: ¿Cómo Reconstruir la Confianza en el Matrimonio?

1. Comprométanse a trabajar juntos en el tema. Hablen de la necesidad de reconstruir la confianza, crecer en comprensión y ser abiertos al compartir sus emociones. Prométanse ser sinceros sobre sus pensamientos y sentimientos, incluyendo esas ocasiones cuando sienten celos o sospechas. Oren para que Dios los ayude a renovar la confianza y la honestidad a diario.

2. Cumplan sus promesas y su palabra en cualquier circunstancia.

3. Sean honestos. No traten de huir de los errores del pasado ocultándoselos al cónyuge. El perdón y la sanidad requieren de una confesión honesta.

4. ¡Sean dignos de confianza! Sean fieles y leales en todo lo que hagan.

5. Sean auténticos, así se sentirán cómodos de abrirse el uno al otro.

6. Reconozcan las heridas sin resolver en la relación y en el pasado de cada uno. Por ejemplo, si tu padre te decepcionaba de chico, permítele a tu cónyuge que ingrese a tu corazón herido.

primero, curar el dolor lleva tiempo. Segundo, también necesitas tiempo para aportar algunas experiencias positivas a una relación que se ha acostumbrado al dolor. A medida que programen momentos para crear nuevos recuerdos, el proceso de sanidad comenzará. Estén dispuestos a perseverar.

La reconstrucción demanda esfuerzo. Encontrarás más instrucciones sobre cómo restaurar la confianza y otras ideas útiles en nuestro libro *Healing the Hurt in Your Marriage* [*Sanando las Heridas en tu Matrimonio*].

100. Realmente metí la pata. ¿Cómo puedo recuperar la confianza de mi pareja?

Una vez que la confianza se ha roto, es muy difícil recuperarla (aunque no imposible). Sin embargo, es difícil. Lee la historia de un oyente que tenía el corazón destrozado:

Testimonios del Frente de Batalla

"Llamé para ver si ustedes, amigos, pueden ayudarme a encontrar una manera de que mi esposa me perdone por algunas cosas que hice. Tuve problemas con la pornografía durante un período de dos años y muchas personas resultaron heridas durante el tiempo que duró mi adicción. Todo llegó a su punto crítico hace unos seis o siete meses atrás y desde entonces mi esposa, sencillamente, no puede perdonarme."

Si realmente has lastimado a tu cónyuge y has destruido su confianza, tienes que ser consciente de que no puedes exigirle que te perdone. Lo primero que tienes que hacer es orar. Necesitas reconocer tu culpa y tu necesidad de ser limpiado(a), y confesar tu pecado. ¿Y sabes qué más? Necesitarás un cambio. Eso es el arrepentimiento. Tienes que alejarte de cualquier comportamiento que haya causado el problema y tomar la dirección contraria, para que tu cónyuge vuelva a confiar en ti.

Si mentías, ahora di la verdad. Todo lo que salga de tu boca tiene que ser verdadero. Tu pareja anhela que seas todo aquello que Dios quiso que fueras. Quiere que seas una persona íntegra. Eso no es algo que puedas simular. Es un cambio que comienza a suceder desde el interior. Tus deseos tienen que cambiar. Llevará cierto tiempo, y se demostrará en las decisiones menores. Apégate a tu palabra en las cosas más pequeñas. Evita los lugares que sabes te pondrán en tentación. Rinde cuentas a otras personas, además de tu pareja. A las mentiras dales batalla diciendo la verdad. Permite que ese hermoso refrigerio del Espíritu de Dios limpie tu espíritu y arrastre los viejos comportamientos que te hacen caer. Si tienes problemas con tus pensamientos, confiésaselos a Dios y empieza a memorizar versículos bíblicos para que, cuando venga la tentación, puedas recurrir a la Palabra en busca de ayuda.

Es un proceso y llevará tiempo. Si has herido a tu cónyuge de manera grave o reiterada, quizás esté dispuesto(a) a perdonarte; pero eso no quiere decir que la relación esté sana y que tú puedas continuar como si nada hubiera pasado. Para que se produzca la verdadera restauración, tienes que estar dispuesto(a) a trabajar en la reconstrucción de la confianza de tu cónyuge durante un tiempo. Tienes que probarle a tu cónyuge que tu confesión, contrición y arrepentimiento son genuinos, a largo plazo. Lee acerca de otro oyente:

Testimonios del Frente de Batalla

"Quiero darle ánimo a las personas que estén atravesando por una ruptura, una separación o un divorcio. Mi esposa y yo estuvimos separados durante ocho meses. Yo la había engañado. Ella me perdonó, pero no podía confiar en mí. Le llevó mucho tiempo volver a reunir un poco de confianza. Fuimos juntos a consejería matrimonial.

»Me gustaría animar a las personas en esta situación a que se mantengan firmes y confíen en Dios durante este tiempo. Es muy importante. Sabía que mi esposa y yo éramos el uno para el otro, aun cuando había metido la pata. Sabía que lo que había hecho era motivo de divorcio y esa palabra se mencionó muchas veces; pero ahora estamos nuevamente juntos. Todavía seguimos yendo a consejería y tratamos de mejorar cada día. No es fácil. Pero, ¿sabes qué? Cristo puede redimir una relación destrozada y transformarla."

La confianza no se restaura de la noche a la mañana. Si le has sido infiel a tu pareja, talvez lleve largos meses de amor dedicado antes de que se reestablezca una base de confianza. Quizás tu relación esté en ruinas, pero a través del poderoso amor redentor de Cristo tu matrimonio puede ser reconstruido de los escombros. Comienza hoy ese proceso de sanidad. Deja que tu desesperación te lleve de regreso a Jesús. Comienza a reconstruir la confianza hoy. Sé fiel y paciente, y quizás experimentes la restauración que buscas.

101. Los problemas de nuestro matrimonio están destruyéndonos. ¿Qué podemos hacer para cambiar el rumbo?

Aunque les parezca increíble, no solamente pueden sobrevivir a las pruebas sino que además pueden fortalecerse en el proceso. ¿Cómo estar seguro de que ambos tienen lo necesario para atravesar estas tormentas? Aquí hay cinco claves vitales para construir una fortaleza de amor que proteja al matrimonio:

1. *Conéctense y permanezcan conectados.* La capacidad de resistir juntos en los momentos difíciles es directamente proporcional a la profundidad del compañerismo en los buenos momentos. Los dos corazones tienen que conectarse para crecer juntos con fuerza. Si quieren permanecer unidos en las dificultades, tienen que poner el pegamento del compañerismo ahora. Antes de separarse cada día, regálense un sincero "Te amo". Permanezcan en contacto llamándose durante el día. Hagan lo necesario para sentirse conectados y presentes para el otro aun cuando no estén juntos.

2. *Hagan de su relación un lugar seguro.* ¿Es la relación un lugar seguro donde ambos puedan escapar de los problemas? Tu cónyuge necesita saber ahora que tus brazos amorosos siempre serán un refugio en medio de una prueba o una tragedia. Ambos sentirán esa seguridad solamente si practican la empatía y el consuelo ahora.

3. *Mantengan la comunicación.* Es difícil comunicarse en los momentos duros. Hasta la prueba más pequeña puede meter una cuña entre un marido y su esposa. Y si los pequeños conflictos pueden dividirlos, piensen cuánto más pueden apartarlos los golpes devastadores. Las pruebas son una amenaza para la comunicación porque los aíslan en sus propios pensamientos. Tienen una manera de volver retraídas aun a las personas más comunicativas.

4. *Descansen en la verdad de que Dios tiene un propósito en las pruebas.* Si fuera por nosotros, elegiríamos navegar a través de la vida con la menor cantidad posible de problemas. Sin embargo, Dios no ve las cosas de esa manera. Él permite que las pruebas nos enseñen a perseverar.

Los matrimonios grandiosos a menudo se forjan mediante pruebas difíciles. Sea lo que sea que estén afrontando en este momento, permitan que las palabras de Santiago 1:2-4 sirvan tanto de instrucción como de consuelo: "Hermanos míos, considérense muy dichosos cuando tengan que enfrentarse con diversas pruebas, pues ya saben que la prueba de su fe produce constancia. Y la constancia debe llevar a feliz término la obra para que sean perfectos e íntegros, sin que les falte nada."

5. *Decidan atacar juntos los problemas no importa dónde los sorprendan.*

Consejos de Entrenamiento: Enfrentando los Momentos Difíciles

Cuando enfrenten momentos de prueba y dolor, háganse el uno al otro estas tres preguntas críticas para ayudar a mantener la comunicación abierta:

1. **¿Cuál es el problema?** A primera vista, la respuesta es obvia: Es la prueba en sí misma: el cáncer, pérdidas económicas, hijos rebeldes, despido del trabajo, etc. Recuerda: el problema no es de uno de los dos. Ustedes están en el mismo equipo. El problema es algo externo y están combatiéndolo juntos.

2. **¿Qué necesitas de mí?** Luego de haber definido el problema, pregúntense qué clase de ayuda necesitan para resolverlo. Identifiquen las áreas donde tienen la fuerza y el conocimiento como para apoyarse el uno al otro. ¿Debe uno de ustedes tomar una decisión? ¿Necesita un poco de espacio alguno de ustedes? ¿Vendrían bien algo de consuelo y aliento? Talvez necesiten hacer una "tormenta de ideas" o buscar juntos la verdad de Dios en su Palabra y mediante la oración.

3. **¿Qué tipo de ayuda externa necesitamos?** Resolver una prueba o una crisis a menudo está más allá de nuestras capacidades y recursos. De hecho, siempre es así en el caso de las pruebas que amenazan al matrimonio. Dios quiere acercar a otras personas para que les den ánimo. La tarea en esta etapa es hacer una lista de las personas que podrían ayudarlos.

Hemos descubierto que nuestro amor por el otro es glorioso en los buenos momentos (las vacaciones en la playa, las experiencias memorables con los chicos, los momentos de profunda intimidad con Jesucristo). Es fácil amar en los buenos momentos. Pero cuando el matrimonio está sometido a pruebas, aún tenemos en nuestro poder lo que realmente importa: un amor que no se rinde. No importa dónde nos sorprendan las pruebas, nos tenemos uno al otro.

02. Tengo la sospecha de que mi pareja me engaña. ¿Qué debería hacer?

Esta es una pregunta que hemos escuchado cientos de veces en la sala de consejería. Hemos mirado a la cara a hombres y a mujeres que sospechan de la infidelidad de su pareja. Es desgarrador.

Si estás leyendo este libro y te identificas con esta pregunta, admite que a veces es verdad que, cuando el río suena, piedras trae. Si lo sientes muy fuertemente, aun si no puedes explicar tus intuiciones, tienes que tomar tus sentimientos en serio.

En primer lugar, ora. Probablemente estés aterrorizado(a). Quizás no puedas separar la lógica de las emociones. Es necesario que le pidas a Dios que tranquilice tu corazón, que te haga ser razonable, y que te ayude a pensar cuidadosamente.

Luego, una vez que estés calmado(a) y seas más racional, dirígete tiernamente a tu cónyuge para tener una conversación sincera, sin acusaciones y sin culpas. Después de todo, quizás haya una explicación sencilla. Piensa cómo te sentirías si tu cónyuge sospechara de ti y tuviera evidencias aparentes, aunque sepas que eres inocente. Dale a tu cónyuge el beneficio de la duda.

Sin embargo, si algo está pasando, talvez tu pareja mienta, niegue o se encubra. Si realmente intuyes que tu cónyuge no está siendo honesto(a), será necesario que hables más con él o ella. Primero pídele a un amigo, consejero o pastor que ore por ti. Entonces, mientras vuelves a acercarte a tu pareja para continuar la conversación, es natural que sientas temor, ansiedad, ira, dolor y engaño. Todas esas emociones son válidas. No obstante, no comiences el diálogo con el propósito de dejar tu matrimonio. En lugar de eso, hazlo con la intención de buscar la verdad, sacar el tema a la luz y resolverlo.

Si el cónyuge bajo sospecha confiesa, y si verdaderamente desea salvar el matrimonio, será necesario que determinen algunas pautas; por ejemplo, no deberá estar en contacto con la otra persona, cueste lo que cueste. Que cambie de trabajo, si hace falta. Tendrá que proceder con la ayuda de un pastor o consejero porque necesitará rendir cuentas.

Si te enfrentas a esta situación, tú y tu matrimonio están oficialmente en guerra con las fuerzas de la oscuridad que quieren destruirlos. Arremángate, toma tus armas y empieza a pelear.

> Fortalézcanse con el gran poder del Señor. Pónganse
> toda la armadura de Dios para que puedan hacer
> frente a las artimañas del diablo. Porque nuestra
> lucha no es contra seres humanos, sino contra
> poderes, contra autoridades, contra potestades que

Sesión de Orientación con una Persona que Sospecha la Infidelidad de su Cónyuge

Primero, oramos y le pedimos a Dios que interceda. En la medida que comenzamos a desarrollar el tema, suponiendo que finalmente llegaremos a una confrontación, sabemos que necesitaremos la sabiduría y el discernimiento de Dios.

Segundo, intentamos averiguar si la persona que hace esta pregunta está emocional y mentalmente sana. A veces una persona sospecha de su pareja porque ella misma está dejando filtrar hechos o palabras de alguna experiencia o suposición de su propio pasado. La sospecha podría ser una proyección y nada más. Es muy importante ver de dónde vienen las sospechas.

Tercero, intentamos ayudar a que la persona se dé cuenta de que el objetivo final es encontrar la verdad, comprender con franqueza lo que ha sucedido. Necesitamos evaluar el estado del matrimonio. No damos por sentado que el cónyuge sea culpable. No culpamos ni acusamos. Tampoco decimos que las sospechas son infundadas. En cambio, buscamos sinceramente la guía de Dios para descubrir la verdad.

dominan este mundo de tinieblas, contra fuerzas
espirituales malignas en las regiones celestiales.

Efesios 6:10-12

Si tu cónyuge se niega a confesar o a admitir la situación comprometedora, clama a Dios por tus preocupaciones, temores y frustraciones. Ora por tu pareja. Suplícale a Dios que lo(a) transforme. En ese momento, cuando quizás te parezca muy difícil amar a tu pareja, pídele a Dios que te llene de amor por él(ella). Sigue asistiendo a la iglesia y reuniéndote con tus amigos y tu pastor, y pídeles que oren. Esta red de otros cristianos puede ser un grupo de apoyo inestimable para ti. Dedica tiempo a leer la Palabra de Dios. El libro de Salmos está lleno de emociones auténticas y sinceras, que van desde el gozo hasta la ira y el lamento. Permite que resuenen en tu corazón. Memoriza los versículos más significativos.

Vive con integridad. Cuando tu cónyuge observe lo que estás haciendo, eso puede hacer la diferencia. Dios puede usarte a *ti,* (tu paz y tu comportamiento inspirado en Cristo) para cambiar el corazón de tu cónyuge. Esto es lo que dice el apóstol Pedro: "Sométanse a sus esposos, de modo que si algunos de ellos no creen en la Palabra, puedan ser ganados más por el comportamiento de ustedes que por sus palabras, al observar su conducta íntegra y respetuosa" (1 Pedro 3:1-2). Sobre todo, continúa teniendo un corazón dócil enfocado en el Señor. Sé fuerte en medio del dolor, evita la amargura, y en su lugar clama por el fruto del Espíritu (Gálatas 5:22-23). Sé la persona en la que tu cónyuge pueda confiar. Quizás entonces puedas descubrir la verdad de la situación.

103. Uno de nosotros tuvo una aventura, pero queremos seguir adelante y lograr un matrimonio fuerte. ¿Cómo podemos hacerlo?

No caben dudas: para un matrimonio, no hay nada peor que esto. Entonces, ¿qué pueden hacer cuando están intentando seguir adelante pero los pensamientos se suceden y el dolor contraataca?

Tienen que tomar en cuenta lo que el apóstol Pablo dijo a los corintios: "Llevamos cautivo todo pensamiento para que se someta a Cristo"

(2 Corintios 10:5). Cuando hacen planes para el futuro y llevan cautivo todo pensamiento doloroso, están poniendo una cerca alrededor de la mente y se concentran en seguir adelante con el matrimonio, no solamente por el bien del otro y por los hijos, sino por la gloria de Dios. A su tiempo, cuando sus hijos se enfrenten a pruebas, tentaciones y adversidades, mirarán hacia atrás y se darán cuenta de que mamá y papá avanzaron juntos, de manera que ellos podrán hacer lo mismo.

Es importante que la persona que ha sido lastimada reconozca su responsabilidad en la situación: algo estaba faltando en el matrimonio. Siempre hay dos partes en la historia. Es necesario que esté dispuesta a decir: "Yo contribuí con este problema." Cuando lo hacen, cuando cada

Mitos Sobre el Perdón[4]

Mito #1: "Cuando perdono, también tengo que olvidar." No creemos que Dios tenga la intención de que olvides el dolor que has sufrido. Al contrario, tienes que recordarlo para que puedas valorar las lecciones que aprendiste y reconocer que es Dios quien te ha permitido atravesarlas. Recordar también te sirve para evitar repetir los mismos errores o exponerte de nuevo innecesariamente a que te pasen las mismas cosas dolorosas.

Mito #2: "El dolor es demasiado grande. Me resulta imposible perdonar." El perdón siempre es posible. Dios nunca te mandaría a hacer algo imposible. El perdón puede superar la ofensa más grande, aún las que amenazan con llevar a las parejas al divorcio. Sí, dolerá, pero debes atravesar la tormenta y vivir el dolor para alcanzar la sanidad.

Mito #3: "No siento ganas de perdonar, así que mi perdón no puede ser auténtico." El perdón realmente no se trata de sentimientos. Es una decisión, un acto voluntario. Si esperas a sentir ganas de perdonar, estás eligiendo alimentar al monstruo del resentimiento y la amargura. Si bien la decisión de perdonar ocupa el lugar de los sentimientos, no los niega. Los abarca y te permite expresarlos mediante la comunicación efectiva; entonces puedes resolver el conflicto empezando el proceso de perdonar. Aún cuando no tengas ganas de hacerlo, necesitas pedirle fuerzas a Dios para iniciar el proceso. Él te orientará si lo buscas sinceramente.

Mito #4: "No puedo perdonar hasta que la otra persona no me pida perdón." Quizás fantasees con recibir una disculpa humillada de parte de quien te ha ofendido, pero si esperas esa uno confiesa su parte, perdonar es mucho más fácil. Se dan cuenta de que ambos necesitan del perdón.

El perdón puede ser costoso. Los pasos más importantes en el proceso de perdonar son: liberar al cónyuge ofendido, renunciar a la venganza y a la retribución, y permitir que Dios trabaje en el corazón del otro. Perdonar quiere decir liberar al cónyuge y renunciar al derecho de mantener la acusación. Y si tú eres quien causó la ofensa, perdonar significa renunciar a tu orgullo, admitir la culpa y buscar la restauración. Nada de esto es fácil.

Pero los beneficios de una relación renovada valen mucho más que el costo del perdón. De hecho, los beneficios del perdón son tan asom-

clase de reacción cuando tu cónyuge te hiere, talvez tengas que esperar un largo tiempo. Además, el perdón es un acto de gracia, de amor inmerecido. Tu pareja no tiene que pasar todas las pruebas para ganárselo. Tu perdón hacia los demás debe seguir el ejemplo del perdón de Dios hacia ti: no puede ser merecido. Debes ofrecer perdón sin condiciones. Sencillamente, perdona como Dios lo hace.

Mito #5: "Para perdonar, debo simular que nada ha sucedido." El perdón no aparenta que nada haya ocurrido o que la ofensa no haya lastimado. Más bien, el verdadero perdón sabe lo que ha sucedido en realidad y cuánto lastimó, pero elige renunciar a la ofensa. El perdón dice: "Sé lo que has hecho y realmente me duele. Pero en pleno conocimiento de esta realidad, yo elijo perdonarte. Lo hago por el ejemplo y el poder de Cristo y porque quiero reconstruir nuestra relación."

El perdón nunca dice que el daño no ha sucedido. Si nada hubiera pasado, no habría nada que perdonar.

Mito #6: "Para que sirva, debo perdonar inmediatamente." Con frecuencia, este mito está basado en la amonestación de Pablo: "No dejen que el sol se ponga estando aún enojados" (Efesios 4:26). Este versículo no es una fórmula sobre la cantidad de tiempo que debe tomar el conceder perdón. Es el mandato de que no debes permitir que el enojo se enquiste en tu corazón. Ya que el perdón es un acto voluntario, talvez te lleve algo de tiempo llegar al punto en que estés dispuesto a perdonar.

brosos que si no pueden perdonar por el bien del cónyuge, querrán hacerlo por su propio beneficio. Tienes la opción de desprenderte de la ofensa, o pagar un alto costo personal.

Cuando perdonamos, cosechamos beneficios extraordinarios. Se sorprenderán por la capacidad de desprenderse de una carga que sólo Dios puede llevar. Ese es el poder sobrenatural del perdón. A través de él, Dios les permite a ambos comenzar de nuevo. De hecho, el amor que perdona permite que la relación crezca más profundamente y con más significado que antes.

El poder de perdonar en un matrimonio proviene fundamentalmente de Dios. Lo único que Dios pide es que compartamos con el otro lo que Dios nos regala. El amor que perdona viene de Dios, y cuando el perdón de Dios colma a cada uno, tienen más que suficiente para compartir con los demás, incluyendo al cónyuge.

Talvez argumenten: "No puedo olvidar el daño que me hizo." "¿Cómo puedo seguir adelante con la vida luego del dolor que mi pareja me causó?"

Es verdad, a lo mejor no sean capaces de olvidar completamente una ofensa. Sólo Dios puede decir: "Yo les perdonaré su iniquidad, y nunca más me acordaré de sus pecados" (Jeremías 31:34). Ustedes no tienen el poder de olvidar el pecado como lo hace Dios, pero él tampoco tiene la intención de que lo olviden. Recordar el dolor causado por su cónyuge talvez los ayude a evitar que los hiera de la misma manera. Mientras tanto, escojan liberar al cónyuge y seguir adelante. Después de un tiempo, los recuerdos se diluirán. Podrá quedar la herida, pero la sanidad aliviará el dolor.

Perdonar es la manera de darle luz a la relación. Es la forma de liberar al ofendido y al ofensor y de hacer posible la reconciliación. Dios dice que deben perdonar, porque Él los ha perdonado a ustedes.

Si desean más comentarios sobre el perdón y la sanidad a las heridas sufridas en el matrimonio, lean nuestro libro *Healing the Hurt in Your Marriage* [*Sanando las Heridas en tu Matrimonio*].

104. Mi pareja es agresiva. ¿Cuánto tengo que soportar? ¿Puedo dejarlo(a) para protegerme a mí y a mis hijos, o

Dios espera que yo me quede con esta persona sin importar lo que suceda?

El abuso no existe en el plan de Dios. Históricamente, ha sido más común el abuso del varón hacia la mujer, pero sabemos que se han incrementado las amenazas de abuso matrimonial por parte de las mujeres hacia los hombres. Cuando existe una presencia o amenaza de abuso hacia uno de los cónyuges o hacia los hijos, lo prudente es retirarse o sacar inmediatamente a los niños de la casa. La separación es necesaria y apropiada.

En este punto, la iglesia local (los diáconos, los ancianos, los pastores, los consejeros) debe intervenir y brindar un paraguas de protección, seguridad y apoyo para la familia. Si el abusador es un miembro de la iglesia, se convierte en un tema de disciplina eclesiástica. Si no es miembro, la iglesia puede intervenir dando no sólo un refugio seguro a la familia, sino también servicios de consejería al abusador.

La consejería es necesaria. La persona abusadora tiene que ser tratada por abuso e ira. No es un asunto a corto plazo. Talvez le lleve meses a un abusador el arrepentirse y el ser capaz de cambiar su manera de actuar. El objetivo es reunir nuevamente a la familia, pero no mientras no resulte seguro hacerlo. Antes de que el cónyuge abusador regrese al hogar, asegúrate de que varios consejeros estén de acuerdo con que se ha producido un arrepentimiento genuino y un cambio. Resiste a la tentación de permitirle volver después de algunos cambios de corto plazo, pero también sé cuidadoso(a) de no mantener la acusación sobre la cabeza de un abusador arrepentido y transformado. Talvez sea una etapa confusa, pero cuando hay varones y mujeres consagrados acompañando a los abusados, aportarán consejos sabios. La restauración puede producirse.

Lee otra historia de una de las oyentes:

Testimonios del Frente de Batalla

"Hace unos diez años nuestro matrimonio estaba en el estado más lamentable. Era una relación física, verbal, emocional y mentalmente abusiva. Comencé orando: 'Señor, trabaja en mí. Llévame a un estado de quebranto.' Le pedí específicamente a Dios que hiciera lo que creyera necesario para curarme de mi propio pecado y esclavitud. Tenía una cantidad de pecados y cargas de mi pasado que trajeron como consecuencia que no

supiera poner límites saludables. Dios tuvo que tomar algo gravemente destruido y sanarlo por completo. Luego oré para que la sanidad que yo había experimentado, alcanzara a mi esposo.

»Hoy en día, ministramos a parejas que tienen problemas con el abuso. Pero tuvimos que aprender sobre límites, sobre entrega, estar dispuestos a dejar que Dios hiciera cirugía de corazón. No es fácil, pero vale la pena. Desde luego, el mundo dice que las cosas no mejorarán, pero yo sabía que Dios es soberano y le entregué por completo nuestro matrimonio a él. La sanidad no sucedió de la noche a la mañana; no quiero engañarlos. Pero como resultado hemos roto con las cadenas del abuso y la disfunción que podrían afectar a las futuras generaciones de nuestra familia."

105. Mi pareja me dejó. Estoy devastado(a). ¿Qué puedo hacer?

Cuando algo así sucede, sientes como si te hubieran dado una patada en el estómago; esta situación es increíblemente dolorosa.

¿Qué puedes hacer?

1. *Mantente dispuesto a aprender.* Permanece unido a Cristo. Ve a la iglesia en busca de la autoridad espiritual y la seguridad que pueden ayudarte mientras procesas tu pérdida.

2. *No tomes represalias.* No hagas nada que pueda afectar tu integridad y tu andar con Jesús, porque eso a la larga fallará.

3. *Ora por tu pareja.* Tu cónyuge debe reconocer que abandonar a la familia es deshonrar a Dios, a ti y al matrimonio. Cuando un cónyuge abandona la casa, va en busca de una mentira. Está buscando algo, pero en lugar de honrar al matrimonio, busca fuera de él. Y si otras personas están involucradas, también están buscando algo para sí y cruzando los límites debidos.

4. *Establece límites adecuados.* Busca la reconciliación, pero sé realista en cuanto a lo que está ocurriendo. Si tu cónyuge ha tenido contacto sexual con otra persona e intenta regresar a ti de alguna forma, no vuelvas a tener relaciones sexuales hasta que él o ella hayan visto a un médico. Muchas personas se sienten consternadas cuando decimos esto. Pero

sólo estamos siendo realistas sobre la posibilidad de algún contagio.
Aun si hay reconciliación, existen consecuencias que es necesario tomar
en cuenta.

Para que haya restauración, primero debe haber quebrantamiento y
arrepentimiento. Si tu pareja reinicia algún tipo de contacto, tienes que
cuidar tu propio corazón. Sé optimista, pero no te dejes dominar por las
emociones. Espera la restauración y ora por él(ella), pero solicita algunos cambios fundamentales y muestras de arrepentimiento antes de
intentar la reconciliación. Practica el amor firme.

A pesar de lo dolorosa que es esta situación, recuerda la promesa de
Dios de forjar belleza y fuerza en tu carácter y en tu andar con Jesucristo, mientras respondas apropiadamente. Tendrás emociones confusas, y
necesitarás la firmeza y la seguridad de un pastor, un consejero espiritual, de hombres o mujeres maduros en la fe. Permíteles que te rodeen
mientras caminas con Cristo en este tiempo difícil.

También recuerda que, en primer lugar, tu cónyuge está rechazando
a Dios; en segundo lugar, se está rechazando a sí mismo(a). Tercero, está
rechazando a la institución matrimonial; y por último, está rechazándote
a ti. Así que aunque sientas como si lo único que estuviera haciendo
tuviera que ver contigo, en muchos sentidos tú no eres el principal objetivo. Tu cónyuge está rechazando a Dios. Él se ocupará del problema.
Por lo tanto, ora por tu pareja, pídele a Dios que lo(a) traiga de regreso.
Y por sobre todo, más aún que por tu matrimonio, ora para que Dios
mismo se revele a tu cónyuge y haga lo que sea necesario para producir
restauración espiritual. Eso es lo primero que tiene que suceder.

Si haces esas cosas y tu cónyuge no regresa, al menos cuando pasen
los años estarás seguro(a) de haber procedido con integridad. Recuerda,
también, que Jesús te ama, que eres precioso(a) para él, que murió y
resucitó por ti. Eres de Jesús y Él es tuyo. *Nada* puede separarte del amor
de Cristo.

> Estoy convencido de que ni la muerte ni la vida, ni los
> ángeles ni los demonios, ni lo presente ni lo por venir,
> ni los poderes, ni lo alto ni lo profundo, ni cosa alguna
> en toda la creación, podrá apartarnos del amor que
> Dios nos ha manifestado en Cristo Jesús nuestro
> Señor.   **Romanos 8:38-39**

106. En este momento estamos separados, pero queremos arreglar nuestro matrimonio. ¿Cómo podemos salvarlo?

Si han decidido que necesitan estar separados por un tiempo (ya sea de mutuo acuerdo o si sólo uno de ustedes tomó la decisión), pueden hacer varias cosas para lograr que el matrimonio vuelva a andar por buen camino. Lean lo que nos contó Esteban:

Testimonios del Frente de Batalla

"En este momento estoy separado de mi esposa. Ella me abandonó hace seis meses porque tenía problemas con la ira. Me enteré una semana después que ella estaba involucrada en una aventura. Ella le dice a algunas amistades que a veces le gustaría reintentar nuestro matrimonio, pero en este momento está confundida. Es cristiana, pero no está siguiendo a Cristo en este momento. En el aspecto espiritual, yo no estaba caminando con Cristo cuando esto pasó. Inmediatamente oré al Señor y le re-dediqué mi vida a Cristo. Sabía que no iba a poder lograrlo sin él. Y no hay forma de ayudarla sino a través Dios."

Esteban quiere que su matrimonio funcione. ¿Qué puede hacer?

Le aconsejamos, como lo haríamos con cualquier persona cuya pareja se hubiera marchado, que sea plenamente íntegro y continúe creciendo en el Señor. Hemos alentado a Esteban a que se convierta en una persona por quien su esposa quiera regresar: un hombre bueno, tierno de corazón, que está procurando restaurar su matrimonio. Cuando su esposa vea en él a alguien que le ofrece perdón y gracia, no sólo verá a un hombre transformado, sino también la esperanza de un matrimonio transformado. Por supuesto, las causas que llevaron a la separación tendrán que ser solucionadas, pero Esteban y su esposa irán en la dirección correcta.

Si ustedes están en una posición similar a la de Esteban, les aconsejamos lo mismo: vivan con integridad. Busquen restaurar el matrimonio manteniéndose fieles a Dios, ofreciendo perdón, y amando a su cónyuge.

Si decidieron de común acuerdo separarse por un tiempo, ¿qué pueden hacer en este momento para trabajar activamente por el bien del matrimonio? Sugerimos lo siguiente:

Tiempo de Separación

Haz una lista de sueños rotos. Escribe las heridas, las decepciones, las cosas que sencillamente no funcionaron de la manera que pensabas que serían cuando te casaste. Talvez sacrificaste una carrera. Quizás los hijos no llegaron. Talvez las crisis familiares afectaron tu vida. Esas heridas y decepciones no siempre son responsabilidad de tu cónyuge; muchas veces son situaciones fuera de tu matrimonio las que terminan impactando duramente contra él. Ten en cuenta todo lo que haya contribuido a esta separación.

Haz una lista de la "presencia de Dios". ¿En qué aspectos de tu vida está trabajando Dios? ¿Qué cosas son una bendición en tu vida? Quizás ser padres sea una bendición, o un área de servicio en tu iglesia pueda ser satisfactoria. Quizás tu pareja haya hecho algo maravilloso por ti este año. Ten en cuenta las bendiciones del año y dale gracias a Dios en todo.

Dense apoyo uno al otro. Busquen maneras de alentarse y fortalecerse. En medio de los momentos difíciles, encuentren formas de ser agradecidos.

¿Cómo están luchando a favor de su matrimonio?

- Hablen acerca de cualquier bloqueo en la comunicación o de los obstáculos para encontrar satisfacción.
- Admitan cualquier tentación y sean responsables por cada una de ellas.
- Despídanse de sus frustraciones. Tomen la lista de sueños destrozados y quémenla. Desháganse de ella y prepárense para volver a empezar.
- Niéguense a ser complacientes.
- Tengan una actitud positiva.
- Pregúntenle a su cónyuge qué pueden hacer para que se sienta comprendido(a).
- Pidan perdón por la pereza o por ceder a la tentación.
- Permítanse el uno al otro ingresar a los pequeños rincones de sus vidas.
- Pasen por lo menos veinte o treinta minutos juntos (sólo ustedes dos), tres veces por semana.

107. Mi pareja quiere divorciarse, pero yo no. ¿Qué puedo hacer?

Hoy el divorcio sin motivo se ha diseminado como un cáncer. ¿Qué puedes hacer cuando tu cónyuge te dice que quiere divorciarse?

Primero, por supuesto, intenta salvar el matrimonio. Ora para que tu cónyuge tenga discernimiento y pueda ver claramente lo que está sucediendo. Ora para que crezca espiritualmente. Para que reciba claridad mental. Ora para que tu pareja se sienta envuelta por el amor de Dios. Ora para que Dios te llene de fuerza y perseverancia en la lucha por salvar tu matrimonio.

Mientras estés atravesando este período tan delicado, continúa caminando con Cristo, manteniendo integridad y cuidando tu corazón. Ora, muéstrate dispuesto(a) a aprender. ¿Qué hace falta que cambie en ti para lograr la restauración? No puedes cambiar a tu cónyuge, pero puedes elegir opciones saludables y cambiar tú mismo(a). Pídele a Dios que te muestre en qué tienes que cambiar y

Consejos de Entrenamiento: ¿Qué Hacer Cuando Están Distanciados?

1. No se conformen con un arreglo apresurado o una bandita plástica superficial en su matrimonio. Oren pidiéndole a Dios que obre en la vida del cónyuge. Pidan ayuda para mantener la esperanza. Comprométanse a superar el dolor.

2. Sean suaves y tiernos con la pareja. ¿Han sido poco razonable o han violado los límites del otro? Sean más firmes en el control sus palabras y su conducta; compartan sus sentimientos. La ternura es el resultado de sentir y comprender el dolor.

3. Comprendan, hasta donde sea posible, lo que el cónyuge ha experimentado. Escuchen lo que dice; no reaccionen a las palabras empleadas. No se interrumpan, ¡escuchen!

4. Reconozcan que el compañero está herido, luego admitan sus errores y pídanse perdón.

5. Muestren arrepentimiento genuino. Una cosa es decir que uno lo siente o que está comprometido a poner en primer lugar a la familia y otra cosa es dar evidencias concretas de esas palabras.

crecer. Ora como lo hizo el salmista: "¿Quién está consciente de sus propios errores? ¡Perdóname aquellos de los que no estoy consciente! Libra, además, a tu siervo de pecar a sabiendas; no permitas que tales pecados me dominen" (Salmos 19:12-13). Vive una vida de pureza. No hables mal de tu cónyuge a tus amigos o a tus hijos. No tomes venganza restándole apoyo financiero. Muestra integridad en cada encuentro. Aun si el divorcio finalmente ocurre, habrás mantenido tu integridad y podrás escapar de la amargura y la ira que a menudo acompañan a estas situaciones y envenenan tu futuro y el de tus hijos.

También alentamos a hombres y mujeres a que continúen orando después del divorcio para que Dios actúe en favor de la reconciliación. Sé cuidadoso con zambullirte en otra relación en un intento de evitar el dolor del divorcio. Permítele a Dios que te ministre y pídele que trabaje en tu vida y en la de tu cónyuge. Quizás suene ilógico, pero hemos visto muchos matrimonios que vuelven a casarse después de haber llegado al divorcio y haberse dado cuenta que si bien sufrieron mucho después del mismo, también había una esperanza de restauración. No siempre ocurre, pero cada vez vemos más reconciliaciones que terminan en nuevos casamientos.

Para aprender más sobre construir un matrimonio sano, lee nuestro libro *Divorce-Proof Your Marriage*. Las historias esperanzadoras presentan una visión estimulante sobre cómo es un matrimonio grandioso.

108. Cometí muchos errores en mi matrimonio y quiero recuperar a mi pareja. ¿Cómo puedo lograrlo?

Necesitas tener un plan.

Humíllate y pide ayuda. Aquí es donde te das cuenta de que no puedes hacerlo tú solo(a). ¡Ponte de rodillas y pídele ayuda a Dios!

Ten paciencia con el tiempo. No importa lo que haya pasado, se ha roto la confianza. Ten en cuenta que antes de recuperar a tu cónyuge, necesitas tiempo para el perdón y para reconstruir la confianza. Sé paciente con tu cónyuge. Dale tiempo para procesarlo. Dios no está atado al almanaque. Asegúrate de que no le has puesto un tiempo límite a Dios para que restaure tu matrimonio.

Honra a tu cónyuge en las pequeñas cosas. Si tu cónyuge está comenzando a mostrar cariño y deseo de intimidad sexual, tómalo con calma. Comunícale que sabes que lo has herido y pregúntale si está preparado(a) para estar emocionalmente y físicamente relacionado contigo. Esta manifestación honra a tu cónyuge.

No exageres tus disculpas. Tu cónyuge talvez se enoje más o se sienta más herido si lo sofocas con tarjetas, flores o regalos tratando de componer lo que has hecho.

Cumple con tu compromiso. ¿Puede tu cónyuge tomarte en serio cuando dices que pasarás más tiempo con él o ella? Cumple tu palabra. Es necesario que tus hechos y tus palabras sean consecuentes y transparentes. Mantén las promesas para restablecer la confianza.

Comunícate. Utiliza palabras que sirvan para afirmar, positivas, de aceptación, de perdón y significativas para tu cónyuge. Tu comunicación puede servir tanto para acercarlos como para alejarlos más. Si estás analizando demasiado, quejándote, o inclusive sobre-espiritualizando la comunicación, esto puede alejar a tu cónyuge.

109. Soy infeliz en mi matrimonio. Pienso que tendríamos que divorciarnos, porque Dios quiere que seamos felices, ¿no es así?

La tendencia al divorcio en nuestra sociedad está avivada por una percepción errónea sobre el resultado del divorcio. No conocemos a nadie

Consejos de Entrenamiento: ¿Cómo Restaurar tu Matrimonio?

1. Reconoce cuando te has equivocado (lo que has hecho mal).
2. Aléjate de tu pecado (lo que está lastimando a tu cónyuge o a tu familia).
3. Asume la responsabilidad de tus actos y las consecuencias de tu pecado.
4. Acepta la realidad de lo que has hecho y aprende a considerar a la verdad como algo fundamental en tu vida.
5. Permite que Dios reemplace tu impotencia con su poder.
6. Camina en la luz de tu relación renovada con Dios y refléjala a tu cónyuge, a tus hijos y al resto de la familia.

que afirme que el divorcio es algo fácil; sin embargo, hemos descubierto que muchas personas creen que el divorcio es el acceso a un nuevo comienzo y a una vida más feliz. Razonan: "Si tan sólo pudiera salir de este callejón, si no tuviera que soportar a mi pareja, finalmente podría ser feliz." Y con una tasa de divorcios entre cristianos más alta que entre la población general, podemos asumir, sin temor a equivocarnos, que muchos creyentes también se han tragado esta mentira.

¿Sientes que has hecho todo lo posible para hacer feliz a tu matrimonio, pero que no hay posibilidades de cambio?

No importa qué tan bueno sea tu matrimonio, tú y tu cónyuge atravesarán momentos de sequía. ¿Por qué? Porque tu cónyuge nunca fue hecho para satisfacerte por completo; sólo Jesús puede amar de una manera perfecta. Es irreal esperar que tu pareja cumpla con todas tus necesidades y sea el único responsable de tu felicidad. Debes darle esa posición fundamental a Jesús en tu matrimonio. Tu posibilidad de ser un cónyuge fiel, prudente y amoroso depende en última instancia de tu elección de ser fiel a Dios. Cuando parezca imposible amar o hacer feliz a tu esposo o esposa, el matrimonio podrá sobrevivir solamente si hallas esperanza y felicidad en la fuerza, el poder y la gloria de Dios.

Si a veces te sientes tentado a creer que el césped es más verde del otro lado de la cerca matrimonial, olvídalo. No es verdad. Investigaciones recientes encuestaron a una cantidad de parejas que eran infelices en su matrimonio pero que no querían divorciarse. Cinco años después, el 85 por ciento de esas mismas parejas consideraba que su matrimonio era "feliz" o "muy feliz". ¿Qué produjo la diferencia? No cabe duda que fue el tiempo. Si permaneces casado el suficiente tiempo como para lograr pasar la etapa de la infelicidad, es probable que tu matrimonio mejore. ¡Piensa tan sólo en lo que podría pasar si nosotros los cristianos le sumáramos a ese tiempo el poder del Espíritu Santo para darle verdadero propósito a nuestros matrimonios!

110. ¿Deberíamos seguir casados si ya no estamos enamorados?

Antes de que puedan conocer la profunda seguridad y confianza que Dios quiere que ustedes disfruten como pareja, necesitan tener la certeza de que la relación está basada en un amor que nunca se rendirá. Las cosas buenas son posibles porque existe un vínculo entre ustedes, y Dios no permitirá que lo ignoren. Él creó el vínculo matrimonial, ese pacto solemne, para que fuera inquebrantable.

Recuerden: el amor es una elección, no un sentimiento. Quizás actualmente no te sientas enamorado(a) de tu pareja; pero debido al compromiso que hicieron una vez, debes elegir amarlo(a) y demostrarlo mediante tus acciones. Te encontrarás con que el sentimiento fluirá.

Las decepciones y heridas son parte de todos los matrimonios. Nuestros libros *Divorce-Proof Your Marriage* y *Healing the Hurt in Your Marriage* hablan de estos temas y ofrecen consejos sobre cómo reavivar el amor por el cónyuge y revitalizar el matrimonio.

111. Todos me dicen que debería divorciarme, pero no quiero dejar a mi pareja. ¿Cómo puedo hacer que respeten mi decisión?

Estamos firmemente en desacuerdo con esas voces negativas que promueven el divorcio, y apoyamos tu decisión de luchar por tu matrimonio. La voz más importante que debes escuchar es la del Espíritu Santo. Concéntrate en Dios y ora por una renovación en tu matrimonio. Comparte con tu cónyuge el compromiso que tienes hacia el matrimonio. Cuando las personas a tu alrededor vean tu paz y tu determinación de salvar el matrimonio, talvez abandonen sus consejos negativos con relación al divorcio. Si continúan, hazles saber que no los escucharás ni les harás caso porque estás comprometido con tu cónyuge y con tu matrimonio. Los buenos amigos que se preocupan por ti, te apoyarán. Si alguien aún continúa recomendándote que te divorcies, haz todo lo posible por ignorarlo y concentrarte en tu matrimonio. Después de todo, no es necesario que complazcas a "todos". Busca a los amigos que te apoyen a ti y a tus valores. Pasa tiempo adicional con tu cónyuge. Lee las Escrituras para escuchar la voz de Dios, y elimina la "palabra *d*" de tu vocabulario. Lee nuestro libro *Divorce-Proof Your Marriage [Matrimonio a Prueba de Divorcio]* y encontrarás más sugerencias sobre preservar tu matrimonio.

> Si caen, el uno levanta al otro. ¡Ay del que cae y no
> tiene quién lo levante!   **Eclesiastés 4:10**

112. Somos un matrimonio cristiano; entonces, ¿por qué es tan difícil? ¿El hecho de ser cristianos no debería protegernos de los problemas que estamos teniendo?

Una cosa es cierta: los cristianos no siempre se llevan bien, y los matrimonios cristianos no siempre sobreviven a los desafíos cotidianos y a las trágicas amenazas que vienen aparejadas. Es importante recordar que cada matrimonio está formado por dos pecadores. Los cristianos no son perfectos, sólo son pecadores perdonados por Cristo. De hecho (y esto es bastante deprimente pero no sorprendente para los consejeros matrimoniales como nosotros), el encuestador cristiano George Barna descubrió que el índice de divorcios es un poco más elevado en "cristianos que volvieron a nacer, que en los no cristianos".[5]

La realidad del matrimonio es dura. A menudo experimentamos la decepción, porque somos humanos. El desánimo nos amenaza y, a menos que lo enfrentemos y lo resolvamos, nos alejará de nuestro cónyuge. Luego nos enojamos con Dios y clamamos: "¿Por qué permitiste este dolor en mi vida?" No olvides que Dios nos ha dado albedrío. Eso quiere decir que talvez resultemos heridos por las elecciones de otra persona, y que también nosotros hagamos decisiones estúpidas, con consecuencias dolorosas.

La dura verdad es que tu matrimonio no será perfecto sólo porque ustedes sean cristianos. Ten cuidado: no creas en los mitos que mencionamos en las páginas 198-199.

113. Creo que no aguanto más; aun así, no quiero divorciarme. ¿Qué consejo pueden darme para que sea capaz de resistir?

Parece como si estuvieras cansado(a) de tu matrimonio. Has intentado todo lo que sabes hacer, pero la situación no ha cambiado. Tu esposo(a) no parece apreciar lo que haces por él(ella). Tu esposa nunca está feliz porque parece que tú no puedes ganar el suficiente dinero para ella. Te

Mitos Sobre el Matrimonio Cristiano

Mito #1: Si tengo un tiempo de paz y tranquilidad a diario y asisto regularmente a la iglesia, tendré un matrimonio feliz. En la iglesia, a menudo se inculca que si pasas un tiempo con Dios cada mañana y estudias la Biblia, tu vida y tu matrimonio marcharán bien. La verdad es que cada pareja atraviesa momentos difíciles, incluso los cristianos. Jesús expone claramente: "En este mundo afrontarán aflicciones" (Juan 16:33).

Mito #2: Nuestro matrimonio estará a prueba de divorcio si ambos somos cristianos. Muchas parejas se sienten avergonzadas cuando están al borde del divorcio. Piensan que nadie los entenderá, por lo tanto esperan hasta que es casi demasiado tarde para pedir ayuda. La verdad es que el hecho de ser cristiano no te garantiza que no tengas ganas de divorciarte. La clave para un matrimonio fuerte a prueba de divorcio es trabajar duramente para poner en práctica lo que crees y mantener las virtudes de ser cristiano, especialmente durante las dificultades.

Mito #3: Las Escrituras pueden ser una guía más para nuestro matrimonio. Las Escrituras pueden ser una guía valiosa para la vida diaria, en tanto no malinterpretes lo que dicen. La Biblia enseña que Dios quiere que el hombre y su mujer sean uno, y que trabajen juntos por el bien del cuerpo en la iglesia y en su matrimonio. Eso significa usar sus dones. Juntos, toman mejores decisiones de las que tomarían por separado.

Mito #4: Tenemos que mantener reserva sobre nuestros problemas matrimoniales. Talvez imaginan que toda la gente tiene un matrimonio feliz y unido, por lo tanto no confiesan ni comparten sus problemas con quien podría ayudarlos. Pero la verdad es que Dios nos ha creado como seres sociales para que vivamos en comunidad y podamos ayudarnos unos a otros. Manteniéndose aislados, no obtienen la sanidad que podrían alcanzar si comparti-

sientes desesperado y desanimado, sin posibilidades de cambio. Estás listo para renunciar.

Déjanos darte ánimo. Dios está trabajando en tu situación, aunque talvez no lo veas en este momento. ¿Recuerdas cuando Eliseo y su siervo estaban en la ciudad de Dotán, rodeados por el ejército enemigo? El siervo estaba aterrorizado, pero Eliseo estaba en calma. Eliseo oró: "¡Señós ábrele a Guiezi los ojos para que vea!" (2 Reyes 6:17). En ese momento, Dios abrió los ojos al siervo para que viera que el eneran sus problemas con personas que quizás hayan enfrentado lo mismo que ustedes. Esta clase de apertura tiene que darse de manera que no sea dolorosa para ninguno de los dos y con personas que realmente puedan ayudarlos.

Mito #5: Las parejas cristianas no pelean. Muchas parejas cristianas piensan que "pacificación" quiere decir no pelear, así que niegan o evitan lidiar con cualquier sentimiento negativo. Dejan correr las cosas, hasta que explotan por algo insignificante. El problema no es pelear. La Biblia dice: "'Si se enojan, no pequen.' No dejen que el sol se ponga aún estando enojados, ni den cabida al diablo" (Efesios 4:26-27). Los desafiamos a poner sobre la mesa cualquier cosa que les moleste. Les asombrará la manera en que el otro puede reaccionar. El sólo decir "Estoy enojado" puede hacer esfumar los sentimientos. Humíllate lo suficiente como para pedir perdón y dejar las cosas atrás.

Mito #6: Tengo que orar para que Dios transforme a mi pareja. Algunas personas pasan mucho tiempo en oración rogándole a Dios que cambie a su cónyuge. Creen que serían felices sólo si su compañero fuera diferente. Sin embargo encuentran que, por mucho que oren, no ven ningún cambio importante en el otro. Lo cierto es que Dios quiere cambiarte primero a ti.

Mito #7: El esposo tendría que ser más fuerte en la fe que la mujer. Cada uno de nosotros crece más cerca de Cristo a su manera y en su debido tiempo. Muchas esposas se tornan críticas a la falta de liderazgo espiritual de sus esposos, lo cual hace que ellos se alejen y se retraigan. Recuerda que tú no eres responsable de la vida espiritual de tu cónyuge. Hazte a un lado y deja que Dios trabaje; así es como tu esposo o esposa sentirá el llamado de Dios a tener una relación comprometida con Cristo. Lleva tiempo, pero nadie más que Dios puede convertir a un esposo en el líder fuerte y amoroso que su mujer quiere.

migo estaba rodeado de caballos y carros de fuego. Dios había estado allí todo el tiempo, simplemente que el siervo no lo había visto.

Dios nos llama a desear lo que Él desea por sobre todas las cosas. ¿Estás luchando para ver lo que Dios está haciendo en tu matrimonio? Ora para que también te abra los ojos y veas que Él está obrando. Ten en cuenta que es tarea de Dios cambiar a tu cónyuge, no tuya. Tu tarea es responder al Espíritu y elegir sus caminos, aun cuando no entiendas lo que está haciendo. Reconoce ante Dios tu propia dureza de corazón. Confiésale el orgullo que no te deja ver lo que Él está haciendo. Un

Restaurando el Amor en tu Matrimonio[6]

1. **Pon a tu cónyuge en primer lugar.** Después de tu tiempo con Dios, que estar juntos sea una prioridad. Después de trabajar, conéctate nuevamente con tu cónyuge y comunícate con él o ella durante el día.

2. **Comunícate sinceramente con tu cónyuge.** Compartan sus pruebas y tentaciones con tu cónyuge. Las luchas laborales son cosas sobre las que tu pareja querría escucharte hablar (Los maridos pueden brindar valiosas soluciones a los problemas y las esposas apreciar percepciones emocionales distintas). Confiando en tu cónyuge y siendo sincero con ella o él, puedes profundizar tu intimidad y fortalecer tu matrimonio.

3. **Comparte tiempo con tu cónyuge.** Acuérdate de cuando estaban de novios y hagan cosas similares. Conózcanse de nuevo. Descubre qué es lo que le interesa ahora. Hagan cosas juntos. Vuelvan a ser novios.

4. **Ten pensamientos positivos sobre el matrimonio y tu cónyuge.** Controla tus pensamientos. Ora para que el amor de Dios por tu pareja te llene. Toma la decisión de reavivar tu amor por él o ella. Recuerda todo lo positivo, las cualidades atractivas que admirabas en tu pareja cuando recién se casaron. Halaga a tu pareja y disfruta la cálida respuesta que recibirás.

5. **Restaura el romanticismo y la intimidad con tu cónyuge.** Haz las cosas que recuerdas que le gustaban cuando estaban de novios o eran recién casados. Llévala a su restaurante favorito. Miren películas que al otro le gustan. Comuníquense íntimamente compartiendo sus pensamientos y emociones. Compartan recuerdos de los momentos familiares preferidos. Rían juntos. Los hombres definen intimidad como S-E-X-O y las mujeres como C-H-A-R-L-A. Para mejorar tu matrimonio, ¡habla el idioma de tu pareja!

corazón tierno y sensible estará dispuesto a responder a Dios ante el menor empujoncito. Luego, obra de acuerdo a lo que Él te revela. Ponlo en práctica amando a tu pareja de la manera más profunda. Mientras cuidas el corazón de tu cónyuge, Dios y tú están peleando una batalla que talvez salve a tu matrimonio.

Si quieres leer más en cuanto a reavivar tu amor y tu matrimonio, dirígete a nuestro cuadernillo de trabajo *Descubre de Nuevo el Amor de tu Vida*. Además, en *The Five Love Needs of Men and Women* [*Las Cinco Necesidades de Amor de Hombres y Mujeres*] encontrarás descripciones detalladas de las diferencias y similitudes entre hombres y mujeres. Para sugerencias sobre salidas y preguntas para estimular la comunicación íntima, lee nuestro libro 40 *Unforgettable Dates with Your Mate* [40 *Citas Inolvidables con tu Pareja*].

114. ¿Cómo podemos dejar atrás el "sólo permanecer", y en cambio encontrar el amor verdadero y recuperar la alegría?

"Sólo permanecer" es en realidad un muy buen lugar por donde comenzar. Nunca sabrán cómo es un matrimonio grandioso a menos que empiecen por el punto de partida con la decisión de permanecer juntos. Muchas veces escuchamos: "Sólo seguimos juntos por el bien de los chicos." Eso está bien. Por amor a tus hijos es probable que intentes comprender a tu pareja, conocerlo(a) mejor, y hasta volver a encender el amor que alguna vez sentiste. Mirarás atrás y recordarás por qué te enamoraste de tu pareja. Luego puedes dar algunos pasos para recuperar ese sentimiento.

Hemos aprendido que si permanecen juntos durante cinco años, se encontrarán con que su matrimonio es más fuerte y dulce que al principio. ¿Por qué? Porque ha sido puesto a prueba por el fuego y ha sobrevivido.

115. Mi pareja y yo nos casamos porque yo había quedado embarazada. ¿Qué puedo hacer para construir un matrimonio fuerte en esta situación?

Todo matrimonio necesita cimientos fuertes. Si tuvieron que casarse, ya se han convertido en una sola persona. Tu casa ya está construida, pero necesitan reconstruirla con una fuerte base en Dios. Por lo tanto, levántenla y pónganla sobre un fundamento firme. Construyan esos nuevos cimientos. La reconstrucción *puede* lograrse; de hecho, *tienen* que lograrla por el bien de ese niño.

Pide ayuda a Dios. Sal a buscar un buen sistema de apoyo a través de una iglesia sólida. Haz amistad con parejas cristianas, con matrimonios buenos y fuertes, parejas de tu edad y mayores también. Lee las otras preguntas de este libro como guía frente a los problemas corrientes.

Investiga otros libros (como *Divorce-Proof Your Marriage* [*Matrimonio a Prueba de Divorcio*]; en el apéndice encontrarás una lista de títulos), o habla con un consejero acerca de cómo construir los cimientos que necesitas.

Maridos y esposas: deben saber que cuando se concibe un niño en esas circunstancias, aunque haya sido de común acuerdo, no es extraño que la mujer se sienta abusada, y quizás esto lleve a otras dificultades serias más adelante en el matrimonio. Busquen consejo cristiano sólido para resolver las emociones dolorosas y corregir las disfunciones. Al haberse convertido en padres desde muy temprano en el matrimonio, se perdieron algunos momentos de casados-sin-hijos y quizás algunas otras experiencias de vida. Confiésense esas pérdidas el uno al otro, busquen consejo, y decidan construir un matrimonio grandioso a pesar de ese comienzo difícil. Oren, confesando y arrepintiéndose de su pecado, y pídanle a Dios que bendiga su matrimonio y los ayude a crecer espiritualmente.

> Porque yo sé muy bien los planes que tengo para ustedes – afirma el SEÑOR—planes de bienestar y no de calamidad, a fin de darles un futuro y una esperanza.   **Jeremías 29:11**

CAPÍTULO 14

Sólo para Hombres

Preguntas de este capítulo:

Preguntas de este capítulo (cont.):

Preguntas de este capítulo (cont.):

116. Mi esposa dice que, fuera de nuestra habitación, soy incapaz de demostrarle que la amo. Ni siquiera estoy seguro de lo que necesita.

Puedes demostrar amor de muchas maneras prácticas: destapando una cañería del baño, cortando el césped, llenando siempre el tanque de combustible de la camioneta familiar. Pero el verdadero siervo no sirve sólo cuando es *fácil*, sino también cuando es *necesario*. Si quieres demostrarle a tu mujer cuánto la amas, pregúntale qué necesita. En ese momento, escúchala de verdad. Observa a tu esposa. Descubre qué la hace sentirse amada, y trabaja para satisfacer esas necesidades.

Cuando preparábamos nuestro libro *The Five Love Needs of Men and Women* [*Las Cinco Necesidades de Amor de Hombres y Mujeres*], les preguntamos a las mujeres acerca de sus necesidades de amor. Nuestro cuadro de las diez necesidades más importantes de la mujer incluye las que mencionaron y unas pocas más. Analiza la lista con tu esposa para confirmar si refleja sus necesidades. Quizás ella tenga otras para agregar.

las Diez	Las 10 principales necesidades de una esposa

1. Saber que su esposo la ama y la acepta incondicionalmente.

2. Experimentar intimidad emocional.

3. Sentirse unida espiritualmente a su esposo.

4. Recibir el estímulo de su esposo.

5. El compañerismo y amistad de su esposo.

6. Que su esposo la escuche y la comprenda.

7. Sentir que a su esposo ella le importa tanto como su mayor cliente.

8. Que su esposo la respete como persona.

9. Sentirse segura y protegida por su esposo.

10. Saber que puede confiar en su esposo.

117. Me gustaría satisfacer las necesidades de mi esposa, pero ¿por dónde comienzo? Necesito cosas prácticas que pueda hacer.

La mejor manera de comenzar es preguntándole a tu esposa. Podrías decir algo como: "Reconozco tu necesidad de _____. ¿Cómo puedo satisfacer esa necesidad?"

Sobre la base de lo que hemos escuchado de las mujeres a lo largo de los años, también te sugerimos lo siguiente:

- Comienza cuando te despiertes en la mañana. Antes de salir arrastrándote de la cama, abraza a tu esposa y dile que la amas. Tu atención y tu afecto la ayudarán a sentirse segura y valorada. Ora con ella, o hazlo por ella si aún está descansando.

- Conéctate con tu esposa durante el día. Llámala, envíale un correo electrónico, almuerza con ella. Hazle saber que estás pensando en ella. Se sentirá amada y honrada de que tomes tiempo de tu día atareado para conectarte con ella.

- Separa un momento por la noche para charlar sobre el día de ambos. Pregúntale a tu esposa cómo le fue, y luego comparte con ella tus éxitos y tus fracasos. Nada satisface su necesidad emocional tanto como la conexión contigo. Quiere conocer todo de ti, no para poseerte o controlarte, sino para experimentar una verdadera unión contigo. Ábrele tu alma, revélale quién eres, y comparte con ella tus opiniones y perspectivas.

- Si sientes que tu esposa está luchando en algún área, escúchala. Ella confía en que la sostendrás no importa lo que cueste.

- Pregunta: "¿En qué necesitas mi ayuda?" O participa y ayúdala sin preguntar. En otras palabras: ¡toma la iniciativa!

- Cuando no estén de acuerdo, dale crédito al punto de vista de tu esposa. No tienes que entender o estar de acuerdo. Solamente debes reconocer que ella tiene derecho a sus pensamientos y a sus sentimientos. Puedes expresarte de la siguiente manera: "Respeto que tengas una opinión firme, y estoy dispuesto a escuchar tu punto de vista. De la misma manera, necesito que escuches mi perspectiva."

- Jamás humilles a tu esposa. Si ella hace algo embarazoso

ante otros, no lo empeores. En lugar de eso, consuélala y aliéntala.

- Comparte con otros cuán importante es ella para ti. Ten fotos de ella en tu billetera o en tu escritorio. Habla bien de ella con tus amigos y compañeros de trabajo. Procura que te escuche alardear sobre ella de casualidad, ¡eso hace maravillas en la relación!

- Respáldala delante de tus hijos. Sea que estés de acuerdo o no con la decisión que haya tomado, dale tu apoyo, y después discutan sus diferencias en privado. Diles a los niños cuánto amas a su mamá y cuánto valoras sus talentos.

- Nunca le machaques sus errores, especialmente delante de otros. Aprende a perdonar y conversa el asunto en privado.

- ¡Recuerda las fechas especiales! Obviamente, su cumpleaños y el aniversario de boda son claves. Pero también deberías recordar fechas tales como el aniversario del fallecimiento de algún familiar o ser amado. Escríbele unas líneas para consolarla en esos días.

- Jamás la compares con otras mujeres. Eso incluye a tu madre, novias anteriores, amigas, o compañeras de trabajo. Ni siquiera la compares con otras mujeres de forma positiva.

- Coman juntos. No comiences a comer hasta que ella se haya sentado, y no te levantes de la mesa antes de que haya finalizado. Conversa las decisiones con ella, hasta las más pequeñas.

- Repartan las tareas familiares, para que tu esposa no sienta que es ella la que carga con todo. Sean específicos en lo que debe hacer cada miembro de la familia en cuanto a las tareas domésticas.

- Comparte con ella lo que estás leyendo. Habla sobre los puntos claves que encuentras en el libro. Inicia una conversación con ella sobre actualidad.

Esta clase de conexión, la de tomarse el tiempo para ponerse en sintonía el uno con el otro, construye seguridad e intimidad en una relación. Es parte de lo que forma un matrimonio grandioso.

Si te interesan más detalles, lee el libro de Bárbara: *Connecting with Your Wife*. Si necesitas ideas para iniciar conversaciones valiosas, encontrarás algunas en *40 Unforgettable Dates with Your Mate*.

D‖ez las	Las 10 principales maneras de honrar a tu esposa

1. Elógiala en público.

2. Dale las gracias frecuentemente.

3. Ábrele la puerta.

4. Sírvele con alegría.

5. Sírvele con paciencia.

6. Pídele su opinión.

7. Acepta su consejo.

8. Respeta sus sentimientos.

9. Hazle regalos.

10. Escúchala, escúchala, escúchala.

A continuación brindamos las ideas de nuestros oyentes sobre maneras afectuosas de satisfacer las necesidades de tu esposa:

Testimonios del Frente de Batalla

"Una de las cosas que los aliento que hagan, es crear recuerdos. Cuando mi esposa y yo nos casamos, todos los días nos mandábamos correos electrónicos desde nuestros trabajos, compartiendo pensamientos acerca de nuestra relación. Para nuestro primer aniversario, imprimí los mensajes y los compilé en un libro para entregárselo a mi mujer. El libro registra nuestra historia juntos y nos ayuda a reflexionar sobre diferentes cosas que hemos hecho."

"Recientemente, mi esposo me sirvió de una manera muy significativa. Ambos trabajamos todo el día. Una noche discutimos acerca de cómo se veía la casa y que la cena nunca estaba hecha a tiempo. No logramos ponernos de acuerdo y esa noche nos fuimos a dormir enojados. La tarde siguiente, él me llamó y me preguntó: '¿Ya has preparado la cena?' Cuando le dije que aún no lo había hecho, me dijo:

'Bueno, no la hagas, entonces.' Vino a casa con flores e ingredientes para hacer la cena. Me dijo que me relajara y nos preparó una maravillosa cena. Luego de haber hecho todo, dijo: '¿Sabes qué, cariño? Ahora entiendo.'"

"Mi esposo y yo estamos casados desde hace treinta y siete años. Luego de tanto tiempo, a veces es fácil dar las cosas por sentado. Mi esposo me demuestra que me ama ayudándome cada noche a lavar los platos. No tengo que pedírselo. Esto es más especial ahora, que los chicos se han ido y mis otros 'lavaplatos' ya no están en casa."

"Hace veintiocho años que mi esposo y yo estamos casados. Su lenguaje de amor es el servicio. Viaja mucho por causa de su trabajo. Una de las cosas que hace por mí antes de irse de viaje, es controlar que mi auto esté en óptimas condiciones para que yo no tenga que preocuparme de quedar desamparada en algún lugar. Siempre está cuidándome, ¡aun cuando está lejos!"

118. Mi esposa a veces se queja de que no le presto tanta atención como cuando estábamos de novios. Ahora que estamos casados, ¿tengo que seguir "cortejándola"?

¡Por supuesto que tienes que cortejarla! Pero cortejar a tu esposa será muy distinto a cortejar a una *potencial* esposa. Cuando eran solteros, salir era un momento para estar solos, hablar, reír y divertirse juntos. Dedicaron tiempo a aprender más sobre cada uno, sobre su pasado y sus sueños para el futuro. Gradualmente se fueron sintiendo cómodos.

Ahora que ya están casados, tú y tu esposa todavía necesitan salir solos para *seguir* hablando, riendo, y divirtiéndose juntos. Necesitan aprender *más* sobre cada uno, su pasado y sus sueños para el futuro. Necesitan sentirse cómodos entre ustedes mientras enfrentan los nuevos desafíos.

¡Pero esta vez, tu experiencia de conquista será mucho mejor! Piensa en esto: la mujer a la que estás cortejando . . .

- No le da importancia a cuánto gastes en ella o cuán bien te vistas.

- Ya te ha visto en tus peores momentos y de todas maneras te ama.
- No necesita ser impresionada.

¿A quién no le *gustaría* cortejar a una persona así?

La galantería no debería finalizar con el matrimonio. A menudo las parejas quedan atrapadas en la rutina de sus trabajos, en la iglesia, los parientes, y otros compromisos. Muchas parejas están tan ocupadas que no se toman el tiempo de cuidar su matrimonio.

No se te ocurriría descuidar tu auto durante todo un año, ¿verdad? Entonces, ¿por qué piensas que tu esposa puede pasar días o semanas enteras sin tu atención?

Invita a tu esposa a salir contigo. Puede ser tan modesto o tan caro como tú quieras. Llévala a cenar. Vayan a caminar. Ráptala para pasar una noche fuera de tu casa (¡no olvides contratar una niñera para los niños!). El cielo es el límite. Probablemente hayas sido creativo cuando estabas cortejándola. Vuelve a serlo. Si necesitas más sugerencias, nuestro libro *40 Unforgettable Dates with Your Mate* da una lista de ideas, pasos de preparación, consejos para hacer una salida genial, hasta ideas para hacer tu conversación más atractiva mientras están en esa cita.

Y podemos garantizarte una cosa: ¡la recompensa valdrá el esfuerzo!

las Diez · Las 10 principales cosas que puedes decirle a tu esposa

1. "Te amo."
2. "Estoy orgulloso de ti."
3. "Me encanta tu manera de mostrarme que me amas cuando . . ."
4. "Muchas gracias por la manera en que te ocupas de . . ."
5. "Eres una madre maravillosa."
6. "¡Luces estupenda!"
7. "¡Eres la mujer que necesito!"
8. "Siempre podrás contar conmigo."
9. "Te perdono."
10. "Cuéntame cómo te fue hoy."

119. ¿Qué puedo hacer para mantener viva la intimidad, aun después de varios años e hijos?

Especialmente para una esposa, el camino hacia la intimidad sexual es la intimidad *emocional*. La proximidad emocional entre tú y tu esposa es un catalizador para el amor físico apasionado. Lo que debes saber como esposo es que tus actividades aparentemente no sexuales ayudan a satisfacer sus ansias de intimidad física. En la esencia de esas acciones está el vínculo emocional de la amistad. Una evidencia de la calidad en la amistad entre esposos es permanecer interesado en tu cónyuge y que ella se mantenga interesada en ti.

Esposos: no subestimen el poder de las pequeñas señales de cariño que comunican a sus esposas que la aman, a lo largo del día. Esas señales son vitales para la plenitud sexual de la mujer. Si tu esposa está hambrienta de intimidad emocional y cariño no sexual, talvez se aleje de tus avances físicos. Talvez parezca distraída y distante, y pase más tiempo en el trabajo o en otras actividades. Podría estar "demasiado ocupada" o "demasiado cansada" para tener sexo. Y quizás notes que tus hijos para ella son una prioridad más alta que tú. Todas estas son señales de advertencia de que la necesidad de amistad y cariño no sexual de tu esposa no está satisfecha.

Todos los hombres que leen este libro están casados con un manual caminante y parlante sobre el matrimonio: su esposa. Te sorprenderá cuánto puedes aprender sobre sus necesidades si sólo la observas y le preguntas. La mujer tiende a estar naturalmente dotada para mostrarle a su esposo cómo podrían fortalecer su matrimonio en el aspecto emocional. Tu mujer es tu mejor guía para descubrir de qué manera ser tierno, cómo estar sintonizado y dispuesto a aprender. Presta atención y aprende de ella.

120. Paso mucho tiempo con otras mujeres en mi trabajo y en la iglesia. ¿Cómo puedo estar seguro de no "cruzar la línea" con ellas?

Es fácil que un hombre comience a atrapar el corazón de una mujer sin siquiera darse cuenta. Tú piensas que estás teniendo una conversación

Ideas para Ser Romántico con tu Esposa

- Llámala durante el día sólo por llamarla.
- Abrázala o tómale la mano en público.
- Dile "Te amo" antes de que ella lo haga. Empieza y termina el día con palabras alentadoras.
- Escríbele notas diciendo cuán orgulloso estás de ella.
- Toma sus manos y ora por ella.
- Envíale tarjetas o cartas de amor.
- Llévale el desayuno a la cama.
- Halágala, especialmente por las pequeñas cosas.
- Mímala afectuosamente.
- Sé accesible para ella, siempre. Dile dónde estarás y cuánto tiempo estarás fuera.
- Diles a tus compañeros de trabajo que te avisen siempre que ella te llame por teléfono.
- Repite tus votos matrimoniales con frecuencia. Dile que si tuvieras que elegir nuevamente, la elegirías a ella una y otra vez . . .
- Prométele y reafírmale continuamente tu amor y fidelidad por ella "hasta que la muerte los separe".
- Sugiérele que te diga cómo desea ser amada, y entonces procura amarla de esa manera.
- Dale masajes de la cabeza a los pies.
- Cómprale flores, chocolates o cualquier regalito que le guste.
- Vayan juntos a una charla sobre matrimonios. Toma la iniciativa de averiguar e inscribirse, haz todos los preparativos, incluyendo el contratar a una niñera si es necesario. Participen en alguno de nuestros seminarios (en inglés) "Descubre de Nuevo el Amor de tu Vida" (Puedes ver la programación en www.afclive.com).

agradable con una compañera de trabajo, pero quizás sea la única atención que ella reciba en la semana. Antes de que te des cuenta, tus conversaciones pasarán de la charla amigable a los temas íntimos. No estamos insinuando que no puedas tener amistad con otras mujeres, pero estamos advirtiéndote que cruzar la línea es más fácil de lo que piensas.

Aquí hay algunas banderas rojas que debes observar en el comportamiento de una mujer:

- Halagos
- Contacto visual intenso
- Contacto físico indebido
- Frecuentes referencias a tu importancia
- Deseos de hablar de temas íntimos
- Hablar más de ti que de su marido, si está casada
- Actuar como si tú fueras su público

Piénsalo de esta manera: si esta mujer te invitara a su casa y estuvieran los dos solos, ¿los temas de conversación serían los mismos que en público? ¿Te cuenta historias en un tono provocativo o te induce a mirarla de esa manera? ¿Es sugestiva en su conversación, te confiesa que su esposo no satisface sus necesidades, logrando que tú simpatices con ella o sientas compasión por ella? ¿Hace referencias a su cuerpo o alusiones sobre su dormitorio?

Aunque esto pueda parecer exagerado, te alentamos a no comprometerte en el contacto con ninguna otra mujer que no sea la tuya. Si una mujer te moviliza físicamente, es señal que te ha movilizado emocionalmente. Si estás accediendo a las emociones de otra mujer que no es tu esposa, estás ingresando a una zona de peligro. Tu interacción es tan íntima como prepararse para el sexo; así de serio es. No importa cuán atractiva para tu imagen viril sea la atención de otra mujer, una amistad inocente rápidamente puede tomarte por sorpresa y arrastrarte hacia un camino que pronto lamentarás.

Un consejo: confía en los instintos de tu esposa en esta área. Si ella sugiere que una mujer está comportándose de manera inapropiada, probablemente tenga razón. La mayoría de las mujeres tiene un radar, una intuición innata para la comunicación no verbal y una capacidad de traducir el lenguaje corporal en datos emocionales. Tu esposa quizás tenga la capacidad de ver estas cosas con claridad, así que no la critiques ni tomes sus advertencias como una muestra de inseguridad. Considéralo un don de Dios que los mantendrá fuera de peligro.

Lo más probable es que seas un buen tipo que sólo tiene buenos impulsos, por ejemplo, cuando abrazas a una mujer. Lamentablemente, tú no tienes idea en qué condición está el corazón de esa mujer. Si una mujer no tiene sus necesidades emocionales satisfechas por su marido, fácilmente podría sentirse provocada por el contacto con otro hombre. Esto también vale cuando se trata de una mujer soltera. Sumado a la afirmación y el cuidado, tu contacto podría sin querer iniciar un incendio forestal.

121. Se espera que yo sea el líder espiritual en mi casa, pero no me siento cómodo en ese rol. ¿Qué debería hacer?

Muchos hombres luchan con esto, especialmente si sus padres no fueron un modelo de líder espiritual. Pero tu esposa (y tus hijos, si los tienes), necesitan que tomes la iniciativa.

El liderazgo espiritual en tu hogar abarca amar a tu esposa. El apóstol Pablo da claras instrucciones: "Esposos, amen a sus esposas, así como Cristo amó a la iglesia y se entregó por ella para hacerla santa. Él la purificó, lavándola con agua mediante la palabra, para presentársela a sí mismo como una iglesia radiante, sin mancha ni arruga, ni ninguna otra imperfección, sino santa e intachable. Así mismo el esposo debe amar a su esposa como a su propio cuerpo. El que ama a su esposa se ama a sí mismo" (Efesios 5:25-28). Esta clase de liderazgo es un equilibrio entre dirigir y servir.

La Biblia indica que un esposo cristiano debería aceptar las responsabilidades que Dios le ha dado de amar, liderar y honrar a su familia. Cuando un hombre cumple este rol, protege y provee a cada miembro de la familia. Las palabras de Jesús en Marcos 10:45 ilustran bellamente el liderazgo bíblico: "Porque ni aun el Hijo del hombre vino para que le sirvan, sino para servir y para dar su vida en rescate por muchos." Jesús dejó su lugar de honor a la diestra de Dios y vino al mundo en humildad con el propósito de salvarlo y de mostrar cómo es Dios realmente. Tu responsabilidad es aprender de Él y de demostrar la misma humildad a tu esposa y a tu familia. Satisfacer las necesidades más profundas de tu esposa y sacrificarte para que ella pueda ver más de Jesús, le dará a ella un bienestar y seguridad que jamás conoció.

Ya que te dieron la responsabilidad de ser el líder espiritual, debes cultivar tu espíritu para ser sensible al suave liderazgo del Espíritu

Santo. Pero el desafío no termina allí. Antes de que seas realmente capaz de ministrar a tu esposa, debes ser sensible a su espíritu. Requiere un verdadero discernimiento leer las emociones complejas de tu esposa. A un varón le demanda humildad volverse sensible al Espíritu de Dios, tanto como a su esposa. No obstante, mientras aprendes esta humildad, disfrutarás de tu matrimonio más de lo que nunca imaginaste.

El liderazgo del servicio conduce a la intimidad espiritual, y esta puede transformarlos de ser una pareja donde marido y mujer luchan con sus egos y batallan por el control, a una pareja amorosa que disfruta al máximo su trabajo en equipo.

Uno de nuestros oyentes nos llamó para decirnos:

Testimonios del Frente de Batalla

"Si cada hombre casado supiera que hay un ejercicio que puede hacer diariamente para mejorar su vida, su actitud, su salud, su matrimonio y su aspecto, mientras su gozo aumenta y su nivel de stress y presión sanguínea disminuyen . . . y que esto le toma sólo diez minutos por día; que esas mejoras están garantizadas y que ese ejercicio es gratis, indoloro y fácil, ¿dejaría escapar esa oportunidad? ¿Qué pasaría si el ejercicio también garantizara suavizar un corazón endurecido, restaurar el afecto, realzar un espíritu amable, reavivar el romance, reconstruir la confianza, reavivar la pasión, recuperar el amor, reconstruir un matrimonio y renovar los votos? ¿Cuál es ese ejercicio? ¿Cómo se practica? De la siguiente manera: El esposo toma la mano de su esposa entre las suyas, la mira tiernamente a los ojos y le dice: 'Oremos juntos'."

Desde luego, dirigir a tu familia en oración puede ser difícil si no estás acostumbrado. Sugerimos que comiencen en privado tú y tu esposa, solos. A veces, un hombre sentirá que lo hace mejor y está más cómodo orando con uno a la vez.

Comienza esta noche. Dile a tu esposa: "Me gustaría orar contigo esta noche. ¿Podemos tener unos minutos a solas?" No digas: "Vamos a hacer esto todas las noches por el resto de la vida." Esa es una expectativa demasiado elevada. En lugar de eso, vayan a un lugar tranquilo de la casa o salgan a caminar. Toma su mano y dile: "¿Puedo orar por ti y pedirle a Dios que bendiga nuestro matrimonio y ponga un mayor sentido de comprensión entre nosotros?" Permite que el Espíritu Santo hable a través tuyo mientras oras.

Busca el momento apropiado, no cuando ella está preparando la cena o cuando los chicos están vociferando y se siente exhausta. Si es una persona que acostumbra levantarse temprano en la mañana, ora con ella temprano. Si es de acostarse tarde, oren antes de irse a dormir. Ora en voz alta por las cosas de las que estás agradecido en la vida de tu esposa. Después, vuelve a intentarlo mañana y al día siguiente.

Cuando ambos estén desarrollando la disciplina espiritual de la oración como matrimonio, sus hijos se darán cuenta. Talvez se sorprendan un poco, pero eso está bien. Más adelante podrán invitarlos a sus momentos de oración. La clave es hacerlo lentamente.

122. Acabamos de tener un bebé y mi esposa no siente interés por tener sexo. ¿Es normal?

Sí, es normal. Comprende que tener un bebé provoca cambios muy importantes en sus hormonas. Además, el bebé quiere todo lo que ella tenga para darle las veinticuatro horas del día, todos los días de la semana. Súmale a esto el trauma físico y la sanidad que necesita su cuerpo, así como las emociones que quizás esté sintiendo cuando su cuerpo no recupera la forma anterior tan pronto como ella querría. Todas estas son adaptaciones normales.

Los bebés requieren cuidado todo el tiempo, día y noche. Quizás no esperabas que el deseo sexual de tu esposa menguara después del parto, y talvez te sientas herido. Dale algunas semanas. Los médicos frecuentemente sugieren que las parejas esperen por lo menos seis semanas antes de reanudar la actividad sexual, para que el cuerpo de la mujer se recupere debidamente del parto.

Mientras tanto, ama a tu esposa de todas las maneras que ella necesite que la ames. Dile que es hermosa. Ayúdala con el bebé. Si eres un hombre fuerte y compasivo, puedes controlar tus impulsos durante este período.

No obstante, después de esas seis semanas, habla amablemente con ella sobre cuánto te gustaría volver a intimar. Talvez ella no parezca interesada porque se siente avergonzada por su exceso de peso o por sus estrías. Quizás le preocupe volver a quedar embarazada demasiado pronto. O esté realmente cansada porque no logra dormir una noche entera. Averigua qué le pasa. Sé sensible a sus necesidades y mantén la expectativa de que ella a su vez lo será con las tuyas.

123. Mi esposa engordó mucho después de tener el bebé, y eso me hace sentir frustrado. No quiero herir sus sentimientos, pero ¿cómo hago para entusiasmarla a que vuelva a ponerse en forma?

Probablemente tu esposa tampoco se sienta bien consigo misma. Los cambios físicos son muy duros para las mujeres que han dado a luz, porque se comparan a sí mismas con lo que eran antes del embarazo. Los varones funcionan por lo que ven; por eso, cuando miras a tu esposa, te sientes frustrado de que tenga sobrepeso. Bueno, así como tú funcionas por la vista, tu mujer funciona por medio de sus emociones. Así que aquí está el secreto: trátala como si ella tuviera el peso que tenía antes de quedar embarazada. Ámala, y trátala con ternura, respeto y cuidado. Si lo haces, esos kilos desaparecerán rápidamente porque ella te responderá con el corazón. Dile: "Cariño, salgamos juntos a caminar esta noche," o "Vayamos juntos al gimnasio". Lleven al bebé con ustedes en un cochecito mientras caminan, o contraten a una niñera para que lo cuide mientras salen. Muéstrale a tu esposa que quieres pasar tiempo con ella. Pero siempre recuerda que estás motivado por el amor incondicional. Caminen o hagan ejercicios juntos para mantenerse sanos y en forma. Hazlo para fortalecer tu matrimonio como una actividad a compartir. Pero nunca, jamás, hagas que tu esposa se sienta menos valiosa ante ti porque su cuerpo ha cambiado. No siempre se verá como si tuviera veintidós años, pero por otra parte, tú tampoco.

124. Mi esposa y yo trabajamos y ella dice que yo tendría que ayudarla más en la casa; pero no soy de la clase de hombres que lavan la ropa o cocinan. ¿Qué puedo hacer?

Cuando ambos trabajan, los dos están cansados al final del día, sin importar cuál sea el trabajo. Es agotador tener que levantarse y salir todos los días a algún lugar, por lo cual talvez ambos prefieran llegar a casa y desplomarse. Aun así, las cosas de la casa tienen que hacerse. Hay que cocinar, lavar la ropa, limpiar el baño. Hombres: sencillamente, tendrán que compartir la carga. No importa que no seas del tipo de hombres que cocinan o lavan la ropa. Puedes aprender. Puedes calentar la cena en el microondas. Puedes pasar la aspiradora o barrer el piso. Puedes hacer las compras. Seguramente haces cosas un poquito más intensas en tu trabajo, de modo que creemos que puedes manejar estas. Es importante que hagas algo para ayudar en tu casa.

Estamos en condición de prometerte algo. Cuando le preguntes a tu mujer: "Cariño, ¿qué puedo hacer para aliviarte las tareas?" y estés dispuesto a hacer algo que sea importante para ella, tu esposa se emocionará. Eso demuestra compromiso, cariño y consideración por ella. Te asombrará de qué manera el ayudar en pequeñas cosas beneficiará a tu matrimonio. Tu esposa se jactará de que eres el mejor marido del mundo.

No trates de aplicar el plan 50 y 50 en esto. No se pongan a pelear tratando de definir las responsabilidades. Una lista de quehaceres domésticos talvez ayude (¡si tienen hijos, habrá más ayudantes!), pero cada uno en la casa tendría que observar qué es necesario hacer y hacerlo. Mantengan expectativas realistas. ¿Cuándo está algo lo suficientemente limpio? Busquen maneras creativas de ser limpios y saludables sin volverse obsesivos. Talvez tu esposa sienta que tiene que preparar una comida elaborada todas las noches. En lugar de eso pueden disfrutar una comida especial una o dos veces a la semana, y el resto de las noches compartir una cena más sencilla que tú o tus hijos puedan preparar.

Sé creativo. Diviértete. Después de todo, han estado todo el día trabajando. Ahora estás en casa con tu esposa y tu familia. ¡Esta debería ser la mejor parte del día!

125. La Biblia dice que mi esposa tiene que someterse a mí. ¿Cómo debería funcionar esto en nuestro matrimonio?

En primer lugar tienes que reconocer el rol que te asignó Dios en tu familia. El mandato bíblico para los hombres es claro: son llamados a ser el líder en su hogar. El apóstol Pablo lo explica de la siguiente manera: "El esposo es cabeza de su esposa, así como Cristo es cabeza y salvador de la iglesia, la cual es su cuerpo. Así como la iglesia se somete a Cristo, también las esposas deben someterse a sus esposos en todo" (Efesios 5:23-24). Talvez no te guste esta responsabilidad, o sientas que no eres muy bueno para eso. Pero es el plan de Dios para tu vida como esposo y padre.

¿Qué significa ser "cabeza" de tu esposa? ¿Quiere decir que tú la controlas a ella? ¿Significa dominar y ponerla en su lugar? Absolutamente no. Dirigir no se trata de tener dominio o poder. El que dirige trata de tomar la iniciativa y ser un ejemplo para tu familia. No puedes conformarte con que tu esposa y tus hijos estén por encima de tu nivel como discípulos de Cristo. Por eso es imperioso que te conviertas en todo lo que Dios quiere que seas. De muchas maneras, estás discipulando a tu familia mediante la gracia de Dios que has experimentado de primera mano.

Eres responsable de dirigir tu hogar sirviendo a tu esposa, así como Cristo sirve a la iglesia. Jesús no obliga a la iglesia a que se someta. No amenaza, no intimida ni exige. Por el contrario, Él ama continuamente y sirve hasta el punto de entregar su vida. Él es tu ejemplo como cabeza en tu matrimonio.

Tu mujer también tiene un mandato: respetarte y someterse a ti. Pero el hombre debe marcar el ritmo. Son tu actitud, tu conducta y tu creencia acerca de la conducción las que determinarán la manera en que tu esposa se relacionará contigo. Sé activo en el rol que Dios te ha dado de servicio a tu familia. Cuando veas una necesidad, satisfácela. Cuando tu esposa esté herida, apresúrate a abrirle tu corazón. Bríndale una palabra de consuelo o de aliento, o simplemente escucha. Cuando eres servicial con tu esposa, le das la libertad de someterse a ti porque sabe que puede confiar en ti. Sé la clase de hombre del cual ella no tiene miedo a sujetarse, porque puede confiar que tú permites que Dios trabaje en ti.

126. A veces miro un poco de pornografía, pero no demasiado. ¿Está bien "sólo mirar", mientras no se convierta en un verdadero problema?

No está bien. Debes comprender el impacto que la exploración de material con sexo explícito puede tener en tu relación con las personas

Características de la Adicción Sexual

- Se realiza en soledad y en secreto.
- Aísla a la persona de los demás o de sus otras relaciones.
- Priva a la persona de su intimidad.
- La autosatisfacción impide que la persona reconozca el daño causado por el comportamiento obsesivo.
- Enmascara el dolor y los problemas.
- Termina en desesperación.

que amas. La pornografía y otro tipo de material de sexo explícito le roban a tu esposa la intimidad que se supone es solamente de ella. Invita a otras personas a su intimidad. El uso de pornografía es una traición que lastimará profundamente a tu ser amado. No te engañes. ¡Es adulterio! Jesús dijo: "Cualquiera que mira a una mujer y la codicia ya ha cometido adulterio con ella en el corazón" (Mateo 5:28). La Biblia no puede ser más clara.

Testimonios del Frente de Batalla

"Hace un año que soy cristiano y he tratado de leer la Biblia y escuchar cada programa de radio en búsqueda de inspiración y fuerzas para vencer la prisión de mis pensamientos. Verás, estuve casado durante nueve años y mi esposa es mi vida. Sin embargo, la he lastimado con mis pensamientos adúlteros y sé que estos pensamientos son tan malos como si en verdad los pusiera en práctica. Hace cinco años, no quisiera recordarlo, perdí a mi esposa y a mis tres hermosos hijos a causa de la pornografía. Les pido que oren por mí en las próximas dos semanas mientras leo el libro de Fred Stoeker, Every Man's Battle (La Batalla de Todo Hombre).[7] Sé que debería encontrar en Dios toda la fuerza que necesito, pero fracaso una y otra vez."

Las Escrituras nos ordenan "huir de la inmoralidad sexual (1 Corintios 6:18) porque Dios conoce nuestra vulnerabilidad. Nuestro fracaso en resistir la tentación en esta área puede llevarnos a expresiones de pecado sexual más pervertidas, cosas que nunca hubiéramos imaginado que podríamos hacer. Lo que talvez comenzó como una "mirada inocente" puede degenerar en un comportamiento más destructivo. La pornografía nunca es inofensiva. Frecuentemente se convierte en una adicción.

¿Cómo puedes romper con el patrón de la pornografía? Sé consciente de que tú *eliges* tu conducta. Los hombres a los que Gary ha aconsejado dicen que nunca habrían podido romper gradualmente con el hábito. Corta de una manera terminante.

127. ¿Está bien fantasear con otras mujeres? Eso no es engañar, ¿verdad?

Como mencionamos antes, Jesús abordó esta cuestión sin rodeos: "Cualquiera que mira a una mujer y la codicia ya ha cometido adulterio con ella en el corazón" (Mateo 5:28). Cuando fantaseas con cualquier

---

Consejos de Entrenamiento: ¿Cómo Romper con las Adicciones Sexuales?

- Sé honesto(a) contigo mismo(a) y admite que tienes un problema.

- Cuéntale tu adicción a una persona confiable. También sé responsable ante esa persona.

- Deshazte de todo el material pornográfico que tengas. No te guardes nada. Si sientes la tentación de alquilar videos, ni siquiera te acerques a un videoclub.

- La pornografía en Internet es una amenaza maligna. No caigas en ella. Compra programas de computación que sirvan para bloquear el acceso.

- Sé paciente y no te sientas derrotado(a) cada vez que falles. Requirió tiempo desarrollar la adicción; también llevará tiempo superarla.

- Ora por tu problema. Confía en la liberación y el poder de Dios. Él promete hacer un cambio en tu vida. Permite que te dé la fuerza especial que necesitas para pelear esta batalla y finalmente lograr la victoria.

otra persona que no sea tu esposa, has cometido pecado de adulterio. Cuando permites que tu mente deambule en esa área entras en un terreno peligroso. Después de todo, el acto de pecar siempre comienza con un pensamiento. Cuando fantaseas, estás empezando ese proceso. Has comenzado a descender en un terreno resbaladizo que puede terminar arruinando tu matrimonio. En lugar de eso, concéntrate en tu esposa. Tenla presente en tus pensamientos.

> Consideren bien todo lo verdadero, todo lo
> respetable, todo lo justo, todo lo puro, todo lo
> amable, todo lo digno de admiración, en fin, todo lo
> que sea excelente o merezca elogio.   **Filipenses 4:8**

La tentación está por todas partes, no puedes evitarla. Ponte hoy de acuerdo con Dios que cuando veas a una mujer hermosa, puedas apreciar su belleza pero no te entretendrás con ella. No fantasearás al respecto. Mirarás hacia otro lado y volverás al amor de tu vida. Haz como Job: "Yo había convenido con mis ojos no mirar con lujuria a ninguna mujer" (Job 31:1). Cuida tu corazón, cuida tus ojos, y rechaza ceder a la tentación.

128. ¿Existe realmente el síndrome premenstrual? ¿Qué puedo esperar cuando mi esposa está "en esa época del mes"?

El comportamiento hormonal es un misterio para la mayoría de los hombres y hasta para muchas mujeres. Las hormonas afectan el estado emocional y fisiológico de la mujer. Para muchas de ellas, el síndrome premenstrual es un problema de diversos niveles.

Las mujeres tienden a experimentar altibajos emocionales por su fluctuante nivel hormonal. Los primeros veintiún días después de su menstruación, el estrógeno les da una sensación de bienestar y una actitud generalmente positiva. Pero entre el día veintiuno y el veintiocho, su nivel de estrógeno baja dramáticamente, y con ese cambio a menudo, desaparece la actitud positiva. Muchas mujeres se vuelven irritables, y más propensas a enfadarse.

Si tu esposa es como la mayoría de las mujeres, los factores fisiológicos de la fluctuación de las hormonas hacen que se sienta irritable.

Quizás llore sin razón aparente, cambie de opinión, sienta dolor físico o conteste bruscamente por pequeñeces. La personalidad de algunas mujeres cambia completamente. Lo que le da rabia a tu esposa es que ella sabe que está errática e irritable, pero se siente incapaz de controlarlo. No es algo que pueda simplemente "sacarse de encima". El síndrome premenstrual es real.

Cuando llega "esa época del mes" para tu esposa, sé amable. Déjala expresar sus sentimientos. Trata de no apenarte o frustrarte si ella te contesta mal. Pregúntale por el ritmo de su ciclo menstrual, y anticípate a su período cada mes. Algunos hombres hasta anotan discretamente la

Consejos de Entrenamiento: Cuando tu Esposa Tiene el Síndrome Premenstrual

- Haz un esfuerzo especial por ser amable. No importa cuán difícil sea convivir con tu esposa, su necesidad de ternura siempre está presente.

- Ten en cuenta que la autoestima de tu esposa se ve afectada por sus niveles de estrógeno. Talvez se sienta deprimida durante el último tercio de su ciclo menstrual.

- No tomes su malhumor como algo personal en tu contra. Una vez que haya pasado la tormenta íntima, se sentirá avergonzada de haber sobreactuado de esa manera. Ella realmente no quiere ser una molestia, pero necesitará que le des una porción extra de tu gracia.

- Talvez tu esposa pierda la dimensión de las cosas y haga una montaña de un grano de arena. Asegúrate de no contradecirla o subestimar esas "montañas". Aunque talvez no compartas el punto de vista de tu mujer, haz todo lo posible por cuidarla de presiones adicionales.

- Recuerda que talvez llore incontrolablemente, a veces sin ningún motivo real. Deja que lo haga.

- Muéstrale comprensión y sé sensible a su incomodidad física.

- Talvez podrías anotar las fechas de su ciclo premenstrual en tu calendario, para recordar que tienes que honrar a tu esposa en esos días.

fecha del ciclo menstrual de sus esposas en su agenda para recordar que las hormonas pueden afectar sus emociones.

129. Mi mujer es una regañona. ¿Qué puedo decirle para que comprenda cómo me hace sentir eso?

Busca a Dios en primer lugar, y pídele que te revele lo que está sucediendo realmente en el corazón de tu esposa. ¿De dónde proviene esa frustración? Segundo, pídele a Dios que te muestre si tú estás siendo pasivo, perezoso o descuidado en alguna área. Sé sincero. Talvez tengas que tomar la iniciativa para colaborar en las tareas domésticas. O quizás necesites un simple recordatorio de que el miércoles es el día de la basura, por ejemplo.

Lo peor que puedes hacer es ignorarla o volverte crítico. Es posible que ella realmente no quiera regañarte. Sólo que las cosas por las que te sermonea son importantes para ella, y no conoce otra manera de lograr que le respondas.

La próxima vez que te sientas regañado, tómate un momento para hablar con tu esposa sobre lo que está sucediendo. ¿Por qué el asunto es tan importante para ella? ¿Por qué no estás respondiendo? En algún lugar se ha producido la desconexión. Entonces escucha lo que ella tiene para decir. No pongas excusas, no entornes los ojos, no la escuches a medias mientras miras el partido por TV. Escúchala a *ella*. Luego descubran juntos qué pueden hacer ambos para resolver el problema.

130. Tengo la sospecha de que los familiares de mi esposa, amigos y un pequeño grupo conocen cosas de nuestro matrimonio que deberían ser privadas. ¿Cuál es la mejor manera de hablar con mi esposa sobre esto?

Acércate cuidadosamente a ella. Empieza dando por sentado que nunca tuvo la intención de avergonzarte o herirte. Quizás haya dicho cosas porque estaba muy entusiasmada con una buena charla que ustedes tuvieron o sobre cierto contratiempo en tu matrimonio. Talvez tú compartiste un sentimiento profundo y la reacción de tu mujer pueda haber sido: "¡Él habló! ¡Esto es tan bueno! Voy a llamar a mi mejor amiga o a mi hermana, o a mi mamá. De hecho, voy a poner un aviso en el diario y contárselo a todo el mundo." Quizás compartió cosas que te avergonzaban.

Tu esposa merece saber cómo te sientes. Dile lo que sospechas y que te incomoda que otras personas sepan cosas de tu matrimonio, especialmente si son negativas. Recuérdale que nunca debería hablar de tus problemas con otra persona sin haberlos conversado primero contigo y sin que le hayas dado tu permiso para compartirlos. Prométele que tendrás la misma cortesía con ella; nunca deberías hablar de sus problemas con un amigo sin antes haberlos hablado con ella y contar con su permiso.

Analiza con tu esposa cuáles son los límites. Dile que para sentirte libre de abrirte y compartir tus pensamientos más profundos, necesitas saber que no serán difundidos. Dile que necesitas saber que a menos que las conversaciones sean privadas y confidenciales, serás muy reacio a abrirte.

La clave en esto es el respeto. Pídele a tu esposa que respete tu matrimonio como para no hablar con los demás sobre cosas que podrían avergonzarte. Bríndale a ella el mismo respeto.

131. **Pareciera que para mi esposa los niños son siempre más importantes que yo. ¿Cómo puedo hacerle saber lo que siento sin quejarme?**

Probablemente ella no esté descuidándote a propósito; es sólo que los chicos demandan toda su atención. Según la edad que tengan, necesitan que les den de comer, que los cambien, que los bañen o los ayuden con el proyecto de la feria de ciencias de la escuela. Todo eso, se hace después de la escuela o en la noche, que es también el único momento en que tú estás en casa. Ella centra su atención en la necesidad más grande; después de todo, probablemente tú puedas cuidar bien de ti mismo.

Sin embargo, hazle saber que quieres tener momentos a solas con ella. Ninguna mujer puede resistirse a eso. Organiza una salida, y haz tú mismo todos los arreglos. Puedes llamar a una niñera. Pueden pasar la noche fuera de casa. Nuestro libro 40 *Unforgettable Dates with Your Mate* te proporcionará algunas buenas ideas para pasar momentos especiales a solas con tu esposa. Dile: "Cariño, te necesito. Siento como si estuviera yendo en el asiento de atrás del auto y tú y los chicos en el de adelante. Tenemos que cuidarlos, pero también tenemos que cuidar nuestro matrimonio. Por eso vamos a salir esta noche a cenar. No te preocupes: ya llamé a la niñera." Haz eso y ¡tu esposa se rendirá a tus pies!

132. He estado descuidando a mi mujer por causa de mi trabajo. ¿Cómo puedo lograr que las cosas entre nosotros vuelvan a la normalidad?

Quizás, como ET, es hora de "llamar a casa". Levanta el teléfono y dile a tu esposa que hasta ahora le habías entregado tus sobras emocionales al final del día. Reconoce ante tu familia que lamentas no haber tenido suficiente energía para ellos. Hazles ver que estás haciendo un esfuerzo por cambiar. Sí, al principio talvez sea difícil decir esas cosas; tendrás que tragarte el orgullo. Pero al final, valdrá la pena. Y mientras estás preocupado por tu orgullo, tu familia pensará que eres un héroe. Ganarás su respeto porque fuiste sincero con ellos. No permitas que nada te distraiga, y pasa tiempo de calidad y en cantidad con ellos. Está en tus manos el cambiar sus vidas y también la tuya. ¿No será momento de que empieces?

Ve a casa. Vuelve al amor de tu vida, y redescubre lo que brinda alegría duradera, placer y amor profundo. Ve a casa a esa mujer especial en tu vida. Hónrala, dale las gracias y atiéndela. Quizás no siempre la tengas contigo. La vida es verdaderamente más preciosa de lo que nos damos cuenta.

David nos llamó con el siguiente buen consejo:

Testimonios del Frente de Batalla

"Hay demasiados tipos por ahí luchando por ascender en sus profesiones y gastando la vida en actividades tales como ir de caza, jugar al fútbol, ganar dinero, pertenecer a un club deportivo . . . lo que sea. Debo decirles algo: ¡Despierten! No subestimen a sus esposas. La vida es frágil. El matrimonio es algo precioso. No creas que puedes sobrevivir sin que inviertas en él. Si no atiendes las necesidades de intimidad, comunicación y

conexión que tiene tu esposa, ella puede buscarse a otro. Aun si no lo hiciera, estarás perdiéndote todo lo que ella tiene para darte. Es necesario que el objetivo de tu vida sea conocer a tu esposa y entender su forma de ser, lo que la hace feliz y lo que la entristece. Necesitas ser su siervo. Es fundamental que lo conviertas en tu vocación suprema."

133. Mi esposa se queja constantemente de que nunca le digo lo que pienso o siento. ¿Cómo puedo asegurarle de que sólo porque no tengo ganas de hablar no quiere decir automáticamente que haya algún problema?

Talvez esta imagen te ayude: los hombres y las mujeres tienen "casillas". La casilla de la economía, la casilla de las emociones, la del sexo, la de las obligaciones, la de la intelectualidad, la espiritual, etcétera. Bien, los hombres tienen una casilla de "nada". Por eso cuando la mujer le pregunta a su esposo: "¿En qué estás pensando?" y él responde "Nada", probablemente sea verdad. Dile que no se sienta intimidada por tu silencio. Dile que estás simplemente en el modo "nada". Pídele que te acompañe ahí.

También ten en cuenta que lo más probable es que quiera pasar un momento contigo, tiempo para conectarse. Como sabes que tu esposa te preguntará cómo te fue en el día, anota diferentes experiencias que hayas tenido y algunas emociones relacionadas. Mientras le detallas tu día, comparte algunas de esas experiencias y emociones con ella. Entonces se sentirá conectada contigo y experimentará la unión que ambos desean.

Capítulo 15

Sólo para Mujeres

Preguntas de este capítulo:

Preguntas de este capítulo (cont.):

134. Mi marido quiere tener relaciones sexuales con más frecuencia que yo. ¿Cómo puedo estar segura de satisfacer sus necesidades sin comprometer mis propios sentimientos?

Al aconsejar a las parejas, hemos aprendido el dolor que siente una esposa cuando su esposo no se conecta emocionalmente con ella. Piensa cómo te sientes cuando tu esposo parece estar a miles de kilómetros de ti o mira televisión mientras tú tratas de charlar con él. Lo que sientes en esos momentos es exactamente como se siente él cuando no le respondes o no quieres conectarte sexualmente con él.

Si verdaderamente deseas conexión con tu esposo, será necesario que respondas a sus requerimientos sexuales, aunque a veces no sientas deseos. Una esposa sabia comprende los ritmos sexuales de su esposo, responde a ellos y hasta a veces inicia ella misma la actividad sexual.

Si en el pasado sufriste de abuso sexual, si has sido lastimada, si tienes temas sin resolver, necesitarás revisar esas áreas. Si se ponen de acuerdo en que necesitas abstinencia sexual hasta que hayas resuelto esos temas, una "pausa sexual" temporal facilitará el proceso de sanidad. Pero si se trata solamente de que él quiere tener sexo con mayor frecuencia que tú, date cuenta de que unirse sexualmente con gozo es parte de tu manera de amarlo y conectarte con él. Alégrate de que te desee tanto. ¡Aprende a verlo como una bendición! ¡Disfrútalo!

135. Quiero demostrarle a mi esposo cuánto lo amo, pero a veces no estoy segura de cómo expresarlo. ¿Qué puedo hacer?

Una de las mejores maneras de aprender a amar a tu esposo es estudiarlo, llegar a *conocerlo* al derecho y al revés.

Los hombres a veces no saben como verbalizar lo que sienten. Por lo tanto es esencial que uses tus instintos cuando estás tratando de entender qué le pasa. Siempre es importante conocer su ritmo, aun cuando trates con el hombre más estable. Así que aprende a leer los estados de ánimo de tu esposo. Si lo haces, pronto conocerás las respuestas a esta clase de preguntas:

- Si mencionas un tema delicado al final del día, ¿tu esposo participará en el diálogo, se retirará de la conversación o te atacará?
- Cuando vuelve a casa de su trabajo y estás compartiendo con él acerca de tu día, ¿es más probable que te dé consejos o que haga lo que realmente necesitas, que es solamente escuchar?
- Mientras tu esposo está trabajando en el *garaje* un sábado por la tarde, recibes una llamada preocupante de tu madre. ¿Será tierno y atento contigo o se quedará entretenido en su tarea?
- ¿Cuándo se pone maniático tu esposo?
- ¿Qué hace que tu esposo pierda el sentido de su propia estima y valor?
- ¿Tu esposo se vuelve más irritable cuando tiene hambre o cuando está cansado?
- Tu esposo se muestra extremadamente irascible. ¿Está enojado contigo o está estresado por algo de su trabajo?

¿Qué te dicen sobre tu esposo las respuestas a estas preguntas? ¿Cómo te ayuda esa información a amarlo más? Amar a tu marido requiere gracia además de tu compromiso de confirmarlo y de crear un ambiente seguro para que sea él mismo.

Pregúntate a ti misma:

- ¿Estoy estudiando a mi esposo? ¿Conozco sus fortalezas tanto como sus debilidades? ¿Estoy construyendo lo primero y complementando lo segundo para llegar a ser una unidad con él?
- ¿Dónde es necesario que muestre al hombre con el que me casé un poco de gracia, verdadera gracia? ¿Qué tengo que dejar de señalar y permitir que Dios obre en él?
- ¿Me es más fácil valorar a mis hijos y a mis amigas que a mi marido?
- ¿Qué estamos haciendo para construir seguridad en nuestro matrimonio de manera que podamos arriesgarnos a amarnos incondicionalmente?

- ¿Cuándo fue la última vez que mi esposo y yo compartimos profundamente? ¿Estamos dándonos el tiempo necesario para conectarnos diariamente?

Hemos escuchado las siguientes historias de nuestros oyentes:

Testimonios del Frente de Batalla

"Quisiera hacerles saber a las esposas cuán importante es alentar a nuestros maridos. Antes de que mi esposo salga de casa, cada día le hago saber lo maravilloso que es. Cuando regresa, lo recibo en casa con los brazos abiertos. Eso le inspira vida. No podemos aflojar en esa área, porque si nosotras no lo hacemos, alguna otra lo hará."

"Los hombres necesitan que se les agradezca hasta por las cosas más pequeñas que hacen. Cuando yo comencé a agradecerle las pequeñas cosas que hace, descubrí que nuestra comunicación y nuestra intimidad fueron mejores."

"Mi marido siempre está trabajando en el garaje con su auto. Bueno, yo sé muy poco sobre autos, así que decidí acercarme a él un día, mientras él estaba entretenido con eso. ¡Lo dejé mudo cuando se enteró de que yo sabía cambiar las bujías! Estaba agradecido de que yo quisiera estar con él y compartir algo que realmente disfruta hacer."

136. Se supone que tengo que apoyar a mi marido, pero a veces él hace o dice cosas con las que no estoy de acuerdo. ¿Cómo puedo expresar mis objeciones sin comenzar una pelea gigantesca o avergonzarlo frente a sus amigos?

Lo primero que tienes que hacer es hablar con Dios. Deja que Él te muestre si tienes que mencionarle a tu esposo un tema en particular o si es necesario que no lo hagas. Dios te guiará y te dará sabiduría. Si es claro que necesitas discutir la situación con tu esposo, pídele a Dios una oportunidad, el momento y el lugar indicado, las palabras apropiadas, el tono de voz adecuado. Siempre hazlo en privado, ni siquiera tus hijos deben escuchar esta conversación. Sé respetuosa al expresar tu preocupación, asegurándote de no condenarlo ni avergonzarlo. Hazle saber que has orado por la situación y quieres hablar de eso con él.

Asegúrate de que tu esposo entienda que no estás intentando socavar su dirección o la autoridad que Dios le ha dado. Concéntrate en el asunto, mantén las discrepancias en segundo plano y no lo ataques. Hazle saber a tu esposo que lo honrarás.

El marido ¿necesita el apoyo de su esposa? Por supuesto. Las Escrituras dicen que tú tienes que ser su ayuda (lee Génesis 2:18). En cierto sentido, eres la "vicepresidente" de tu esposo. Un presidente inteligente escucha el consejo de su vice. Como cabeza del hogar, tu esposo tiene la responsabilidad de las decisiones finales, pero un marido sabio escucha a su esposa y recibe su aporte. Y estará mucho más dispuesto a escucharte si te acercas a él respetuosamente.

137. Quiero satisfacer la necesidad de amor incondicional de mi esposo. ¿Cómo puedo entender su corazón y amarlo adecuadamente?

El corazón de un hombre es algo precioso y recóndito. El hombre es menos propenso que la mujer a desnudar su alma o comunicar todo lo que piensa. Su corazón a menudo está cerrado bajo llave y protegido, un gran tesoro guardado en un sótano. Esta riqueza interior representa el núcleo de todo su ser, el centro de toda su actividad, su identidad como hombre.

Como su esposa, tú posees la llave del corazón de tu esposo. Eres la única persona que conoce sus necesidades más profundas, las cosas escondidas de su alma, su lucha y búsqueda de importancia, sus fortalezas y las debilidades que puede esconder de los demás, pero no de ti.

Tú tienes una influencia importante en su vida. Un gran factor que posibilita el éxito personal de un hombre y las elecciones correctas pueden explicarse porque hay una mujer que le susurra aprobación y aliento al oído por las noches. Una mujer negativa puede quebrar a su esposo mientras que una buena mujer puede fortalecerlo. Estas son algunas maneras en que puedes amar a tu esposo:

Ámalo incondicionalmente. Cada uno de nosotros anhela ser amado sin condiciones. ¿Amas a tu esposo tal como es (ahora, con todas sus imperfecciones), u observas todos sus movimientos con ojo crítico? ¿Las expectativas que has puesto en él son tan altas que el fracaso es inevitable? Puedes medir el amor por tu esposo comparándolo con el modelo descrito en 1 Corintios 13. ¿Eres paciente y amable, o eres torpe y exigente? ¿Guardas registros de los errores de tu esposo, y los sacas a relucir cuando surge una discusión? ¿Continúas mencionando cosas del pasado? Si no amas a tu esposo tal como es, lo haces vulnerable y descuidas a tu matrimonio.

Comprende sus diferencias. Así es, los hombres y las mujeres son diferentes. Una de las cosas menos prudentes que una esposa puede hacer es insistir en que su esposo quiera lo que ella quiere, sienta lo que ella siente, se comporte como ella o piense como ella. A ti no te gustaría que él insistiera en que quisieras, sintieras, te comportaras u opinaras igual que él. Respeta las diferencias de género alentándolo a ser el hombre que Dios quiere que él sea. Cuanto más comprendas y respetes la masculinidad de tu esposo, más podrás satisfacer sus necesidades íntimas de ti, y lo ayudarás a cuidar su corazón en el proceso.

Hónralo a él y a su mundo. La mayoría de los hombres admitiría que en lo profundo de su ser todavía habita un niño y sus sueños. Cierra los ojos un momento e imagina a tu esposo como un muchachito enérgico de ojos brillantes jugando a la pelota, ¡completamente enamorado de la vida! En ese momento su futuro era toda una promesa. Tenía grandes sueños y planes, quizás ser un jugador de fútbol estrella, un aventurero viajando por el mundo, o presidente de la nación. Ahora piensa en tu esposo tal cual es hoy. ¿Ha dejado de soñar? Si es así, ¿cuándo sucedió y por qué? Los hombres necesitan que sus esposas sueñen con ellos, imaginen las posibilidades y caminen valientemente hacia los cambios. Con frecuencia una mujer puede estar tan preocupada por la seguridad del trabajo actual de su esposo que ni siquiera puede considerar las grandes cosas que quizás le aguarden en otra empresa o en un nuevo campo de su carrera. El hombre anhela la libertad para ser completamente quien es, con la seguridad de que su esposa estará a su lado en todo momento.

Evita el sabotaje. Jamás lastimarías intencionalmente a tu esposo, pero puedes sabotearlo sin darte cuenta. ¿Cómo? Abusando del poder. ¿Tienes idea de cuánto influyes en su vida? Tus creencias, tu conducta y tus

Las 10 principales maneras de amar a tu esposo

1. Haz que el tiempo a solas con él sea una prioridad. En este mundo de tantas ocupaciones, algunas cosas pasan a ser más importantes que el tiempo de un hombre con su mujer. Aprende a decir "no", para que puedas amar, honrar y apreciar a tu esposo por encima de todo lo demás.

2. Honra sus cosas favoritas. Haz una lista de lo que más le gusta: su comida o su postre preferido, salidas, programa de televisión, y asegúrate de que pueda disfrutarlas.

3. Dile lo que necesitas. Él no puede leerte el pensamiento, ¡al menos, no siempre!

4. Alívialo de las cargas, preguntándole: "Si hubiera algo que yo pudiera hacer de tu lista de cosas pendientes, ¿en qué podría ayudarte?"

5. Déjalo ser él mismo. No pienses que tu esposo pensará, sentirá o se comportará como tú o como "el marido ideal". Cometerá errores. Dale esa libertad.

6. Avala su masculinidad mostrando interés por sus pasatiempos. Ve con él a un evento deportivo o acompáñalo de vez en cuando en sus tareas en el garaje. Si practica deportes, ve a alentarlo.

7. Sé más curiosa que crítica hacia tu esposo. No lo juzgues. Investiga y pregúntale por qué hace las cosas que hace.

8. Valora su gran esfuerzo laboral. Agradécele que trabaje para ti y para la familia. Hazle saber que reconoces y admiras su trabajo.

9. Halágalo delante de tus hijos. Cuéntale a ellos cuánto trabaja su padre y qué buen hombre es. Dile cuánto lo amas y cuán importante es para ti.

10. Halaga sus esfuerzos por ser sensible. Si hace intentos notables de comprenderte, escucharte o consolarte, hazle saber cuán valiosos son para ti. Sé específica en cuanto a lo que te gusta.

decisiones tienen un impacto tan grande en él como muchas otras influencias. Él te escucha y confía en tus consejos y advertencias, sea que demuestre hacerlo o no. Esta increíble influencia implica una gran responsabilidad. Asegúrate de no administrar mal tu poder en su vida y terminar lastimándolo.

Honra a sus amistades. ¿Recuerdas algunos de los amigos con los que tu esposo solía andar cuando ustedes se conocieron? ¿Todavía sigue en contacto con ellos? ¿Tiene un grupo de amigos varones? Tu esposo necesita amigos cristianos, hombres que fortalezcan las cualidades de su carácter. Necesita rodearse de hombres que sigan a Jesús a toda costa. Dale espacio para que se relacione con otros hombres que lo afilen como el hierro se afila con el hierro (Proverbios 27:17).

Sé su complemento, su "ayudante". ¡Tú y tus cualidades únicas pueden completar a tu esposo como nadie! Puedes ayudarlo a cuidar su corazón trabajando con él, no contra él. ¿Cómo? Si está luchando en algún área, ora por él. Si se muestra abierto, habla con él. Escucha lo que dice y lo que no dice. Y entonces quítate del camino y deja que Dios trabaje en su corazón. Dios abrirá los ojos espirituales de tu esposo cuando tú obedezcas el mandamiento espiritual de ganarlo mediante "un espíritu suave y apacible" (1 Pedro 3:4). Juegas un papel muy importante en ayudar a que tu esposo comprenda su rol en la familia. Pero no puedes hacerlo quejándote. Tienes que dejar que Dios lo haga en su debido momento.

Renueva tu compromiso con tu esposo y con Dios. La mujer quizás sienta que se comprometió una vez y para siempre con su esposo el día de su boda. Y de alguna manera, lo hizo. Pero el volver a comprometerse tiene que ser algo de todos los días. De la misma manera, tu compromiso de vida con Dios debería ser renovado a diario mientras procuras seguir a Cristo a cada momento. Sin duda, el regalo más duradero que puedes hacerle a tu esposo es tu fe firme en Jesucristo. Que Dios sea el primer amor de tu vida. Cuando experimentes el amor incondicional de Dios, Él te llenará hasta rebalsarte. Y después de ti, tu esposo es el que más se beneficia de tu caminar con Dios. No cometas el error de poner a tu esposo en el trono que solamente Dios debe ocupar. Solamente Dios es Dios, y la fuente final de tu fortaleza se encuentra en Él. Pero después de Dios, tu siguiente lealtad es hacia tu esposo.

Testimonios del Frente de Batalla

"Mi esposo está en el cuerpo militar y actualmente está sirviendo en el exterior. A veces puede ser una persona dura con la cual vivir. Ha sido muy crítico conmigo, desvalorizándome. Durante los últimos meses, los niños y yo nos hemos arreglado muy bien sin él, casi diría, demasiado bien. Pero este tiempo en el que hemos estado separados me ha ayudado a darme cuenta cuánto necesito amar a mi marido, con sus errores y todo. Estoy aprendiendo a amarlo como Cristo nos ama a nosotros: dejando de lado sus fallas para conocer sus necesidades. Cuando hago eso, estoy ayudándolo a alcanzar su potencial como hombre y como esposo. Me doy cuenta de que para él es importante sentirse necesario, especialmente ahora que estamos sin él. Por eso, cuando me critica por carta o por teléfono, yo le reafirmo su lugar en la familia y cuánto lo extrañamos. En lugar de reaccionar ante sus palabras, le digo que lo amo y que aprecio su sacrificio por la familia. Cuando se subestima le recuerdo que tiene una mujer que tiene un alto concepto de él, que lo comprende y lo ama incondicionalmente."

Para adquirir más comprensión sobre las necesidades de tu esposo y cómo satisfacerlas, lee nuestro libro *The Five Love Needs of Men and Women* [*Las Cinco Necesidades de Amor de Hombres y Mujeres*].

138. Entre el trabajo, los chicos, y el cuidado de la casa, casi no tengo tiempo ni energías para dedicarme a mi esposo. ¿Qué puedo hacer para estar segura de que no se sienta descuidado?

Los chicos necesitan de tu atención las veinticuatro horas del día, los siete días de la semana; eso es un hecho. Sus necesidades te sacarán todo lo que tienes y aun más. Lo mismo se puede decir de tu trabajo. Por eso eres tú la que tiene que poner los límites de manera que te quede algo para tu esposo.

Testimonios del Frente de Batalla

"Como tenemos nuestro propio negocio, mi esposo trabaja muchísimas horas. Parece que lo único lo que hacemos es cruzarnos en el comedor en la mañana y en la noche. Sólo me gustaría saber cómo volver a darle ritmo y vida a la intimidad en nuestro matrimonio. Tenemos un hijo de dos años y paso más tiempo con mi hijo que con mi marido. Cuando él llega a casa, ambos estamos muy cansados, así que el sexo ha pasado a segundo plano. Es como si lo tuviéramos anotado en una lista (De acuerdo, tenemos que acordarnos de tener sexo). Pero muy a menudo, no lo hacemos y sé que eso no está bien. Me gustaría saber cómo puedo ser más romántica."

Si la historia de esta oyente te toca alguna cuerda interior, necesitas un plan. Organiza una salida nocturna con tu marido. Si necesitas ideas, lee nuestro libro 40 *Unforgettable Dates with Your Mate* [40 *Citas Inolvidables con tu Pareja*], el cual sugiere ideas para salidas y listas de planificación, además de sugerencias de cómo iniciar conversaciones significativas antes, durante y después de la salida. Algunas de las ideas están específicamente pensadas para ayudarte a recuperar el romanticismo en tu matrimonio. Prepara con anticipación una noche de esta semana donde puedan tener sexo. Parece poco romántico, pero lo será si ustedes se entregan con ansias a concretarlo. ¡Así que reserva un poco de energía para él!

139. A veces siento que mi esposo no está a gusto con nuestro matrimonio. ¿Qué puedo hacer?

Gary aconseja a muchos hombres que intentan encontrar respuestas a preguntas difíciles sobre aspectos cruciales de la relación matrimonial. Ha descubierto lo siguiente: La autoestima del hombre se entrelaza con la vida sexual que tenga con su esposa.

- El hombre necesita que su mujer ocasionalmente inicie la relación sexual.
- El hombre a menudo lucha con sentimientos de insuficiencia o fracaso.

Ideas para Agasajar a tu Esposo

- Despídelo y recíbelo en casa con una sonrisa y un beso.
- Manifiéstale que te alegra que esté en casa, simplemente porque lo amas, no porque la pileta está tapada o porque necesitas liberarte de los chicos.
- Antes de hacer cualquier otra cosa, cuando tu esposo regrese del trabajo dale la bienvenida y dile cuánto te alegras de estar otra vez con él.
- Hazle saber que él es importante para ti. Compra una tarjeta sentimental y envíasela a la oficina, escóndesela en su portafolio o deslízala dentro del libro que está leyendo.
- Escribe una lista de las razones por las cuales lo amas y luego díselas durante una cena romántica.
- Déjale una nota sorpresa con un versículo bíblico alentador.
- Compra lencería para ti y . . . ¡esconde su ropa de dormir!
- Dale masajes.
- Ora por él antes de que salga a trabajar.
- Acompáñalo en su actividad favorita, aunque esta no te fascine.
- Di "Perdóname" cuando te hayas equivocado y perdónalo cuando él esté equivocado.
- Toma la iniciativa para tener relaciones sexuales.
- Escucha su opinión sobre temas espirituales. Pregúntale qué tipo de actividades alimentarían su crecimiento espiritual. No le impongas tus ideas.
- Déjale un mensaje en el teléfono, diciéndole que lo amas y que estás orando por él.
- Desayuna con él, e ingresa en su mundo al comienzo del día.
- Acepta tu cuerpo y disfruta de experimentar sexualmente con tu esposo.
- Crea un entorno apacible en tu hogar, un refugio al cual él anhele llegar al final de un día estresante.

- El hombre a veces se desanima cuando su esposa no expresa pasión por él.
- El hombre siente que no es importante para su mujer cuando ella no dedica tiempo a hacer el amor.
- El hombre se preocupa cuando las circunstancias de la vida (tales como depresión, dolor y pérdida) interfieren en su interés por el sexo.

- El hombre se siente amado cuando su esposa lo recibe y le responde sexualmente.

Hay una fuerte conexión entre el interés sexual del hombre y su salud psíquica. Si está estresado, deprimido o atravesando un momento

---

Consejos de Entrenamiento: ¿Cómo Ser Romántica con tu Esposo?

- Llama a tu esposo a lo largo del día y dile que es el amor de tu vida y que no ves la hora de estar con él.

- Déjale notas que aviven la pasión (siempre en lugares discretos: su portafolio, en sus valijas de viaje, en el recipiente de comida que se lleva al trabajo, en su agenda personal).

- Recuérdale que estás dedicada a satisfacer sus necesidades, así como tú necesitas que él atienda tus necesidades de intimidad, tanto emocional como sexual.

- Pregúntale qué más tienes que saber sobre él, dile que quieres ser su aprendiz en el desarrollo de sus relaciones sexuales. ¡Eso avivará un gran debate!

- No olvides que hay pocas cosas que confirmen tanto la autoestima de tu esposo que tu actitud de iniciar un momento de intimidad sexual.

- Dile que cuando lo ves ocupándose de los niños y pasando tiempo con ellos, te sientes tan atraída hacia él que ansías el momento de estar solos los dos.

- Mientras él crece en su vida espiritual orando, leyendo la Palabra y compartiendo sus percepciones espirituales contigo, hazle saber este secreto: Como esposa, te sientes alimentada y segura por su liderazgo espiritual, y eso también te atrae físicamente hacia él.

- Coquetea y juguetea con tu esposo.

- Arréglate para él. A tu esposo le atrae la belleza y lo estimula sexualmente cuando la ve, especialmente si esa belleza eres tú. Fuera de tu casa, probablemente se cruce con muchas mujeres que están siempre elegantes y hermosas. Cuando tú dediques tiempo a estar atractiva, tu esposo lo advertirá.

difícil, talvez su interés sexual disminuya. Su cerebro, sus hormonas y sus emociones influyen sobre su apetito sexual y la relación sexual en el matrimonio.

Sin embargo, con frecuencia, no son los problemas "internos" los que más preocupan al hombre. Es su esposa, eres tú.

¿Has tomado la iniciativa para hacer el amor últimamente? Si no lo has hecho, ¿por qué? ¿Te quedas abrazada a tu esposo en la cama el sábado en la mañana o prefieres lavar la ropa o limpiar el baño? ¿Has rechazado sus acercamientos cuando están en la cama en la noche? ¿Cómo estás procurando satisfacer las necesidades de tu esposo?

Asuntos como estos pueden alejar a los maridos de sus esposas. Cuando el dolor y el rechazo se han profundizado, algunas parejas terminan separándose o divorciándose. Pero muchas parejas cristianas simplemente soportan la distancia emocional. El hombre que ama a Dios, a su esposa y a sus hijos sufrirá una intensa lucha tratando de descubrir aquello que está mal.

A menos que ambos compañeros estén de acuerdo, tener sexo menos de una vez por semana debería ser causa de máxima preocupación en cualquier matrimonio.

¿Qué puedes hacer tú al respecto? Trata de hablar de tus necesidades. Ambos díganse lo que esperan y necesitan sexualmente. Pregúntale: "¿Cada cuánto necesitas tener relaciones sexuales? ¿Qué quieres que haga más seguido? ¿Qué significa para ti que yo tome la iniciativa en el sexo? ¿De qué manera puedo decirte que no estoy de ánimo para tener sexo sin que te sientas rechazado?" Reconoce que talvez las necesidades sexuales de tu esposo sean distintas a las tuyas, y dedícate a cumplir con su necesidad. Así como quieres que él satisfaga tus necesidades de conexión emocional, satisface tú su necesidad de conexión física. Sé romántica con tu esposo.

140. El nivel de estrés de mi esposo se ha ido a las nubes últimamente. Su trabajo le está causando estragos. ¿Qué puedo hacer para ayudarlo?

Una buena parte de la autoestima del hombre deriva de su trabajo, y cuando el trabajo ya no es un desafío, cuando la rutina o las presiones o las complicaciones son excesivas, puede llegar a necesitar un cambio en su carrera. Talvez esté listo para empezar de nuevo, recibir menos dinero y arriesgarse al fracaso sólo para perseguir su sueño.

¿Estás dispuesta a caminar a su lado y escuchar sus objetivos y lo que anhela lograr en la vida? ¿Lo animan tus palabras y actitudes en relación a sus sueños, o lo frenas a causa de tus propios temores e inseguridad?

¿Cómo puedes descubrir los sueños de tu esposo y ayudarlo a hacer planes para concretarlos? Aquí hay una variedad de sugerencias:

Ora. Salmos 37:4 dice: "Deléitate en el SEÑOR, y él te concederá los deseos de tu corazón". Deja que Dios entre en tu corazón, y cuéntale cuánto anhelas ayudar a tu esposo a descubrir oportunidades para su nueva carrera que le permitan realizar sus sueños. Expresa a tu esposo que tu deseo es que Dios le dé lo mejor para él y que tú estás dispuesta a buscar la voluntad de Dios sobre su carrera y su futuro.

Observa con atención las actividades que le den alegría. ¿Le gusta lo que hace? ¿Su preparación y habilidades están alineadas con las metas y sueños que tiene para su vida? ¿Otras carreras o puestos laborales lo harían sentirse más realizado? Si no lo sabes, pregúntaselo.

Ayúdalo a adquirir el entrenamiento, la capacitación o el título que lo prepararán para realizar ese trabajo. Esto puede requerir ofrecerte a trabajar más horas o recortar algunos gastos para que pueda estudiar algo. Hazle saber que harás lo que sea necesario para ayudarlo a seguir la dirección de Dios en su carrera.

Confía en él. Tu afirmación por su llamado y propósito puede reavivar su esperanza y volver a encender la llama del propósito en su vida.

Respétalo. Tu esposo necesita saber que lo respetas. Si le muestras confianza en sus decisiones, él puede enfrentar cualquier obstáculo. Dile: "Lo que estás haciendo es importante. Veo cuánto pones en este proyecto. Aprecio lo duro que trabajás para proveer a nuestra familia". Cuando verbalices tu respeto, tus palabras ayudarán a construir su confianza como hombre.

Aliéntalo. Tu esposo tiene una mentalidad lógica y que busca resolver problemas. Ya sea que esté ingresando a la sala del directorio en su trabajo o al sótano de tu casa, está buscando qué problemas resolver. Su mente no se toma vacaciones. A veces las tareas, relaciones y problemas de la vida diaria lo derriban y lo desalientan porque no todos los problemas pueden resolverse. Tú puedes ser una presencia reconfortante que le inspire ánimo. Cuando hablen de lo que les ocurrió durante el día, busca oportunidades para respaldarlo: "Cariño, estoy tan orgullosa de la manera que manejaste las críticas de tu jefe," o "Tu trabajo es realmente muy valioso, no importa que los demás no lo noten," o "Eres un esposo y padre tan amoroso. Los chicos y yo somos tan bendecidos." Recuérdale que estás agradecida por las cualidades de su carácter y la sabiduría que muestra al tomar decisiones difíciles a lo largo del día.

Comunícate sinceramente con él. Tu esposo no sabe leer la mente. Dile honesta y claramente lo que piensas y lo que hay en tu corazón. Y cuando él esté hablando, préstale toda tu atención. Él necesita que lo escuches.

Dale tiempo para procesar sus sentimientos. Permite que sus pensamientos pasen de su cabeza a su corazón y luego lo ponga en palabras.

Hazle sentir tus mimos. Piensa cómo te sientes cuando ves a tu esposo jugando con los chicos. ¿No te sientes reconfortada, cuidada, segura?

Las Diez | Las 10 principales cosas que puedes decirle a tu esposo

1. "Estoy orgullosa de ti."

2. "Te creo."

3. "Cuando te observaba esta mañana con uno de nuestros hijos, estaba tan contenta de que tú . . ."

4. "Ayer, cuando me dijiste que me amas, fue muy importante para mí. Gracias por expresarme tu amor."

5. "Gracias por mantener a nuestra familia."

6. "Eres una de las mayores bendiciones de Dios para mí."

7. "Cuando me aceptas a pesar de haberte herido, me siento segura y confiada en tu amor."

8. "Te perdono."

9. "Valoro mucho tu capacidad para . . ."

10. "¡Eres tan atractivo! ¡Estoy orgullosa de estar contigo!"

Así es como él se siente cuando le extiendes tus manos para acariciarlo cariñosamente. Se siente cerca de ti.

141. "Mi marido no quiere asumir la dirección espiritual de nuestro hogar. Por nuestros hijos lo estoy haciendo yo. ¿Cómo puedo alentarlo para que se involucre más espiritualmente?

Esta es una pregunta muy común. El problema es que a veces los hombres tienen vergüenza de asumir ese rol. A veces no saben cómo hacerlo porque no tuvieron el ejemplo en sus propios hogares.

Testimonios del Frente de Batalla

"Tengo la esperanza de que puedan brindarme algunos consejos para alentar a mi esposo para que sea un líder espiritual en casa. Vamos juntos a la iglesia habitualmente, pero cuando le hablé de orar juntos de manera constante, él dijo: 'Bueno, mi familia siempre ha bendecido los alimentos. Nosotros podríamos hacer eso.' Pero no quiere hacer más que eso."

El sólo mencionar las palabras *devociones* u *orar en voz alta* puede poner nervioso a un hombre. Puede pensar para sí: *De acuerdo, ¿qué hizo mi padre? O ¿Mi padre hacía esta clase de cosas?* Y si no tuvo un padre que dirigiera espiritualmente, quizás tampoco haya tenido otro modelo. Podría conseguir ayuda de los otros hombres de su grupo de discipulado o de la iglesia, que puedan servirle de ejemplo. Pero algunos hombres no son la clase de hombres de "grupo". ¿Qué puedes hacer entonces?

Primero, orar por la situación. Pídele a Dios que toque el corazón de tu esposo, que lo moldee para que sea el líder espiritual de tu hogar. Cada vez que él inicie cualquier tipo de liderazgo espiritual (oración, lectura de la Biblia, ir a una librería cristiana en busca de un devocional, llevar a toda la familia a la iglesia), aliéntalo. Inclusive si tú hubieras podido hacerlo mejor, alienta su iniciativa y guárdate tus opiniones para ti misma. Sé paciente. Sigue orando.

Esta noche, cuando se acuesten, toma la mano de tu esposo y dile: "Cariño, ¿puedo orar por los dos antes de dormir?" Que sea sólo una simple oración en voz alta, no extensa, sino algo como: "Muchas gracias, Dios, por mi esposo. Gracias por el amor que siento por él. Gracias por cuánto trabaja. Dale un sueño reparador. Amén." Si expresas un corazón tierno y das un ejemplo sencillo de cómo orar juntos, talvez él imite ese modelo. Esto no es liderar por descarte, esto es mostrar tu corazón y orar intercediendo por él.

Profundiza tu relación personal con el Señor, y continúa orando y alentándolo. Si sientes que no se pondrá a la defensiva, habla con él sobre tu deseo de que él tome la iniciativa. Cuéntale cómo te sientes cuando lo hace. Compra un devocional familiar y pregúntale si podría leérselo a la familia durante la comida. El leer la meditación y la oración quizás lo ayuden a encontrar su lugar.

Si, a fin de cuentas, tu esposo no está del todo cómodo dirigiendo a la familia en oración o leyendo la Biblia o cumpliendo otras actividades espirituales, tendrás que seguir tomando tú la iniciativa. ¿Quién sabe? Talvez lo haga dentro de algunos años.

142. Acabo de tener un bebé y no tengo ganas de tener sexo. ¿Es normal?

Las madres primerizas a menudo sienten que sus deseos sexuales no son tan fuertes como lo eran antes del embarazo. Son muchos los factores que contribuyen: los cambios hormonales, el cuerpo fuera de forma, el cansancio producto del intenso cuidado que demanda el recién nacido, la profunda satisfacción de mimar a una nueva vida. Pero recuerda que tu esposo no ha vivido los mismos cambios fisiológicos que tú. Él talvez comprenda tu cansancio y el desinterés por el sexo porque sabe que es algo temporal. Pero si no lo es, aun por las razones más entendibles (el llanto del bebé, la enfermedad, el agotamiento, lo que sea), quizás se cierre, se aleje, o lo que es peor, busque algún otro lugar donde satisfacer sus necesidades.

Si sientes que tu esposo está perdiendo la paciencia, habla con él. Prométele que no te sentirás siempre así. Luego pregúntale cómo se siente él. Quizás no sea capaz de verbalizarlo, pero puede sentirse rechazado. Existen pocos sentimientos que interrumpan el clima emocional de un matrimonio tan rápidamente como el rechazo sexual. El rechazo hace surgir la ira, el resentimiento, la amargura, la culpa, la decepción y el fracaso. Daña la autoestima y debilita la unión matrimonial.

El sexo no puede hacer o romper al matrimonio, pero los resultados de no tener sexo sí pueden. Las mujeres necesitan intimidad emocional. Después de tener al bebé, la mujer sigue esperando que su esposo satisfaga sus necesidades emocionales diciéndole que está orgulloso de ella y abrazándola, sin intimidad sexual. Pero para los hombres, el sexo *es* intimidad. Y cuando sus necesidades no son una prioridad, talvez él deje de compartir y de cuidar.

Haz lo posible para recuperar la intimidad sexual con tu esposo.

143. La Biblia dice que una mujer debe someterse a su marido. ¿Qué significa eso?

La sumisión no quiere decir que la esposa tenga que aceptar abuso o ser un felpudo; quiere decir que Dios la ha colocado como la ayuda idónea,

Consejos de Entrenamiento: Cinco Maneras de Reavivar la Llama

El hecho de ser madre no quiere decir que tengas que ser célibe. Puedes disfrutar de una vida sexual vital si le prestas atención a estas cinco cosas:

1. **Procura descansar.** Una esposa insomne no es sexy. Duerme una siesta mientras el bebé duerme.
2. **Sal con tu esposo.** Pídele a alguna amiga o familiar que cuide al bebé unas pocas horas. Lo ideal sería planear una salida de veinticuatro horas y pasar durmiendo la primera mitad de la salida para poder disfrutar de la segunda.
3. **Conversen.** Hablen sobre las maneras en que ambos puedan tener una experiencia sexual satisfactoria mientras te recuperas del embarazo y reanudan una vida más normal.
4. **Hazle saber a tu esposo que te interesa la intimidad sexual.** Esa sola afirmación lo ayudará a ser paciente hasta que hayas vuelto a la normalidad.
5. **Toma "vitaminas matrimoniales".** Sean románticos el uno con el otro al menos una vez por día. Bésense y abrácense.

la "asesora", la que está en una posición estratégica para "cuidar las espaldas de su esposo". La Biblia les dice a las mujeres que se sometan a sus esposos así como al Señor (lee Efesios 5:22). Cuanto más profunda sea la relación de una esposa con el Señor, más querrá mostrar sumisión a su marido.

Cuando la Biblia ordena someterse, es sólo en el sentido de un elemento clave para hacer que el matrimonio funcione bien. Alguien tiene que estar al mando, el que tome las decisiones finales, y Dios ha ordenado que sea el esposo. La sumisión no implica inferioridad, porque Dios creó a todas las personas a su imagen y a los valores de los hombres y las mujeres por igual. En 1 Pedro 3:7, el apóstol Pedro describe el entorno seguro y protegido que los esposos tienen que proveer a sus mujeres: "Ustedes esposos, sean comprensivos en su vida conyugal, tratando a su esposa con respeto . . . , y ambos son herederos del grato don de la vida."

Cuando una mujer se somete a su esposo, acepta el rol que Dios le ha dado, honra a su marido y ayuda a que el matrimonio funcione mejor.

144. A veces me siento como una mandona. No quiero hacer eso, pero es que no conozco otra manera de lograr que mi esposo haga las cosas importantes.

A ninguno de nosotros le gusta regañar. Cuando una de nuestras hijas estaba en la secundaria, un día le dijo a Bárbara: "Sabes, mamá, cada vez que escucho tu voz, pienso en trabajo, trabajo, trabajo." El primer pensamiento de Bárbara fue *¿Cómo puedes decirme eso a mí?* Pero luego, mientras repensaba el tema, se dio cuenta de que muchas de las cosas que les decía a nuestras hijas, eran en forma de órdenes: "Levanta tu ropa", "Haz la tarea", "Limpia tu habitación", "Tiende la cama", "Limpia el baño".

Tú estás encargada de tu hogar y quieres que se vea bien. Es como tu espejo. Por eso talvez te veas a ti misma gritando como un sargento la lista de cosas para hacer. Sin embargo, para tu esposo e hijos, tus regaños suenan a crítica. Y cuando le das órdenes a tu esposo, quizás él "escuche" la voz de su madre y se ponga rebelde. Si siente que lo estás tratando como a un niño, no le gustará. Tú no eres su madre, ¡eres su esposa!

¿Qué puedes hacer si sientes que estás siempre dándole órdenes a tu esposo? Da marcha atrás y piensa antes de hablar. Pregúntate por qué este tema es tan importante para ti. Luego concéntrate en tu tono de voz y en las palabras que usas. Intenta decirle a tu esposo lo que necesitas en forma respetuosa. Verás que las palabras elegidas cuidadosamente, habladas con respeto, serán mucho más efectivas que dar órdenes.

> Gotera constante en un día lluvioso es la mujer que
> siempre pelea.   **Proverbios 27:15**

145. Mi marido a menudo mira pornografía. No le parece malo, pero creo que talvez sea adicto a ella. Eso realmente me molesta. ¿Qué puedo hacer?

Nuestra cultura ha comprado dos mentiras acerca de la pornografía:

1. La mayoría de los hombres miran pornografía. Es un comportamiento normal.
2. La pornografía no le hace daño a nadie. ¡No es para tanto!

Los hombres tienen dificultad para separar el amor de la lujuria. El amor es personal; la lujuria, impersonal. El amor es dar; la lujuria es tomar. El amor busca estabilidad; la lujuria es pasajera. El amor supera las adicciones; la lujuria las alimenta. Los hombres que sólo "miran" pornografía han comenzado el camino descendente hacia la adicción sexual, y eso los lastima tanto a ellos como a sus esposas. Los hombres adictos a la pornografía dividen; ponen el amor por su esposa en un casillero y sus ansias por las fotos de mujeres desnudas en otro casillero. No ven la conexión. Por lo tanto, lo que para las mujeres está inseparablemente entrelazado (amor y sexo), parece ocupar dos nichos completamente separados en la psiquis del varón.

Uno de los aspectos más tentadores de la pornografía es que el hombre puede tener una experiencia sexual sin ser juzgado o evaluado por la mujer. Sus sentimientos de insuficiencia y temores de vulnerabilidad los hacen sentir más cómodos con la intimidad ficticia que con el sexo íntimo.

Testimonios del Frente de Batalla

"Como esposas, tenemos que orar constantemente por nuestros maridos, para que no se tienten con la pornografía, que además nos haría daño a nosotras y a nuestros hijos. Mi esposo tiene problemas con la pornografía. Tengo que recordar que él es sólo un hombre y que, sin mis oraciones, caería. Es solamente con la fuerza de Cristo que he logrado llegar hasta aquí. Algunos días son muy difíciles, y me duele saber que quizás nunca recuperemos lo que tuvimos. Lo único que tengo que hacer es aferrarme a la Palabra de Dios y a sus promesas."

Si sospechas que tu esposo está atrapado en la pornografía, haz tu trabajo antes de confrontarlo.

Primero, reúne evidencias. Un vídeo o una revista no pueden justificarse. Podrá intentarlo, diciendo que lo está guardando para un amigo o que lo tomó accidentalmente, pero no aceptes esas excusas. Si mira pornografía por Internet, imprime la lista de sitios que ha visitado.

Segundo, asegúrate de que sabes lo que quieres que él haga al respecto. Reúne una lista de centros de tratamiento, programas de consejería o grupos de recuperación disponibles para él.

Tercero, decide qué harás si él no quiere recibir ayuda. Eso requerirá de un amor con firmeza, porque está en juego tu matrimonio. No permitas que su adicción avance e involucre a más personas. Disponte a hacer lo que sea necesario para ayudarlo a reconocer lo que está haciendo y qué tiene que hacer para romper el círculo y comenzar a recuperarse lo antes posible. Si dejas todo como está, él continuará con su adicción.

Podrá decir que se siente terrible al respecto y promete que lo dejará. En lugar de discutir, puedes iniciar el plan "qué pasa si". Simplemente pregúntale: "De acuerdo, pero ¿qué pasa si vuelves a hacerlo? ¿Qué pasa si demuestras que no has superado el problema? ¿Qué harás entonces?"

Talvez él intente echarte la culpa a ti. Recuerda: Tú no provocaste su adicción sexual. Esa fue *su* elección.

Haz de tu hogar un lugar libre de pornografía. Exige que tire a la basura todas las revistas y vídeos cuestionables. Instala un filtro en tu computadora que no permita la conexión a sitios pornográficos. Elimina de la casa las películas y los videojuegos con escenas de sexo explícito.

Consigue una cita para ambos con un consejero cristiano profesional. Si tu esposo no va contigo, ve sola para buscar apoyo. El consejero te ayudará con los problemas derivados de la adicción sexual de tu esposo y te alentará a seguir luchando por tu matrimonio. Por supuesto, sigue orando por la situación, por tu esposo, por ti, por tus hijos. Las adicciones son las herramientas del enemigo de nuestras almas. El diablo no se rendirá con facilidad. Será una batalla difícil para tu esposo. Apóyalo de todas las maneras posibles, pero permanece firme en tu resolución de que logre la victoria sobre su adicción.

146. Parece que mi marido disfruta más de ver partidos de fútbol y de pasar el tiempo con sus amigos que conmigo. ¿Cómo puedo hacer para que se interese en que pasemos más tiempo juntos?

Alégrate de que a tu esposo le gusten los deportes y que tenga amigos. Probablemente tú también tengas amigas e intereses que él no comparte. No obstante, si tu esposo siempre pasa el tiempo en sus intereses y nunca se une a ti, tu matrimonio se está perdiendo algo.

Entonces, ¿qué puedes hacer? Talvez tengas que tomar la iniciativa. Planifica una actividad. Recuerda cuando estaban de novios. ¿Qué disfrutaban haciendo juntos? Concéntrate en los intereses comunes. Nuestro libro 40 *Unforgettable Dates with Your Mate* [40 *Citas Inolvidables con tu Pareja*] da algunas ideas para conectarse con las actividades que ambos disfrutan.

Otra cosa que puedes hacer es entrar en el mundo de tu esposo. Mira los partidos de fútbol con él. Acompáñalo cuando vaya a pescar, vayan juntos a jugar al *bowling*, aprende a jugar golf, o simplemente pasea en el carrito y aliéntalo. ¡Y no hay nada de malo con que coquetees un poco mientras tanto! Sal de la rutina y prueba algo nuevo.

147. Mi esposo es un adicto al trabajo. ¿Cómo puedo lograr que entienda mi necesidad de que él esté en casa?

La mayoría de los adictos al trabajo no son conscientes de que pierden mucho de su hogar hasta que enfrentan alguna clase de sufrimiento. A lo mejor descubren que el trabajo para el cual están haciendo tanto esfuerzo no terminará en un ascenso. O que el jefe al que tanto quieren agradar no los aprecia en absoluto. Se golpean contra una pared, física o emocional. Luego, miran a su alrededor y se dan cuenta de que su hogar es el lugar donde son realmente amados, aceptados y apreciados. A esa altura, se dan cuenta de que están trabajando demasiado duro y quieren estar en casa con la familia.

Procura no tomar la adicción al trabajo de tu esposo como algo personal. Su intenso apego al trabajo es más un reflejo de su necesidad de identidad que un problema contigo. No llegues rápidamente a la conclusión de que no quiere estar en casa contigo o de que está con otra mujer. Haz lo posible por construir su autoestima y mostrar aprecio por quién él es. Apóyalo, dile lo que necesitas de él en casa y dale las gracias cuando contribuya. Ayúdalo a sentirse apreciado y valorado. Ora por él, y hónralo cada vez que entre por la puerta de calle. Ámalo. Únelo a la familia. Hazle saber que lo necesitas. Deja que Dios haga su trabajo en el corazón de tu esposo.

148. Mi esposo parece sentirse más cómodo hablando con sus amigos de los problemas de nuestro matrimonio que conmigo. ¿Cómo puedo hacer que se abra más a mí?

Primero, asegúrate de haber demostrado que eres un lugar seguro donde él pueda compartir. ¿No lo juzgas cuando comparte contigo lo que hay en su corazón? ¿Guardas las confidencias? Quizás lo hable con sus amigos porque tiene miedo de que tú se lo cuentes a alguien. O quizás no quiera perturbarte, o piense que vas a reaccionar de manera exagerada sobre algo que él solamente está pensando.

Segundo, ten en cuenta que los hombres buscan resolver problemas. A veces, un hombre necesita hablar con otros hombres para encontrar la solución a un dilema. El podría compartírtelo, pero teme que quedes enredada en las emociones de una decisión que requiere de la lógica. Por eso acude a otros hombres que lo ayuden a analizar el problema. Eso es algo positivo.

CAPÍTULO 16

Segundas Nupcias

Preguntas de este capítulo:

149. Nos divorciamos, pero ninguno de los dos ha vuelto a casarse. ¿Es posible casarnos nuevamente y volver a empezar?

¡Totalmente! A veces una pareja atraviesa el dolor de un engaño, se desconectan, deciden terminar, y se divorcian. Después del divorcio se dan cuenta de que ahí también hay dolor. Luchan con la paternidad en soledad y con problemas económicos. Ven que sus hijos sufren.

Un corazón destrozado y contrito es el mejor lugar para que Dios empiece a trabajar en la vida de las personas. Esa persona divorciada comienza a abrirle su corazón a Dios. Muchas veces es cuestión de haber madurado a través de las pruebas. A veces, una situación muy difícil y dolorosa sacude a las personas y las hace examinar con cuidado sus vidas, su historia, sus actitudes, sus acciones.

Parte de un salmo escrito por el rey David describe la esperanza que podemos tener gracias al perdón de Dios:

> Dichoso aquel a quien se le perdonan sus
> transgresiones, a quien se le borran sus
> pecados. Dichoso aquel a quien el SEÑOR
> no toma en cuenta su maldad y en cuyo espíritu
> no hay engaño. **Salmos 32:1-2**

Si esta es tu situación, te animamos a seguir creciendo y buscando a Dios. Talvez Él quiera volver a unirlos si también tu ex pareja está dando los mismos pasos para crecer y madurar. Hemos visto parejas que lo hacen, desde luego, después de mucha consejería para ayudarlos a tratar con los temas que causaron el divorcio. Sí, pueden volver a casarse, sabiendo que ambos están mucho más sanos que antes. Pueden construir una nueva base. Algunos de estos matrimonios son los más fuertes y tienen los testimonios más impresionantes que puedas imaginar. Tú también puedes tener un matrimonio grandioso.

David culmina el salmo con la promesa de la guía de Dios:

El SEÑOR dice: "Yo te instruiré, yo te mostraré el
camino que debes seguir; yo te daré consejos y
velaré por ti. No seas como el mulo o el caballo,
que no tienen discernimiento, y cuyo brío hay que
domar con brida y freno, para acercarlos a ti."
Muchas son las calamidades de los malvados, pero
el gran amor del SEÑOR envuelve a los que en él
confían. ¡Alégrense, ustedes los justos; regocíjense
en el SEÑOR! ¡Canten todos ustedes, los rectos de
corazón!   **Salmos 32:8-11**

150. ¿Es un pecado que vuelva a casarme después del divorcio?

Esta es una pregunta teológica, y cuando la enfrentamos en la consejería, por lo general remitimos a la persona a su pastor o pastora. Las distintas denominaciones tienen perspectivas diferentes en esto, según cómo interpreten las palabras de la Biblia sobre el divorcio y el nuevo matrimonio. Si te has divorciado y estás pensando en volver a casarte, habla con tu pastor. Juntos pueden buscar en las Escrituras y en tu propio corazón, y llegar a una conclusión.

151. Soy madre soltera (o padre soltero). ¿Está bien que salga con alguien?

Lo primero que debes tener en cuenta es a tus hijos. Sé consciente de que ellos se relacionarán con las personas que lleves a tu casa. Si empiezas a salir con alguien (especialmente si esa persona se convierte en alguien frecuente en tu vida), y luego las cosas no funcionan, talvez les causes un dolor tremendo a tus hijos; además de la pérdida que ya han vivido a través de la muerte o el divorcio de tu cónyuge.

Si te pones de novio(a), mantén a los chicos fuera del asunto. Una de nuestras amigas les contó a sus hijos que estaba saliendo con alguien, pero durante seis meses no permitió que su novio pasara a buscarla por su casa. No les presentó el hombre a sus hijos sino hasta que formalizaron. No quería que, en caso de que la relación no fuera estable, sus hijos repitieran la pérdida y el abandono que ya habían experimentado con su padre.

Puedes salir con alguien, teniendo bien en claro que primero eres madre(padre). Tus hijos te necesitan, especialmente en este momento. Talvez desees una relación adulta, y es natural, pero eres madre y tus hijos están primero.

En tu nuevo rol como madre soltera (padre soltero), y especialmente si empiezas a salir con alguien, es absolutamente esencial que estés firmemente relacionada(o) con una buena persona de tu mismo sexo que sea la encargada de hacerte las preguntas difíciles. Elige un camino moral elevado y conságrate a la pureza sexual. Será muy tentador volver a relacionarte emocionalmente en poco tiempo. Y también lo será poner a esa nueva persona por encima de tus hijos. Será duro, demandará un poco de sacrificio y auto negación, pero debes asegurarle a tus hijos que ellos están primero y que siempre estarás a su lado. Los padres están llamados a cuidar el corazón de sus hijos tanto como cuidarían el suyo.

152. Estoy pensando en volver a casarme y mi pastor opina que puedo hacerlo porque mi ex esposo(a) se casó nuevamente. Pero me preocupa el riesgo de volver a divorciarme. ¿Cómo puedo prepararme para que este sea un buen matrimonio?

Tienes preocupaciones válidas, pero permite que te animemos. Primero, al haberse vuelto a casar tu cónyuge, no hay oportunidad de buscar reconciliación, así que estás libre de volver a casarte. Segundo, nos parece bien que busques el consejo por tu pastor. Es importante ser conscientes de que los índices de divorcio en segundas nupcias son aun más altos que en primeras (aproximadamente entre el 60 y 70%). Sin embargo, no vivimos de acuerdo a las estadísticas; vivimos bajo la gracia de Dios. Asegúrate de recibir apropiados consejos prematrimoniales antes de ingresar en este segundo matrimonio. Tómate el tiempo necesario y sé consciente de que combinar familias con hijos puede llevar hasta siete años.[8]

Esto no es para que renuncies a tus planes, es sólo para que tengas los ojos bien abiertos. Tenemos muchos amigos en segundas nupcias que tienen unos matrimonios estupendos. Sé valiente. Dios puede lograr cosas notables en sus vidas; simplemente vayan despacio.

153. Recientemente enviudé y tengo hijos pequeños. ¿Es importante que vuelva a casarme para que los chicos tengan una influencia masculina (o femenina) en casa?

Demasiado a menudo, la persona viuda reacciona ante el dolor y la soledad, embarcándose en una relación. Ciertamente, uno de los temas clave en la consejería es que las personas no deberían tomar decisiones de vida importantes por lo menos durante el primer año posterior a la pérdida del ser amado. Muchas personas se sumen en la depresión y quieren vender la casa, mudarse lejos, o meterse en otra relación que los ayude a aliviar el dolor. Actuar apresuradamente no sirve y solamente predispone a un potencial fracaso.

Nosotros aconsejamos a la persona que deje pasar de un año y medio a dos de duelo antes de volver a embarcarse en otra relación. Y por supuesto, te pedimos que tengas en cuenta las mismas preguntas que te hiciste antes de casarte la primera vez: ¿Es de Dios esta nueva relación? ¿Es la dirección que Dios te está dando? ¿Es este su plan para ti?

No corras hacia el matrimonio por el bien de los chicos. Es probable que no resulte, porque todavía estás luchando con el dolor o estás tomando una decisión sin la guía de Dios. Porque de esa manera, a la larga, causarás más daño a tus hijos. No obstante, una vez que hayas hecho el duelo y te hayas sanado, si Dios pone a alguien en tu vida, tómalo como un regalo. Un segundo matrimonio puede ser maravilloso.

> [El SEÑOR] me ha enviado a pregonar el año del favor del SEÑOR . . . Me ha enviado a darles una corona en vez de cenizas, aceite de alegría en vez de luto, traje de fiesta en vez de espíritu de desaliento.
> **Isaías 61:2-3**

154. Este es nuestro segundo matrimonio, pero nuestras ex parejas intentan causar problemas a través de los chicos. ¿Cómo deberíamos manejarlo?

Primero, respeten siempre a su ex cónyuge. Eso parece ilógico, pero tengan presente que hay alguien que es más importante que ustedes, y es ese hijo(a) que está observando todo lo que hacen y dicen sobre su madre o su padre. Así que aunque sus ex parejas estén entrometiéndose, eso no les da derecho de tomar el peor camino para responderles. Siempre tienen que honrarlos y enaltecerlos porque son los padres de los chicos.

Segundo, muestren amor a su actual cónyuge e influyan sobre él o ella para que haga lo mejor en esta situación difícil. ¿Por qué? Porque la influencia positiva puede tener más peso que la influencia negativa de sus ex cónyuges. Recuerden que son un equipo. Cuiden su matrimonio.

Tercero, oren para que Dios haga su trabajo. Muchas veces, un ex prefiere hacer las cosas difíciles porque tiene dolor sin sanar o insensibilidad en su corazón. Si es cristiano, ora para que Dios lo dirija a una relación con Él. Si no lo es, tendrás que ser aun más cuidadoso de no escoger el peor camino porque no le mostrará el amor de Cristo.

Si ustedes son padres entrometidos, dejen de serlo. Maduren. Son adultos, actúen como tales. Elijan el mejor camino porque eso es lo que hace un adulto. Un adulto nunca pone a su hijo en el medio ni lo usa contra el otro padre. Saquen al niño del medio y traten con su ex con honor e integridad.

Conclusión

A través de este libro hemos intentado prepararte compartiendo respuestas que hemos proporcionado a las preguntas más frecuentes de los oyentes del programa de radio, de los asistentes a las conferencias y de nuestros pacientes. Creemos que puedes luchar por un matrimonio grandioso. La decisión de responder adecuadamente a muchos de los problemas y cuestiones que puedas tener, te permitirá fortalecer tu matrimonio. Dios ideó tu matrimonio. Él quiere que tengas un matrimonio grandioso. Creemos que Él nos ha preparado con su Palabra para responder a muchos de los problemas que atraviesas y este recurso es para ser usado como un complemento a la labor de Dios en tu vida. También creemos que la iglesia local es su provisión para que nos ayudemos a llevar las cargas. Cuando enfrentes temas difíciles, ve a tu pastor. Habla con un mentor o un amigo responsable y maduro que te conduzca al Señor. Cuando el problema sea grave o necesite consejería, por favor ve en busca de un consejero espiritual piadoso. Intenta con varios si es necesario, hasta que encuentres un hombre o una mujer que crea en los principios bíblicos, te anime a fortalecer tu matrimonio y tu familia, y esté consagrado a Cristo. Cualquier cosa que sea menos que esto, socavará el trabajo que Dios está intentando hacer en tu vida.

En nuestro ministerio para la familia norteamericana, estamos comprometidos con ayudarte a fortalecer tu matrimonio y tu familia. Nos honraría ponernos a tu servicio en nuestros encuentros *"Descubre de Nuevo el Amor de tu Vida"*. Visita nuestro sitio en Internet.

Para tu estímulo personal, consigue un ejemplar de nuestra serie de DVD *"Descubre de Nuevo el Amor de tu Vida"*. Mírenlo en pareja y luego invita a otros a tu casa para que conozcan este proceso interactivo o preséntalo a un pequeño grupo en tu iglesia. También es útil para retiros.

Luego recuerda, pueden convertirse en un 'Defensor del Matrimonio' a través de *Preparadores para la Familia Norteamericana*. Un Defensor del Matrimonio es una pareja influyente con la que nos asociamos para difundir el mensaje de que Dios quiere construir matrimonios grandiosos, tu matrimonio, los matrimonios de tu familia, u otros que te importen. Al asociarnos con ustedes, confiamos que juntos podamos recuperar al matrimonio para Cristo.

Cada uno de nuestros libros te ayudará a construir un exitoso matrimonio cristiano. Es nuestro honor haberte servido en este formato de preguntas y respuestas. Gracias por permitirnos acompañarte en la edificación de tu propio matrimonio grandioso.

APÉNDICE A:
LIBROS PUBLICADOS
POR LOS ROSBERG

Gary y Barbara Rosberg, *40 Unforgettable Dates with Your Mate* [*40 Citas Inolvidables con Tu Pareja*], (Carol Stream, Ill.: Tyndale House Publishers, Inc., 2002).

Ibid., *Discover the Love of Your Life All Over Again* [*Descubre de Nuevo el Amor de Tu Vida*], (Carol Stream, Ill.: Tyndale House Publishers, Insc., 2003).

Ibid., Descubre de Nuevo el Amor de Tu Vida: Cuaderno de ejercicios del matrimonio para parejas y grupos, (Miami, Fla.:Unilit).

Ibid., *Divorce-Proof Your Marriage* [*Matrimonio a Prueba de Divorcio*], (Miami, Fla.: Unilit, 2004).

Ibid., *The Five Love Needs of Men and Women* [*Las Cinco Necesidades de Amor de Hombres y Mujeres*] (Miami, Fla.: Unilit, 2000).

Ibid., *Guard Your Heart* [*Cuida tu Corazón*], (Carol Stream, Ill.: Tyndale House Publishers, Inc., 2003).

Ibid., *Healing the Hurt in Your Marriage* [*Sanando las Heridas en Tu Matrimonio*], (Carol Stream, Ill.: Tyndale House Publishers, Inc., 2004).

Ibid., *Renewing Your Love* [*Renovando Tu Amor*], Wheaton, Ill.: Tyndale House Publishers, Inc., 2003).

Ibid., *Serving Love* [*Amor Que Sirve*], Carol Stream, Ill.: Tyndale House Publishers, Inc., 2003).

Ibid., *Guarding Love* [*El Amor Que Protege*], Carol Stream, Ill.: Tyndale House Publishers, Inc., 2003).

Barbara Rosberg, *Connecting with Your Wife* [*Conéctese con Su Esposa*], Miami, Fla.: Unilit, 2004).

Notas

1. La Lista del Amor es una adaptación de Les y Leslie Parrott, *The Love List: Eight Little Things That Make a Big Difference in Your Marriage* [*La Lista del Amor: Ocho Pequeñas Cosas que Hacen una Gran Diferencia en Tu Matrimonio*], (Grand Rapids, Mich.: Zondervan, 2002).
2. Dr. Gary y Barbara Rosberg, *Divorce-Proof Your Marriage* [*Matrimonio a Prueba de Divorcio*], (Miami, Fla.: Unilit, 2004), pp. 195-196.
3. Ibid., pp. 180-81, 194-95.
4. Este cuadro ha sido adaptado del libro del Dr. Gary y Barbara Rosberg, *Healing the Hurt in Your Marriage* [*Sanando las Heridas en Tu Matrimonio*], (Carol Stream, Ill.: Tyndale House Publishers, Inc., 2004), pp. 173-78.
5. Grupo Encuestador Barna, Ltd. www.barna.org "Los cristianos son más propensos a experimentar el divorcio que los no cristianos", 1999.
6. Este cuadro ha sido adaptado del libro del Dr. Gary y Barbara Rosberg, *Matrimonio a Prueba de Divorcio* (Miami, Fla.: Unilit, 2004), pp. 255-57.
7. Stephen Arterburn, Fred Stoeker, con Mike Yorkey, *Every Man's Battle: Winning the War on Sexual Temptation One Victory at a Time*, (Colo.: Colorado Springs, 2000).
8. Ron Deal, *The Smart Step-Family: Seven Steps to a Healthy Family* (Minneapolis, Minn.: Bethany, 2002).

Bibliografía de Referencia

Dan B. Allender, *The Wounded Heart*, (Colorado Springs, Colo.: NavPress, 1990). (Existe traduccción al español: *Corazón Herido*.)

Stephen Arterburn y Fred Stoeker, *Every Man's Battle: Winning the War on Sexual Temptation One Victory at a Time*, (Colorado Springs, Colo.: WaterBrook, 2000). (Existe traduccción al español: *La Batalla de Cada Hombre*.)

William Cutrer y Sandra Glahn: *Sexual Intimacy in Marriage*, (Grand Rapids, Mich.: Kregel, 1998). (Existe traduccción al español: *Intimidad Sexual en el Matrimonio*.)

Ron Deal, *The Smart Step-Family: Seven Steps to a Healthy Family*, (Minneapolis, Minn.: Bethany, 2002).

Jerry Foster, Lifefocus: *Achieving a Life of Purpose and Influence*, (Grand Rapids, Mich.: Revell, 2004).

Kevin Leman, *Sex Begins in the Kitchen: Because Love Is an All-Day Affair* (Grand Rapids, Mich.: Revell, 1999).

Barbara Rosberg, *Connecting with Your Wife*, (Carol Stream, Ill.: Tyndale House Publishers, Inc., 2003). (Existe traduccción al español: *Conéctese con su Esposa*.)

Michael & Amy Smalley, *Don't Date Naked*, (Carol Stream, Ill.: Tyndale House Publishers, Inc., 2003).

Ed y Gaye Wheat, *Intended for Pleasure* (Grand Rapids, Mich.: Revell, 1997).

Índice de Artículos Especiales

Lista de las Diez Principales

Acerca de los Autores

El **Dr. Gary Rosberg y su esposa, Barbara,** son Consejeros Matrimoniales de la Familia Norteamericana, y se dedican a preparar y alentar a las familias a vivir y culminar bien la vida. Con un matrimonio de casi treinta años, Gary y Barbara tienen un mensaje único para las parejas. Su éxito de ventas *The Five Love Needs of Men and Women [Las Cinco Necesidades de Amor de Hombres y Mujeres]*, finalista del Gold Medallion, ha sido un impacto en muchos matrimonios. También han escrito *40 Unforgettable Dates with Your Mate [40 Citas Inolvidables con Tu Pareja]*, una guía creativa y práctica para planificar salidas con el propósito de entender y satisfacer las necesidades afectivas de maridos y esposas.

Gary y Barbara conducen diariamente un programa de radio de alcance nacional, *America's Family Coaches . . . LIVE!* En este programa con llamadas del público emitidas al aire, que se escucha en ciudades de todo el país, aconsejan a los oyentes sobre asuntos familiares. Los Rosberg también conducen un programa los sábados en WHO, una premiada cadena radiofónica no cristiana.

Gary y Barbara han dirigido seminarios sobre temas familiares y de relaciones en más de cien ciudades en los Estados Unidos. Forman parte del equipo de oradores de *Family Life.* Gary también ha hablado a miles de hombres en los encuentros anuales Cumplidores de Promesas en estadios desde 1996; y tanto a padres como adolescentes en las giras "Life on the Edge" de Focus on the Family [Enfoque a la familia].

Gary, graduado como Doctor en Educación en la Universidad Drake, ha sido consejero matrimonial y familiar durante veinte años. Ha escrito dos éxitos de ventas: *Dr. Rosberg's Do-It-Yourself Relationship Mender [La Guía del Dr. Rosberg para Reparar Mis Relaciones])* y *Guard Your Heart [Cuida Tu Corazón]*. Gary enseña en CrossTrainers, un estudio bíblico y grupo de responsabilidad para hombres de más de seiscientos hombres.

Barbara escribió uno de los capítulos de *Guard Your Heart [Cuida Tu Corazón]* y también un capítulo en el libro *Cómo Mejorar la Comunicación en Su Matrimonio* (Group Publishing). Además de las charlas familiares, Barbara también brinda charlas para mujeres, preparándolas, alentándolas y haciendo énfasis en su increíble valor e importancia.

Los Rosberg viven en las afueras de Des Moines, Iowa. Son padres de dos hijas, Sarah y Missy, y tienen tres nietos.

Para solicitar más información sobre los ministerios de America's Family Coaches (Entrenadores de la Familia Norteamericana), dirigirse a:

America's Family Coaches
2540 106th Street, Suite 101
Des Moines, Iowa 50322
1-888-ROSBERG
www.afclive.com